湘潭大学学者文库
XIANGTAN DAXUE XUEZHE WENKU

萧艾文集

XIAO AI WENJI

萧 艾 著

湘潭大学出版社
XIANGTAN UNIVERSITY PRESS

图书在版编目（CIP）数据

萧艾文集 / 萧艾著. -- 湘潭 : 湘潭大学出版社,
2024.6
ISBN 978-7-5687-1449-5

Ⅰ. ①萧… Ⅱ. ①萧… Ⅲ. ①古汉语－文集②中国文学－文学史研究－文集 Ⅳ. ①H109.2-53 ②I209-53

中国国家版本馆 CIP 数据核字（2024）第 112330 号

萧艾文集
萧艾　著

责任编辑：蔡林翰
装帧设计：李　平
出版发行：湘潭大学出版社
社　　址：湖南省湘潭大学工程训练大楼
电　　话：0731-58298960 0731-58298966（传真）
邮　　编：411105
网　　址：http://press.xtu.edu.cn/
印　　刷：长沙超峰印刷有限公司
经　　销：湖南省新华书店
开　　本：710 mm×1000 mm 1/16
印　　张：21.75
字　　数：323 千字
版　　次：2024 年 6 月第 1 版
印　　次：2024 年 6 月第 1 次印刷
书　　号：ISBN 978-7-5687-1449-5
定　　价：108.00 元

ISBN 978-7-5687-1449-5
9 787568 714495 >

萧艾（1919—1996），湖南宁远人，古文字学家、中国文学史家。原名萧家林，曾用过林园、碧芜等笔名。就读于上海持志大学国学系，师从胡朴安先生。1939 年，于贵阳大夏大学（原名复旦大夏第二联合大学）毕业。先后任两广盐运处编译，无锡国学专修学校讲师，西江学院副教授，长沙师范学校国文教师。1949 年，任湘雅医学院院长秘书兼马列主义教研室主任。1979 年，任湘潭大学中文系教授。先后当选为第五届湖南省政协委员、第六届湖南省政协常委、民盟湖南省委委员、民盟湘潭大学支部主委。著有《殷契偶拾》《甲骨文史话》《长沙战国楚缯书新论》《〈世说〉探幽》《王湘绮评传》《王国维评传》《王国维诗词笺校》《王国维研究论丛》《中国古代相术研究与批判》《六言诗三百首》等。

总　序

“一位伟人，一纸校名，一句嘱托”，高度凝练并生动诠释了湘潭大学的创办历史。1958 年，毛泽东主席亲自倡办、亲笔题写校名并亲切嘱托“一定要把湘潭大学办好”。1959 年学校因故停办，1974 年恢复建校。复校初期，学校荒山一片、楼无一栋、房无一间。一声号召，来自清华大学、北京大学等 92 所高校、科研院所的 622 名教师奔赴湘大，边劳动建校边教学科研。著名诗人彭燕郊、流变力学专家袁龙蔚、消费经济学创始人尹世杰、古文献专家韩长耕等名家大师先后来到这里教书育人。在这一批湘大人心中，都有一个共同的信念——艰苦创业，扎根伟人故里。没有电灯，就点煤油灯；没有自来水，就到池塘挑水喝；没有教工宿舍，就住农民家中；没有教学楼，就一起搬砖建设……在极其艰苦的条件下，老一辈创业者怀着“一定要把湘潭大学办好”的初心和科教兴国的满腔热情，在贫瘠的荒山土坡上建起了一座大学城。

岁月流转，年轮不息。经过几代湘大人矢志不渝的奋斗，学校发生了翻天覆地的变化。特别是 2018 年习近平总书记对学校作出重要批示以来，学校全力推动“双一流”建设，2022 年成功入选国家“双一流”建设高校。一路走来，风雨兼程，虽创业维艰，然历久弥坚。在这片热土上，孕育着一批又一批才华横溢的名师和学子，不断产生着丰硕卓越的学术成果，模糊的概念在这里澄明，假设的命题在这里证实，现实的困惑在这里破解，新知识、新技术、新理论在这里不断孕育、产生。

大学因学术而生，亦因学术而兴。学术始终是一所大学的立校之基、兴校之本，是学者的一种追求、一种境界、一种精神。就湘大而言，无论是复校初期的名家云集、各抒己见、推陈出新，还是改革开放后融入科教兴国的时代大潮，湘大学人始终坚守初心，笃志问学，传承文脉，成就了独具风格的学术品质和精神风貌。一代又一代的湘大学人在这里探究真理、创造新知，以学术立身、以著作立言、以品德立魂，用自己的毕生心血，汇集而成了一篇篇富有思想的学术成果。

大学之大，大师之谓也。为汇集湘大学人学术成果，展示湘大学人学术品格，2014 年，在复校四十周年之际，学校精心策划“湘潭大学学者文库”丛书，出版了《沧南自选集》《袁龙蔚文集》。入选文集经过了广泛征集和论证，无一不是湘大学人呕心沥血之佳作、高深学问之精髓、学术思想之独见、品性修养之映照。文库收录的学术成果，都有着清晰的问题意识、科学的研究方法、严谨的逻辑结构，既有源自哲学思辨的理性探究，也有基于生产实践的资料佐证，充分展示了湘大学人独有的学术品格，体现了湘大学人的厚积薄发和卓越追求。这是湘大学人智慧的结晶，更是推动学校高质量发展的宝贵精神财富。

甲辰龙年，学校迎来复校五十周年。值此之际，第二批“湘潭大学学者文库”丛书，包括《尹世杰文集》《刘桂斌文集》《羊春秋文集》《宋世杰文集》《张铁夫文集》《陈仲沪文集》《罗铸楷文集》《姜书阁文集》《萧艾文集》《曹木清文集》《彭燕郊文集》《韩长耕文集》12 部学者文集付梓出版，这既是记录湘大学人敢于挑战与奋斗、饱含智慧与激情的光辉岁月，展现湘大学人精学苦研的具象载体，又是湘大学人牢记办学历史，坚持知行合一，弘扬学术精神，接续优良传统的价值传承和推动学术创新的具体行动。

伟人故里逢盛世，一路高歌向前行。丛书的出版，将让我们再一次触摸和感受老一辈湘大学人的独特学术品格和精神品质，也将鼓舞新一代湘大学人深入贯彻落实习近平总书记对学校的重要批示精神，弘扬“牢记嘱托、艰苦创业、追求卓越”的湘大精神，扎根伟人故里，厚植家国情怀，坚持守正创新，为建成科技教育强国，以中国式现代化全面推进中华民族伟大复兴作出新的更大的贡献！

湘潭大学　党委书记　刘起军
　　　　　校　　长　潘碧灵

目　录

甲骨文研究

《世说新语》与六朝文学研究

唐宋文学研究

王闿运与湖湘文学研究

王国维研究

序 跋

附录一

附录二

甲骨文研究

第一部考释甲骨文的专著——《契文举例》

甲骨文研究，在罗振玉的著录和考释还没有开始时，早有人根据刘鹗所藏的甲骨进行研究，写成了专书。这就是孙诒让的《契文举例》。

孙诒让，字仲容，晚号越东逸民，浙江瑞安人。光绪末年，住在北京。他是全国著名的学者，所著《周礼正义》《墨子闲诂》，受到学术界重视。《契文举例》成书于1904年，也就是《铁云藏龟》出世后第二年。可不知为什么，《契文举例》写成后一直躺在孙氏的书斋里，直到1913年，原稿才在上海被王国维发现。但是，即使《契文举例》诞生了将近十年之久才和世人见面，它仍不失为甲骨文历史上第一部考释的专著。王国维在1923年给《殷虚文字类编》写序文时，就这样肯定地说："书契文字之学，自孙比部而罗参事而余。"把孙诒让摆在第一位。罗振玉在1910年虽写有《殷商贞卜文字考》，但内容远不及作者五年后所写的《殷虚书契考释》。并且，罗氏在考释甲骨文时，极有可能从孙氏那里得到启示。

《契文举例》共十章，总目如此①：

月旦第一　贞卜第二　小事第三　鬼神第四　卜人第五

官氏第六　方国第七　典礼第八　文字第九　杂例第十

由书名《契文举例》及其章目来看，孙氏卓识，确非一般可及。因为

① 此处文字有误，从孙诒让《契文举例》改，应是"释月日第一""释贞第二""释卜事第三""释鬼神第四""释人第五""释官第六""释地第七""释礼第八""释文字第九""杂例第十"。见［清］孙诒让著，楼学礼校点．契文举例［M］．济南：齐鲁书社，1993：目录页。

刘鹗在早一年尚称甲骨为龟板，对其用途，亦不完全了解。而孙氏于契文内容已进行分类，进步是很大的。

当然，孙诒让在《契文举例》中，并没有像后来的罗（振玉）、王（国维）、郭（沫若）、董（作宾）诸大家那样有许多创获、创见。因此，郭沫若在《中国古代社会研究》中说："孙氏虽大家，然所获实甚微末。"王国维在写给友人的信中也说"此书无可采"，但他又提到"以其为此学开山"，应"特别重之"。是的，我们应当用历史的眼光来看待它。要知道：在孙氏之前，仅仅有一部《铁云藏龟》。孙氏的工作，属于开拓道路的性质。我们在文章的后半部，要谈到专家们研究甲骨文的方法问题，其研究方法，不外乎以《说文》为证，与金文互证等等。而这些原则，在孙氏《契文举例》中，基本上都应用上了。这就是《契文举例》可贵之所在！

至于《契文举例》中所考释的甲骨文字，多不如后来学者的精当，这也是合乎科学发展越到后来越趋精密的规律的。而且，在甲骨文研究中，迄今还没有一个专家的任何立说从来未被推翻的事。很早以前，董作宾在《甲骨文研究的扩大》一文中就说过这样的话：

> 甲骨文的研究，现在不过是初步。可识的字，犹不及一半。而读不通、讲不通的语句，又是触目而有。就是那号称契学先进的罗老先生，他也曾把麒麟牵入马群，藉田当作扫地，把肩胛骨的边缘误认为胫骨……

其实，罗振玉的笑话，何尝限于这些。前面说过，时间愈向前推移，他的错误将发现愈多。

这里顺便谈一个小小的问题吧。甲骨文中出现很多次的"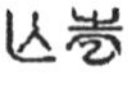"，罗氏释为"亡它"。引《说文》"上古草居患它（蛇），故相问亡它乎"为证。于是，"亡它"说似乎确立不易。但卷字上从止、下从虫，虫字固可释它，就从止则无说。因此，闻一多释""为蚩。《说文》蚩，从虫，止声。照闻氏所释，字形上是讲得过去了，而"亡蚩"一语，殊觉不辞。后来，陈梦家又释为祟。举卜辞"河弗祟我年"为例，引《左传》

昭公六年河为祟、《史记·始皇本纪》泾水为祟证之。[1] 字义通了，字形还是别扭。直到1951年，陈家康释它为咎，谓蚩即咎之本字，而祟为蚩之后起字，于是，才“论形、论声、论义，自无扞格。”[2] 王国维也有类似情况，他的“王位继承，兄终弟及”一时所谓惊人发现的立说，也早已站不住脚了。

那么，居先的孙诒让所释甲骨文非是之处颇多，自无足怪。此外，我们同时也要看到，后来学者摭拾孙氏所释，创为异说，反不如孙氏解释得当之事，也时有出现。例如：甲骨文中经常碰到的“㞢𠦪”。“𠦪”字，《契文举例》释㣇（读若弟，见《说文》九篇下），罗振玉释求；陈梦家释希，希即豨，野猪也，亦引古有封豨修蛇之害为言，说来说去，还不如孙氏简要。试检《说文》一看，则知释豕、豨、希，均无不可。且“亾它”之它，既未必是蛇，而“㞢𠦪”之𠦪，亦不一定是豕。拙著《殷契偶拾》续编中有“说𠦪”文，定𠦪为豕，乃韦族的始祖，犹如夔为殷族的始祖。殷与韦为世仇，卜辞常见的“㞢𠦪”，是长期种族斗争遗留的产物。当然，这仅仅是一家之言，不能遂作定论。

原载《社会科学战线》1978年第2期

① 见《商代的神话与巫术》，载《燕京学报》。
② 见《蚩尤考》，载天津出版之《历史教学》。

释□

甲骨中关于祀㞢的卜辞出现不少。例如：

"庚戌卜、㞢□。"

（《龟甲兽骨文字》一・一八・三）

"□隹尞"

（《铁云藏龟拾过》七・三）

《殷契粹编》二片、四片、十二片皆有之。□是什么呢？很早以前，陈梦家在《商代的神话与巫术》中认为□即蛙。

□是不是蛙呢？我认为甲骨文中大小动物几乎全是象形字，例如马、鹿、犬、羊、虎、象等最初的字，简直就是图画。稍后才趋于象征文字，□字，上面有一对角，与较晚出的羊字的角无甚差别，下面像龟。龟的头上为什么会长出羊角呢？

唐兰在《古文字学导论》中读为秋，亦认为"由字形推测，似乎是龟属而有两角"。郭沫若在《殷契粹编》中从唐读，惟以字形肖蟋蟀。说法均极勉强。

我定□为"羌龟"合文。即羌方贡来的大龟，《水经注》："羌水在陇北。"羌地大约在今陕西甘肃之间，殷时为一方国，与殷关系极为密切。殷王统治下的奴隶，羌人最多。殷王且曾田猎于羌，因此卜辞中出现的羌字多极了，骨臼刻辞中，羌进贡来的东西不少。"羌示□"的记载很可观。

殷先公先王中的阳甲，甲骨文作。近人疑阳甲为最早征服羌方的殷族领袖，颇有道理。

我们知道：殷人占卜最早用的是牛胛骨，其后用龟板（也还有用牛胛骨的）。但殷墟[①]附近甚至数百里远近地区，并不产龟。其所需大量龟甲，都是所属方国或臣下贡献而来。因此，甲骨文中出现了“南氏龟”“西龟”之类的记录，说明殷代贞卜用的龟来自南方长江流域或陕甘等西方地区。

今天，人们把龟视为下贱之物，可是，上古时代恰恰相反。人们认为龟是神物，称之为灵龟。尤其是藏于太庙的龟，被视为国宝，绝非等闲。《左传》有一段记载说：

> 昭公十八年夏五月……郑火……子产……公孙登徒大龟……

因为起火，宰相命令专人赶快搬走大龟，这是何等重视。又，《庄子》：

> 吾闻楚有神龟，死已三千岁矣。王巾笥而藏之庙堂之上。

这些都是春秋时代的事了，在春秋以前一千余年，更可想而知。

据说，古代以贝为货币进行交换，贝是极珍贵之物，把贝若干串连叫作朋，殷王常用以赏赐臣下，所以甲文金文中常见“锡朋”。《易经》益卦六二：“益之十朋之龟。”可见一龟的价值远远超过几串贝啊。

了解上述这些，就不难清楚：在殷代，当西方的羌方，从老远贡来大龟，是多么重视，于是名之曰羌龟。将它作为神物，藏之于庙。为了占卜国之大事，得到灵验，并时时给以祀祭。所以甲骨载有祀“羌龟”的卜辞，而绝不是什么蛙或蟋蟀了。

补记：1965年，科学院考古研究所出版的《殷契粹编》第345页眉注有云：“有残辞云‘□□卜□□龟□□至，四月’（林二·一八·四；前

① “墟”与“虚”通用，部分文章及书作于20世纪，本书部分书名及引文内容仍为“殷虚”，不再另作说明。

四·五·五）其全文当为：‘某日卜贞今**𪓐**方其至，四月’，**𪓐**至二字并不联，不足为此说之反证。”这一残辞，正好说明羌龟是否会送到这一事，极为殷王所关怀。

原载《社会科学战线》1978年第2期

马克思主义与甲骨文研究

一

安阳殷墟出土的甲骨文，在1889年福山王懿荣见到前，曾经以“龙骨”身份辗转于药材掮客之手。王懿荣来不及进行攻究，就辞别人世。于是，甲骨文又作为“骨董”出让丹徒刘鹗。刘鹗从北京把这些“骨董”带到上海。上虞罗振玉一见即惊为“奇宝”。尽力怂恿并协助刘氏拓墨出版。就这样，1903年，甲骨文第一部著录《铁云藏龟》问世了。

罗振玉自从刘鹗那里得见甲骨文以后，便一面不惜重金，广为搜购；一面多方打听甲骨文出土地，希望能够确定这到底是一些什么文物。等他终于弄清楚了甲骨文为殷代贞卜文字的时候，他手里已拥有数以万计的甲骨了。罗氏为谋“流传攸远”起见，把所藏甲骨文先后著录成书行世的，有如下数种：

《殷虚书契前编》 (1913)

《殷虚书契菁华》 (1914)

《铁云藏龟之余》 (1915)

《殷虚书契后编》 (1916)

郭沫若曾经说过：“这些书，特别是《前编》和《后编》，是研究甲骨文字必要的典籍。”①

① 郭沫若：《中国古代社会研究·卜辞出土的历史》。

与此同时，罗振玉还对甲骨文不断考释。继《殷商贞卜文字考》后，于1914年写成了比较成熟的《殷虚书契考释》。《考释》被认为是甲骨文识字之始。书中已识的甲骨文约五百个。至此，卜辞乃稍稍可以通读。[①]

关于最早研究甲骨文的学者，本来要数瑞安孙诒让。可是，他仅仅依据一部《铁云藏龟》撰成的《契文举例》，虽有开拓之功，毕竟成绩无多，不值得大书特书。

随罗振玉东渡日本的海宁王国维，由于帮助罗振玉整理甲骨，遂与甲骨文结下了不解之缘。

罗振玉在写《殷虚书契考释》的过程中，发现“王亥”一词，不知为谁何？王国维考证王亥为殷之先公。他是怎样考证出来的呢？原来《山海经·大荒东经》有这样一段文字：“王亥托于有易，河伯仆牛，有易杀王亥，取仆牛。”为《山海经》作注的郭璞，曾引《竹书纪年》说“殷侯子亥宾于有易而淫焉，有易之君緜臣杀而放之。是故殷上甲微假师于河伯以伐有易。”因此，得知王亥为殷之先公。并且知道《世本·作篇》之胲、《帝系篇》之核、《楚辞·天问》之该、《吕氏春秋》之王冰、《史记·殷本纪》及《三代世表》之振，实际上是一个人。

王国维于1916年从日本回国，定居上海，在编次《戬寿堂所藏殷虚文字》的同一时期，陆续发现殷之先公尚多。1917年初，遂写成著名论文《殷卜辞中所见先公先王考》及《续考》。他在论文中把《史记·殷本纪》所载的人物做了整理：

> 殷契，母曰简狄……为帝喾次妃……生契。……契卒，子昭明立。昭明卒，子相土立。相土卒，子昌若立。昌若卒，子曹圉立。曹圉卒，子冥立。冥卒，子振立。振卒，子微立。微卒，子报丁立。报丁卒，子报乙立。报乙卒，子报丙立。报丙卒，子主壬立。主壬卒，子主癸立。主癸卒，子天乙立。是为成汤。

大都从卜辞中找到了实证。他说：卜辞所称高祖即帝喾，即契，

① 蒋善国在其所著《中国文字之原始及其构造》中说：“自有罗氏此书，甲骨文始稍可读。”

即相土，即冥即季，即上甲微，、、、即报丁、报乙、报丙，、，即示壬、示癸，即大乙，亦即天乙……

这一发现，意义可大了：

一、它说明甲骨文绝不是药材和“骨董”，也不是一般文物；而是极其珍贵的真正第一手史料。从此，甲骨文开始步入学术研究新阶段。从此，甲骨学成为一门独立的新学科。

二、《史记·殷本纪》看似非常简略，但是是可信的。司马迁无愧为我国第一个伟大的历史学家。

三、《楚辞·天问》所写的内容，不像一般人所说奇诡而无可取，它保存了古书上难得见到的神话和历史上的传说故事。王逸及后世学者们的《楚辞》注，有重新估价的必要。

四、向来被人们视为荒诞无稽的《山海经》等古籍，同样保留了大量的古代神话和历史传说故事。“汲冢书”虽经后人窜改，仍值得研究，不能随便排斥不顾。

同时，王国维既肯定《史记》言必有据，又纠正了它记载上的错误，因为照殷卜辞所排列的殷王世系，报丁应居报乙、报丙之后。“《史记》以报丁、报乙、报丙为次，乃违事实。”又，“《殷本纪》以祖乙为河亶甲之子，盖误。”这就进一步说明：甲骨文出土，也检验了一些古籍是否正确无误。从而告诉我们：研究古代史，必须用地下材料和纸上材料互相参证的方法。即王国维稍晚一点时间所说的“二重证据法”。也只有在这个意义上，才能更好地理解郭沫若所说的：“我们要说殷墟的发现，是新史学的开端，王国维的业绩，是新史学的开山，那是丝毫也不算过分的。”①

王国维对甲骨文研究作出的贡献，还不限于从卜辞中考证出了殷王族中的人物，他也是甲骨文断代和缀合的第一人。

什么叫断代？当我们接触出土文物和传世古器物的时候，首先想要知道的是它的年代。确定古物产生的年代，叫作断代。断代要有充分的科学根据。比如说，我们对青铜器的断代，不但要晓得它的出土地，还要观察

---

① 郭沫若：《十批判书》。

其有无铭文及其形制、纹饰等有何特点。殷墟出土的甲骨，是盘庚迁殷、殷代后期的产物，这是毫无疑问的。但是，从盘庚到帝乙亡国，历时二百七十三年。每片甲骨能确定其为哪一王朝的卜辞呢？只有断定某片甲骨属于某王朝之后，甲骨文的史料价值才更大。王国维在这方面做了一些独创性的工作，他从卜辞的“称谓”进行断代。例如《殷墟书契后编》上卷第20页第5片卜辞为：

甲辰卜，贞，王宾求祖乙、祖丁、祖甲、康祖丁、武乙、衣、无尤？

王氏经过反复研究，得出结论说：“案武乙以前四世，为小乙、武丁、祖甲、康丁，则祖乙即小乙、祖丁即武丁；非河亶甲之子祖乙，亦非祖辛之子祖丁也。”① 那么，这一片甲骨，就可以肯定为文丁时物了。又如，《后编》上卷第25页第9片甲骨卜辞有“父甲一牡、父庚一牡、父辛一牡”的纪录，王氏认为：“此当为武丁时所卜。父甲、父庚、父辛，即阳甲、盘庚、小辛。皆小乙之兄，而武丁之诸父也。”同上。②

王国维从“称谓”推论卜辞的年代，如上述二例，是正确的，也是科学的。它给了后来的学者很大的启发。

什么叫缀合？我们知道：甲骨埋藏地下，历时三千多年，龟甲兽骨质地容易折碎，加之发掘时又有损坏，所以一片完整的甲骨，出土后往往四分五裂，一条卜辞仅剩下三五个字，是最常见的事，这对甲骨文研究者来说，是极为不利的。因此，甲骨缀合还原，很有必要。王国维考虑及此，并亲自这样做了。他把《殷虚书契后编》所见到的一片，与戬寿堂所藏的一片缀联在一起，合而读之。认为“殷代世系得此二片证之，甚可贵”。

虽然在他一生中，这是仅有的缀合一例，但不失为典型的示范。

王国维研究甲骨文，绝不停止在甲骨文字本身的研究范围，他在发表

① 王国维：《殷卜辞中所见先公先王考》“祖某父某兄某”条。
② 王国维：《殷卜辞中所见先公先王考》“祖某父某兄某”条。

《殷卜辞中所见先公先王考》后，不久就写了《殷周制度论》及《殷墟卜辞所见地名考》等论文，把甲骨文研究引向古代社会制度和地理状况的探索，这也是可贵的。

从以上极其粗略的叙述中，可以看出早期甲骨文研究成绩最大的为罗振玉、王国维。换言之，罗、王两家是甲骨学这门学科的奠基者。正因如此，不少人称甲骨学为“罗王之学”。

二

称甲骨学为“罗王之学”，还不仅仅是因为罗、王两家研究较早，成绩较大；更在于继此以往，绝大多数的甲骨文研究工作者，或是两家的及门弟子，或是在他们直接或间接指导之下然后卓有成就的。

罗、王之后甲骨文研究以南阳董作宾最为著名。董氏出身北京大学研究所国学门，亦属罗王的学生，在安阳殷墟多次从事发掘工作，其《新获卜辞写本》《小屯殷墟文字甲编》和《乙编》，都是科学发掘所得的新资料，其中不少是前所未见的。但董氏对甲骨文研究最大的贡献是断代研究。

1929 年，在殷墟实行第三次科学发掘，获得尺二全龟四版。董氏对其进行了缜密研究。发现每一条卜辞，“卜”与“贞”之间有一个字，既不像地名，也不像是官称，如果说是指贞卜何事，则又同是卜句，而其字不同。因此他定为“贞人”，即后世所谓太卜之类的史官的私名。他写了《大龟四版考释》，提出了自己的看法，并进而作出断代的设想。以后，经过反复修订，终于发表了《甲骨文断代研究例》这一重要论文。①

《甲骨文断代研究例》把安阳殷墟出土的甲骨文分作五个时期：

第一期　包括盘庚、小辛、小乙、武丁四个王朝。

第二期　为祖庚、祖甲两个王朝。

第三期　为廪辛、康丁两朝。

第四期　为武乙、文丁两朝。

① 董作宾：《甲骨文断代研究例》，《庆祝蔡元培先生六十五岁论文集》上卷，1953 年版。

第五期　为帝乙、帝辛两朝。

他这样划分的标准有十个：

一、世系　　二、称谓　　三、贞人　　四、坑位　　五、方国

六、人物　　七、事类　　八、文法　　九、字形　　十、书体

这无疑是甲骨文研究史上的划时代事件。它在甲骨文研究工作中起了莫大的推进作用。

除断代研究外，董作宾对殷代天文、历法，也进行了研究，发表了《殷历谱》。

《甲骨文断代研究例》与《殷历谱》虽遇到驳难，但毕竟是十分可贵的科学成果。

直到20世纪60年代初，董作宾还时有论文刊载在台湾地区出版的书报上。从其论文标题看，他所研究的课题，仍未超出以往的研究范围。看来，董氏的“顶峰”，殆成过去。

三

致力于甲骨文研究，从时间上说，略晚于董作宾，而又与罗、王两家无甚渊源，堪称异军突起的，却为乐山郭沫若。1927年，大革命失败，郭氏亡命日本，开始接触甲骨文。据他自己说他研究甲骨文，“志在探讨中国社会之起源，本非拘拘于文字史地之学”。[①] 他最瞧不起那些“零碎地发挥好事家的趣味，而不能有系统的科学的把握”的研究工作者，认为那未免太对不起这三千年前的“绝好史料”了。纵看郭氏一生，从旅居日本与甲骨文打交道之日起，直至晚年卧病，对甲骨文的兴趣，从未衰减，也从未改变其方向。他在甲骨文研究中，无论是著录、缀合、断代、考释种种方面，都取得了很大成绩。这些成绩分别记录在《甲骨文字研究》《卜辞通纂》《殷契粹编》《奴隶制时代》以及《中国古代社会研究》《十批判书》等一系列著作中。

如果我们要把郭沫若甲骨文研究的具体成就，逐一列举，那是不胜其

① 郭沫若：《甲骨文研究·序》。

烦的事。其中，像以甲为沃甲、以甲为阳甲这一发现，确“足以震动世界，有功稽古”。[①] 其余如《甲骨文研究》书中《释祖妣》《释臣宰》《释干支》《释岁》《释籍》……几乎篇篇皆有发明。《殷契粹编》的收获、创见，也不一而足。应该说，这些成就的任何一桩，换作别人，纵不足以称大家，亦不难跻身于甲骨文学者之林。而在郭沫若，都不算是主要的。何况他的甲骨文研究在其整个学术事业中不过居一个组成部分的地位而已。

我认为郭沫若在甲骨文研究方面最大的成功，是他把甲骨文研究置于马克思主义指导之下。我们应当着重指出郭沫若是用马克思主义作指导研究甲骨文的第一人。他所取得的巨大成就，首先应当归功于马克思主义。

四

关于要不要以马克思主义为指导进行甲骨文研究的问题，可能有不少人持不同的观点。或曰：罗振玉、王国维两家，根本不懂马克思主义，为什么偏偏取得空前未有的成绩呢？或又曰：既然郭沫若是以马克思主义作指导进行甲骨文研究的，为什么在他研究工作中也出现差错呢？

是的，罗、王两家以及罗、王之后的某些甲骨文专家，包括董作宾在内，都不懂马克思主义，同时我们承认他们在甲骨学上贡献是大的。然而，这只是事物的一个方面。事物还有另外一个方面，就事物的向前发展而言，更为重要。

罗振玉自《殷虚书契考释》问世后，对甲骨文的研究，划然中止，不再图进展。而且，随着甲骨文研究的日新月异，《殷虚书契考释》的非是之处，也愈见其多。后一阶段，罗振玉的兴趣竟然集中在集殷墟文字为楹帖上（1921 年 2 月罗振玉印行《集殷虚文字楹帖》，1925 年又印行《集殷虚文字楹帖汇编》），其甲骨文研究，至此可说已全部结束。

王国维与罗振玉有所不同，他善于开拓学术新领域。如前所述，他把甲骨文研究应用于对殷周社会制度进行探索，他写了《殷周制度论》《殷

① 戴家祥：《甲骨文字学的发展与王静安先生的方法论》。

礼征文》，晚年又有《古史新证》之作。他这样做是对的。但是，他得出的结论如何呢？所谓殷代制度与周代制度之异，端在嫡庶之分，由是而孳生宗法、庙制等等：所谓“殷人以日为名”“商之继统法以弟为主”“无弟然后传子”，皆未必正确，大都为后来的学者所推翻。而他却一直未曾自行修正其说。特别是在郭沫若反复强调卜辞研究是一种新兴的学问，是一种方兴未艾的学问的二十余年前（郭沫若于1945年出版的《十批判书》中一再说甲骨文研究是一门新兴学问），王国维就认为“殷虚文字，人力殆已罄尽”。[①] 这是多么断然不同的两种对待甲骨文这门学问的根本态度，充分说明：有无正确的、先进的理论作指导，在人身上所唤起的精神力量，是不可同日而语的。甲骨文这块经罗、王之手开辟出来的大好园地，眼看在罗、王手里不久就荒芜了。这难道不是事实吗？

至于郭沫若，无可否认，他在甲骨文研究上有过差错。最明显的例子是关于殷代是不是奴隶社会？殷代的农业发展情况如何？这两个问题，他都曾数易其说。此外，在其他个别问题上，也往往不免有结论下得过早，或与实事求是的精神不合之处。但同时应该看到：每次出现差错，他都能自行修正，而每修正一次，就更为接近事实。工作中出现缺点，尤其是在一门新兴的学科中，总难免有这样或那样的差错。这绝不是因为马克思主义作指导的缘故。而是研究工作者掌握、运用马克思主义还不够理想才发生这种现象，更重要的是，有马克思主义作指导，和没有马克思主义作指导，其对待差错，克服困难的态度和方法是完全两样的。

因此说，过去学者们常说一句话：即甲骨文研究首推“四堂”。即把罗雪堂（振玉）、王观堂（国维）、董彦堂（作宾），郭鼎堂（沫若）四家平列而论，甚至于说什么卜辞研究“雪堂导乎先路，观堂继以考史，彦堂区其时代，鼎堂发其辞例”[②]，各举其成就之一端，等量而齐观之，这些都是从表面看问题的说法。我们观察整个甲骨文历史进程，分析学者们在甲骨学上所起的作用，不能用静止的、无所作为的观点；必须视其过去，察

① 王国维于1917年写给罗振玉的信中说“殷虚文字，人力殆已罄尽，后只可于无意中拾得数字。”见《中国历史文献研究集刊》第一集所载《观堂书札》。

② 唐兰：《天壤阁甲骨文存·自序》。

其将来。从事物的向前发展，而这个发展又是从量变到质变的过程来进行检阅，而后才可能有正确或较正确的评价。不难设想，假如甲骨文研究停留在文字研究阶段，而不去找求卜辞本身发展的规律，并进而探讨殷代社会性质及其形成，再进一步与考古学、语言学、历史学、古器物学等学科密切联系，作各种综合研究，那么，还能称甲骨学为一门高深的学问吗？能达到这门学问应有的广度和深度吗？

在甲骨文研究的草创时期，建立了丰功伟绩的罗振玉、王国维，尤其是后者，其成功之所在，与他们的研究方法是分不开的。罗、王两家除熟悉乾嘉学派的治学方法外，并懂得西方近代科学方法。近代资产阶级的科学方法，与封建制度下的老一套相比，自然进步得多。因此，他们的成就远非前人和并世保守学者所能及。他们之所以不能更上一层楼，让亲身开辟的甲骨文园地显得千红万紫，鸟语花香，乃在于他们的世界观妨害了他们随着时代前进，从而在治学方法上也显见其落后。资产阶级学者只见树、不见林的研究方法，在个别问题上也许可以精到、深刻，至于如何把个别问题进行科学的概括，找出它内在的联系，都无能为力。王国维在甲骨文上的研究无法超出一定的限度，也说明其方法的“神通”还不够战胜越来越大的“妖魔”。归根到底，是历史的局限，是缺乏正确理论指导的结果。

五

在甲骨文研究史上，有许多生动的事实，强有力地证明：是马克思主义给甲骨文研究带来了无穷的生命力。

郭沫若的胜利硕果，不必再提，单看解放后三十余年来一些老专家的精神焕发和新生力量的茁壮成长，都在教育人们认识这一客观真理。本文为篇幅所限，不打算一一备述，只随举数例，以资佐证。比如说，于省吾、胡厚宣、张政烺诸先生，都是对甲骨文研究曾经做出较大贡献的老一辈专门学者，于氏《双剑誃殷契骈枝》所考释的字和术语十分多，这是难度很大的过硬工夫。胡厚宣的《甲骨学商史论丛》被日本学者白川静教授誉为“这一学科空前的金字塔式的论文集”。张政烺早年的《奭字解》确具别解，一鸣惊人。新中国成立后，老先生们一篇脱稿，异彩缤纷。真如梅尧臣诗所说："老树著花无丑枝。"比如，于省吾的《甲骨文字释林》及《略论甲骨文"自上甲六示"的庙号以及我国成文历史的开始》等论文，学术界一致推崇；胡厚宣的《甲骨文所见殷代奴隶的反压迫斗争》等，在国外更有影响；张政烺的《释甲骨文俄隶蕴三字》，引用者日多一日。为什么同样是这些人，同样是这些资料，垂老临池，反而妙笔生花，新义横生？此无他，实实在在是马克思主义帮了老先生的忙也。不信且看老先生们是怎样说的。于省吾在《关于古文字研究的若干问题》中说："我们要学好辩证法，掌握辩证法，运用辩证法。"胡厚宣引述郭沫若的话说："研究甲骨文和从甲骨卜辞研究古代的历史，必须掌握马克思主义的立场、观点和方法。这，是首先要解决的一个重要问题。"① 其实，这也是一些老专家共同的经验之谈。

至于甲骨文研究的后起一代，他们的论文，往往发前人所未发。如李学勤的《论殷代亲族制度》、裘锡圭的《甲骨文中所见的商代五刑》、赵诚的《甲骨文字的二重性及其构形关系》、高明的《从卜筮里所见古代中国人的人埋思想》……一望即知作者头脑中的辩证唯物主义思想在起主导作用。再来看看关于甲骨文概述之类的作品，这类作品，历来颇多，有的简述发掘著录和研究的情况，有的仅提供论著目录。比如解放前有《三十五年来的甲骨学》及《甲骨学概要》，皆翔实可信。但这类书和文，贵在通过评述，寻出治这门学问的门径，并揭示今后的发展趋向。如果从这个角度来衡量，显然上述两种都远不如早两年出版的《建国以来甲骨文研究》，而后者正是新中国青年学者王宇信的近著。诸如此类。不胜枚举。

总之，一句话，甲骨文研究只有在马克思主义指导下才能有如花似锦的灿烂前程。这样讲，是不是有点过分呢？不！一点也不算过分。真理是从实践中来的，也是不怕驳难的。我记得《马克思传》作者弗兰茨·梅林说过一段很有意义的话，现在就引用它作为本文的结束：

马克思不是神，也不是半神，他也不是像教皇那样的无过失者，

① 胡厚宣：《郭沫若同志在甲骨学上的巨大贡献》。

他是一个从根本上扩大了人类的认识限度的思想家。我们也就是珍视这一向前的步伐。但并不把它看作是人类认识的终点。而正因为这是向前的步伐，那是不能倒退回来的。[1]

原载《湘潭大学社会科学学报》1983 年第 2 期

① 梅林:《哲学论文集·保卫马克思主义》。

卜辞文学再探

关于卜辞文学，已故唐立庵先生于1936年写过一篇专论，发表在旧《清华学报》第11卷第3期。标题为《卜辞时代的文学和卜辞文学》。全文共分五个部分，卜辞文学属第四部分。作者从数万片卜辞中选取了67条比较精粹的断句，其中如：

王其寻舟于河（《殷虚书契》二卷二六叶二片）

王今夕宁（同上三卷二四叶四片）

王大令众人曰：协田，其受年（同上七卷三十叶二片）

方来入邑，今夕弗震王师（《殷契卜辞》八九片）

自今十年出五，王丰……（《殷虚书契续编》三卷四四叶三片）

的确是精粹的。另外，又有12条比较完整的卜辞，如：

乙丑卜，贞、才（在）……天邑商公宫衣，兹夕亡咎、宁、才九月（《殷虚书契》二卷五叶三片）

丁卯，王卜、贞、今祸，巫九备，余其从多田（甸）于多白（伯）正（征）盂方……惠衣、羽（翌）日步、亡广、自上下……示、余受出、不菩哉，祸告于兹大邑商，亡它，才畎，王占曰：弘吉，才十月，遘大丁，羽。（旧中央研究院藏骨）

以上所举例辞虽说内容尚不够丰富，不能让渴望知道卜辞文学的广大读者得到满足。可是，从文学的角度对卜辞进行探讨，还是应以立庵先生为开路先锋，他的研究给予后学的启发很大。

时光如流水，从破天荒第一次论述卜辞文学到今天，转眼之间，已过去将近半个世纪。在这将近半个世纪的漫长岁月中，甲骨文研究蓬勃发展，业已进入崭新阶段。中外学者所取得的可喜成绩，足以使甲骨学这门新兴学科在全世界学术之林焕发耀眼的光辉。但是，卜辞文学的研究，在唐立庵先生之后，似乎嗣响无人，相反地，反对卜辞文学的，却大有其人。比如，早两三年，杨公骥教授在其《中国文学》这部大著中，就彻底否认卜辞文学的存在。他说："卜辞是极其珍贵的可靠的资料，但并非文学。""所以这样说，是因为卜辞所刻记的，只是向神提出的疑问，神的指示以及占卜的灵应，绝非是对生活感受的描写。""因此，卜辞并不是文学作品。"他又说："夋、象鸟头尖嘴之形……从形状上看，是神话中的玄鸟（凤），亦即天帝和太阳神。……被殷人当祖先。契是开辟神、天帝夋之子。昭明是光明神。相土是土神。季（冥）是农神。亥是牧畜神……"这个问题，我们如何看待它呢？当然，谁也没有说"卜辞就是文学作品"，更没有谁说过："商代的文学作品就是卜辞。"但是，通过卜辞，可以从侧面去认识商代文学的面貌，至少可以窥视商代文学的轮廓。同时，某些卜辞，确实具有文学的性质，无论你是广义或狭义地去理解"文学"一词的含义，都可以说得过去。如果说硬是只有"对生活感受的描写"，才能算作文学的话，那么，一部中国文学史，恐怕至少要删削过半。大家知道：司马迁的《史记》并非文学作品，然而人们却都这样说：《史记》是无韵的《离骚》，是史家的绝唱。在今天，我们的大学文学课本里，不是都选入了《左传》《国语》《战国策》，甚至《论语》《孟子》《韩非子》……的部分内容吗？距今约一千四百年前的梁代，是我国文学迈过"自觉"的时代，进入飞跃发展过程的新的历史时期。人们已经知道用审美的观点来衡量一切文学作品了，昭明太子萧统所编辑的《文选》足以说明当时的人对文学的认识，已经接近于近世的文学概念。《文选》一书的选文标准是："事出于沉思，义归乎翰藻"。因之，有人觉得它的范围还未免过窄，可我们翻开《文选》一看，诸葛亮的《出师表》、嵇康的《养生论》，甚至连任昉的《奏弹刘整》文，居然也有入选。《文心雕龙》也把一些章表、奏启、碑、铭之类，列为文体，加以评论，这又与描写“对生活的感受”有何关系呢？

再说，文学并不是孤立的社会现象，商代的农业、畜牧业，以及手工艺制作，都相当发达，应该说它的社会经济影响是比较强大的。至今我们还可以见到它那制造十分精致的青铜器工艺品及玉器工艺品。同时，商人的文化生活也是丰富多彩的。音乐、舞蹈，这些都早已为出土器物及大量的甲骨文字所证实。特别是甲骨文本身最具有说服力，这说明商代社会是一个文明社会。

总之，杨公骥教授的论点，是不能被接受的。也就是说，卜辞文学的存在是不容否认的。

20 世纪 30 年代，几乎是与唐立庵论述卜辞文学的同一时期，鲁默生在中山大学《史学专刊》上发表《甲骨文与〈易〉之史学观》一文，他认为中国的编年史体，是甲骨文首创其例。甲骨卜辞影响六经甚巨。《春秋》一书，几乎与卜辞一致。卜辞不独纪事，而且纪言。卜辞所纪，系日于旬，系旬于月，系月于时，系时于祀，非常详审，例如：

> 癸卯，王卜、贞、酒，翌日自上甲至多后，衣、无它自戾，在九月惟王五祀（《后》上，二〇、七）
>
> 乂贞、酌，翌日自上甲至多后，□自□，在九月，惟王五祀。（《后》上，二八）

鲁氏的说法，验之以《易》及《春秋》，并非毫无根据。固然，史官与贞人所记，均非文学作品，姑置毋论。即如《殷虚书契菁华》第二片所记：

> 癸巳卜，㱿贞：旬无祸？王占曰：出祟，其有来嬉，三至、五日丁酉允有来嬉，自西，……告曰：土方……于我东鄙，侵二邑，𢀛方亦侵我西鄙田。

这是一片比较完整的卜辞。内容可分四个部分：“癸巳卜”是记录贞卜日期，㱿为贞人。合而为“叙辞”。“贞：旬无祸?”，是为“命辞”。“王占曰：有祟！其有来嬉”，是为“占辞”。“五日丁酉”以下，是为“验辞”。这短短五十一字组成的卜辞，从叙事“缘起”写起，直到结果如何。叙述井然有序，结构何等严密，一字一句，千锤百炼。这难道不是最好的记事文吗？很可惜，甲骨出土，完整的很少，像《殷虚书契菁华》所著录的，并不多见，不然，经过研究，整理成册，真是殷人所写的《殷史》。恐怕司马迁见了，也要自愧弗如。

如果说卜辞中这些属于史官所书的记事散文，不能算作文学作品，甚至说它连文学性质也不具备的话，那么我们就来看看以下的卜辞吧。

《卜辞通纂》第三七五片：

癸卯卜，今日雨？

其自西来雨？其自东来雨？
其自北来雨？其自南来雨？

《殷契粹编》第九○七片：

巳王卜，贞：[今] 岁商受 [年] 王占曰：吉。

东土受年？南土受年？(吉)
西土受年？(吉) 北土受年？(吉)

卜辞中祈雨、祈年的甚多。“其雨”“其风”“受年”“受禾”之辞，不计其数。不过以上两片，比较完整。我们说：这该可以算作具有文学性质的文章了吧？甚至于它还具有诗歌的形式呢。如曰不然，那就与汉乐府相和歌辞的《江南》来比较一下吧。

江南可采莲，莲叶何田田！
鱼戏莲叶间：
鱼戏莲叶东，
鱼戏莲叶西，
鱼戏莲叶南，

鱼戏莲叶北。

这是一首来自民间的绝妙诗篇。在历来的诗歌选本里，无不将它选入。我想：当读者把这首诗和上面的卜辞对照来读的时候，一定会感到：两者何其相似乃尔！因此，除非你不承认汉乐府相和歌辞《江南》为文学作品，否则，便无法推翻“卜辞文学客观存在”这一论断！至于卜辞中其他具有文学性质的断句、零篇，在此，我们就不必多引了。

奇怪，卜辞中怎么会出现近似汉代乐府歌辞的“唱辞”呢？其实，只要冷静想一想，就欣然领悟了。殷人贞卜，具有一定的仪式，无论是祈雨、祈年，抑或贞问其他国之大事，都由贞人主持，有时王还亲自参加。贞人中有主卜者，可能即卜辞上署名的人，也有陪列的若干贞人，贞卜开始，行礼如仪，主卜者一面口中念念有词地祈祷，一面还婆娑起舞，起舞时手中也许还持牛尾之类的神物。在主卜者领唱“今日雨”时，陪卜的贞人遂接着念：“其自西来雨？”“其自东来雨？”……如此一唱互和，祈求之祭事宣告完毕，音乐、舞蹈、诗歌的表演，也至此结束，是之谓“巫风”。

本来嘛，最早的文学是诗歌，最早的诗歌，又是与音乐、舞蹈分不开的。而且，诗歌、舞蹈、音乐往往和宗教活动联系在一起。这些最基本的文学理论，早已为无数事实所证实，为全世界所公认。我们这个伟大的民族，其文学的起源，自然也不例外。在这里，我也用不着引经据典，搬些国内外的一些权威著作来为自己作证了。

我还想说一点，就是我们的文学史家，一讲到中国文学史，从来是从《诗经》讲起。以为在三百篇之前，中国没有什么文学作品可讲的，这实际上就是“商代无文学论”，商代真的没有文学可言吗？唐立庵先生说：“商代有很高的文化、很多的文字和很完备的记载。那么，一定也有很优美的文学。”商代的文学，除了“可以拿《商书》来做代表”外，铭识与卜辞也要重视。他还说：“文学史上，卜辞还要占很重要地位的。”大家想一想：我们一方面很自豪地说，我国具有悠久的历史，灿烂的文化；而另一方面，却又把我国的历史文化从《诗经》时期算起，随随便便缩短几百年。这真是不可思议的事情。今年暑假，湖南南岳以大中学中青年教师为对象，举办了一个古典诗词讲习班，我们义务讲学，我分担的任务是讲述诗歌源流，我就是从卜辞文学讲起的。在这个商史学术讨论会上，我也要大声疾呼：我国的文学史，应该从卜辞文学开始。今后，我们要在唐立庵开辟了道路之后，继续对卜辞文学进行探索。如何开展卜辞文学的研究工作呢？我大胆提几条意见，供有志于卜辞文学者作参考：

一、卜辞文学研究，必须与对商周青铜器铭识的研究相结合；

二、卜辞文学研究，必须与古文献中已经论定为商代著作的研究相结合；

三、卜辞文学研究，最重要的还要与整个甲骨文的研究相结合；

四、卜辞研究还可以与《诗经》及其他后起的文学作品进行比较研究。

原载胡厚宣主编：《全国商史学术讨论会论文集》，《殷都学刊》（增刊），1985 年 2 月。

中国最早的韵文

1899 年，河南安阳殷墟出土的甲骨文，是迄今我们所能见到的我国最早的文字。甲骨文中的内容绝大多数属于卜辞。与卜辞同时出土的还有一些其他的刻辞。如记事刻辞、干支表、习刻，都属于卜辞范围外的殷墟甲骨文字。这些非卜辞的甲骨文字，为数虽不及卜辞之多，但我们在研究卜辞时，也要给予以同样的重视，对非卜辞的史料价值，绝不应低估。例如：通过关于战争俘虏的记事刻辞，我们可以获知当时一次战役规模的大小以及使用武器的情况如何；观察狩猎的记事刻辞，也是如此。

我近来对非卜辞的甲骨文字，产生了一种新的看法。比如说，过去我们见到排列整齐的干支表，以为相当于后世所使用的历书。郭沫若在《卜辞通纂》中说过："余谓此乃古时宪书之复刻，如存世之大小《夏正》之类者也。"但看多了，发现出土的干支表，无不排列整齐，笔画非常讲究，就觉得它有点像识字范本。我们知道，殷代之"巫"，也就是"史官"，甲骨文学者称其为"贞人"，乃是我国最早的知识分子。在统治者认为"国之大事，在祀与戎"及当殷代王室每事必卜的时期，史官地位甚高，同时为了后继有人，还必须进行培养。在培养过程中，选定一些最基本的知识编为"教材"，自是情理之中的事。而干支表是教材中不可缺少的内容。要精通卜辞这门课，必须从干支入手。

我之所以产生这种看法，是因为受到胡厚宣先生《战后京津新获甲骨集》一书第五二〇片骨刻的启发。这片骨刻是纪元前第十三世纪武丁时期的产物。骨上刻辞如下：

> 东方曰析，风曰劦。
> 南方曰粦，风曰㪚。
> 西方曰韦，风曰彝。
> □□□□，风曰殹。

胡厚宣先生以此为依据，曾经撰写《甲骨文四方风名考》一文，接着，杨遇夫先生也撰写了《甲骨文中之四方神名与风名》。由此，甲骨文研究者遂称它为“四方风名刻辞”。刻辞内容一望即知，不但不是卜辞，而且与卜辞无关，也不像干支表那样具有历书的作用。所么我就想到它可能是我国最早的“课本”，相当于《史籀篇》《急就章》等“字书”的“散叶”，既教人识字，又把有关自然或社会方面的各种知识写进去，成为名副其实的“文化课本”。为了便于记忆，每句字数都有一定，还适当押韵。例如《急就章》的开头就是这样写的：

> 急就奇觚与众异，
> 罗列诸物名姓字。
> 分别部居不杂厕，
> 用日约少诚快意，
> 勉力务之必有喜。

基于以上这种看法，于是，我进一步把四方风名刻辞认定为我国最早的韵文。

秀水唐兰早在三十年代就发表《卜辞时代的文学和卜辞文学》，断言卜辞时代必然有优美的文学。在唐先生启迪下，最近几年，我从卜辞中陆续提供一些例证。至此，又于卜辞外得一佳证矣。

现在，就把四方风名刻辞稍加说明于此：

四方风名刻辞中的“东方曰析，风曰劦”；“西方曰韦，风曰彝。”可以在《山海经》里找到相应的记载。《山海经·大荒东经》有“东方曰析，来风曰俊。”《大荒西经》亦有“有人名石夷，来风曰韦。”虽与甲骨刻辞不尽相合，但足够说明古代对四方风名非常重视。《史记·律书》历叙不周风、广莫风、条风、明庶风、清明风、景风、凉风、阊阖风与万物滋生、繁茂、消亡的紧密联系，尤足以看出我国古代对天体气象的变化给人民生活带来的影响已有了初步的认识。而这种认识实导源殷商时期。至于甲骨刻辞与《山海经》所言不尽相合，似当以刻辞为准。因《山海经》经过历代辗转传抄，难免出现错简和误置的现象。

甲骨刻辞中的“南方曰粦，风曰散”，粦即燐的初文，萤火也。散即微。1976 年，陕西扶风法门公社出土一批青铜器，器上有的铭识表明这是微氏家族的窖藏物。铭识“微”字作“散”。

契刻四方风名的牛胛骨，出土时左上方已残缺。我们认为残缺之字，可以添补为“北方曰凫”，或“北方曰鵷”。因为《山海经·大荒东经》有这样的记载：

> 女和月母之国，有人名曰鵷，北方曰鵷，来之风曰狻。（按：“之”为衍文。）

丁山《中国古代宗教与神话》以为《山海经》古本作“北方曰狻，风日鵷。”有《庄子·天地篇》中“苑风”可证。可是，甲骨残缺部分留下第四字的两笔，与“狻”和“鵷”都合不上。同时，刻辞下方“风曰[illegible]”，[illegible]字多数学者隶定为“陨”。《说文》无陨字，而且也与“狻”“凫”“鵷”挂不上钩。鄙意“[illegible]”似应隶定为[illegible]。《集韵》：[illegible]，逐鬼魃也，音唉。然则上方所缺四字极有可能为“北方曰鬼”。甲骨文中“鬼方”屡见，与殷商为敌国。《易·既济》：“高宗伐鬼方，三年克之。”干宝《易注》：“鬼方，北方国也。”（见王国维《鬼方昆夷玁狁考》以鬼方为北方，似不无理由。又《鬼方昆夷玁狁考》谓：“鬼方之名，《易》《诗》作鬼，然金文作[illegible]，或作魃。……皆古文畏字。”大盂鼎作[illegible]，与四方风名骨片残存笔画㇅相近。如果是，则四方风名之刻辞，全文前后通押一韵。不过，“鵷”与“狻”叶，无论缺文为何，都不妨害四方风名这一刻辞为卜辞时代的韵文，我国历史上再没有比它更早的韵文了。虽说四方风名刻辞文学意味并不那样浓厚，但是开钟鼎铭文韵语及《周易》卜辞之先声，却是毫无疑义的了。

此文草拟既竟，不由使我想到：1956 年，罗福颐根据“居延汉简”中的一片，撰写了《祖国最古的医方》，发表在《文物参考资料》第九期，引起医学界广泛注意。过了十几年，即 1972 年 11 月，甘肃武威旱滩坡发现大量汉代医简。1975 年，文物出版社出版了《武威汉代医简》一书。所谓《祖国最古的医方》，竟达三十余种，而且内容相当丰富，既表示同病异治，兼及用药方法。但愿今后甲骨文出土更多的韵语刻辞，使祖国文化放射无比的光芒。

丁卯闰月附记

原载《求索》1988 年第 2 期

从甲骨文看殷人的审美观

人，从来是爱美的。远古时期，也不例外。据说，西班牙原始部落时期留下的洞穴壁画就很美，我见过山顶洞人装饰用的骨针、贝壳，也见过考古学中代表仰韶文化、龙山文化的各式各样的彩陶，充分说明爱美是人的天性。不过，随着人类的进化，人的审美观在不断发展、提高，越到后来越与现代人相接近。当我们看了三千年前的殷代钟鼎彝器以及玉蝉、玉鱼、骨雕、牙雕等精美绝伦的出土文物后，惊奇之余，不禁感到我们的心灵至少在审美观上和殷人之间并非远隔一堵不可逾越的万里长城。

不谈殷人的审美观则已，若谈殷人的审美观，照一般人的想法，首先是从殷代饕餮纹鼎、鸟纹角、鸱鸮尊这些青铜器谈起，其次才是甲骨文的书法艺术。其实，社会发展史告诉我们：人类由野蛮步入文明的主要标志是文字。一个民族有了自己的文字，才能够说明这个民族已经开始进入文明社会。而研究文字，最重要的是考察文字的内涵，然后涉及文字的外形、结构、书法艺术，抑其末已。

通过甲骨文来看殷人的审美观，就是从甲骨文字的涵义入手的。

我们知道：我们迄今所见到的安阳小屯出土的甲骨文学，是盘庚迁殷后的贞卜记录，从甲骨文本身已知这是比较成熟的文字，距离文字创始阶段至少有数百年历史。也就是说，甲骨文字并非一出现就是今天我们见到的形状。因为盘庚迁殷之后的贞卜文字已具备了“六书”，从象形到形声，就是文字本身由初级向高级发展的证明。但是，这并不妨害我们通过甲骨文字试窥殷人的审美观，而且由文字嬗变的痕迹更可以观察殷人的审美辩证发展的轨迹。

大多数著录甲骨文字的专书，几乎无不从殷王世系开始编排，让我们也从殷王世系说起吧。

甲骨文的绝大多数属于殷王祭祀祖先的卜辞，因此，殷王族的列祖列宗，差不多全在甲骨文中出现。就其称谓而言，或称祖，或称父，或称兄，种种不一。但称“高祖”者，仅有“高祖夒”“高祖亥”“高祖乙”三人而已。（《小屯南地甲骨》有“高祖上甲”之一例。上甲微为王亥之子，为父王报仇，亦殷民族中之英雄人物。）王国维在《戬寿堂所藏殷虚文字考释》中说：

> 考卜辞中称高祖者，惟高祖夋及高祖乙，夋即帝俈，乙则成汤，与王亥而三。《书·盘庚》曰：肆上帝将复我高祖之德，是殷人有高祖之名。但非《尔雅》所云曾祖王父之父耳。

郭沫若认为《尔雅》之称，乃秦汉人语，这是对的。但他又说：“高祖乃远祖之谓也。”① 这话，就成问题了。帝俈为殷之始祖，还说得过去，但王亥、成汤之前那么多远祖，为什么都不称高祖呢？可见高祖之称，是别有来由的。

据王国维的考证：《山海经》《竹书纪年》之王亥，与《世本·作篇》之胲、《帝系篇》之核、《楚辞·天问》之该、《吕氏春秋》之王冰、《史记·殷本纪》及《三代世表》之振、《汉书·古今人表》之垓，实系一人。《山海经·大荒东经》记：“王亥托于有易，河伯仆牛。有易杀王亥，取仆牛。”《世本·作篇》也说：“胲作服牛。”《天问》：“该秉季德……焉得夫朴牛。”所谓仆牛、服牛、朴牛，大概就是《管子》所说的：“（驯）服牛马以为民利，而天下化之。”从这些古籍中，可以想见：王亥在殷之先王中是贡献极大的一位。他为了扩大殷民族的活动范围达于有易，甚至献出了生命。王国维从卜辞中查出祭王亥用牲由五头牛、三十头牛、四十

① 郭沫若：《卜辞通纂》。

头牛，而至于三百头牛，“乃祭礼中之最隆者”。为什么祭礼如此之隆？王国维说：“王亥祀典之隆，亦以其为制作之圣人，非徒以其为先祖。周秦间王亥之传说，胥由是起也。”①

由此可见，以王亥与始祖夋及成汤并列，称之为“高祖”，乃系尊称，含有崇高伟大的颂美意义。

成汤所胜夏桀，平定宇内，践天子位，为天下共主，自不待言是殷民族中最杰出人物。除了在祀典中称其为高祖外，又号为大乙或天乙，大与天与高，同属美称。殷的首都不是称“大邑商”或“天乙商”吗？

自然界崇高、伟大的事物，本来就给人一种美感，比如高山峻岭、长川、大河，乃至猛兽、巨蟒，始则使人产生恐惧，觉得在这些事物面前，人，未免显得太渺小了。继而激发人的斗志，精神为之奋发，最终表示无限钦服和敬仰。因此，西方美学史上历来把崇高当作美的形态。古罗马朗吉努斯还曾经提出要以“崇高体”为研究对象。康德、黑格尔无不对崇高作了论述。

由对自然界崇高的事物表示尊敬、悦服，到概括崇高的特质，转移为对同类中的杰出人物作出形象的称颂，这是一个漫长的过程，也是人的审美观不断发展的表现。我们从甲骨文中“高祖”“大邑商”的称呼上，明显地看到殷人的审美已经达到了相当高度。正是具有这种相当高度审美能力的殷人，才能制作“司母戊鼎”和“瞢弘觥”之类举世无双的工艺美术器物。

甲骨文中关于征战、田猎的卜辞，占有相当大的部分内容。征战，就是打仗，田猎，未尝不可以说是练兵，练兵与打仗，都需要武勇。

《甲骨续存》下九一五片是关于征伐获胜的纪录：

> 小臣墙从伐，毕[illegible]危[illegible]□　廿人，四[illegible]千五百七十，[illegible]百□车二两、盾百八十。函五十，矢□又白[illegible]于大乙，用睢白及夆于且乙，用[illegible]于且丁、高卯。

① 王国维：《殷卜辞中所见先公先王考》。

又，《殷契佚存》五一八片，是关于田猎的纪录：

壬午王田于麦□获商戠兕，王锡宰[illegible]，寝八十智□现五度佳王六祀，彡日。

前者凯旋后用战胜品向祖先报捷，后者则把猎获的野兽赐给近臣，受赐者引以为荣，刻辞作纪念。通过这两片记事刻辞，足见殷人对武勇的崇拜。这种社会心理也可以从1976年安阳殷墟发掘的“妇好”墓得到证明。“妇好”墓珍贵殉葬器物之多而精致，是极为罕见的，而根据大量卜辞所记，妇好生前曾带兵打仗，在一次伐羌的战役中，统兵多达万人，因此备极哀荣。

附带说一句，上两片甲骨刻辞，与钟鼎铭文辞例相接近，是研究甲金文比较珍贵的材料。

崇拜武勇，与对崇高事物的尊仰，同属于对壮美所达到的高度认识。殷人不仅重壮美，也重优美，并对优美有相当高度的认识。

可以肯定，殷人最富于联想，而联想是审美中最常见的一种心理现象。甲骨文出现那么多会意字，正是联想的产物。已故唐立庵认为先秦古文字不存在会意字，其实，日月为明，双木为林，比比皆是。所以陈梦家不以唐氏之说为然是对的。这里，我先说一个启字。《殷契粹编》六二八至六五二片，皆有卜启之辞，字作[illegible]，用手持户，含义显而易见。《说文》：雨而昼晴曰启。今天民间逢久雨新晴，仍流行“开天了”这句话。诸如此类，由羊到美，再到吉祥如意，何尝不是联想所由来。古人造字用字，往往运用联想，并不限于会意而已。

甲骨文中，有一部分象形字，由象形开始，进而把握住客观事物的特征，进入象征阶段。例如：马、羊、鹿、虎、象……各个时期有不同的写法。但代表动物特征部分不变，如羊和鹿的角、象的鼻、虎的头、马的长鬃，不但不变，反更为突出了。这，正好说明殷人的审美在逐步提高。

还是谈谈殷王对先公先王的祀典吧。有这样一条卜辞：

乙未，酒[illegible]上甲，报乙三，报丙三，报丁三，示壬三，示癸三……

这就是所谓“上甲六示”之贞。六示指对上甲、报乙、报丙、报丁、示壬、示癸六位祖先的祭祀。不仅排列谨严有序，用牲多少也十分清楚。王国维说：“疑商人以日为名号，乃成汤以后之事，其先世诸公生卒之日，至汤有天下后定祀典名号时已不可知，乃即用十日之次序以追名之。故先公之次乃适与十日之次同，否则不应如此巧合也。”[①] 董作宾也说：“我疑心这是武丁时代重修祀典时所定。……至于成汤以前，先世忌日，似已不甚可考，武丁乃以十干之首尾名此六世。……观于甲乙丙丁壬癸的命名次第，并列十干首尾，可知如此命名，实有整齐划一之意。不然，无论此六世先公生日死日，皆不能够如此巧合。”[②] 不管这六世殷之先公的庙号是以生日或死日命名，不管是成汤有天下之后所定或是武丁重修祀典时所定，总之，“如此命名，实有整齐划一之意。”这是可以肯定的。

经过缀合，卜辞更有“十示”的记载：

自上甲、大乙、大丁、大庚、大戊、中丁、祖乙、祖辛、祖丁十示……

这种整齐划一，不仅见于甲骨文，解放前保定地区出土的著名“三勾兵”铭文不是也很整齐吗？至于甲骨著录中常见到的干支表，就更不用说了。我们说，殷人这种讲究整齐划一的作风，也是与其审美观分不开的。平衡、对称、和谐，这些在讨论审美时经常可以听到的词语，不是与要求整齐紧密联系在一起吗？

如果我们想继续在甲骨文中追寻整齐之美的话，那么卜辞的正反两卜，亦即所谓对贞，以及甲骨上契刻的布局，也可以明显看出殷人对形式是非常关注的，甚至甲骨文的每一个单字结构，也是按平衡、对称原则组合起来的。我们就不逐字列举说明其中的道理了。

既谈到形式，不妨就甲骨文的字形和书法艺术略谈一二。

---

① 王国维：《殷卜辞中所见先公先王考》。

② 董作宾：《甲骨文断代研究例》。

董作宾的《甲骨文断代研究例》，是甲骨文研究史上一块里程碑。这早已为学者们所公认。不过，董氏在列举十项断代标准时，提到字形与书法，认为：武丁时代，因为国势强大，所以表现在文字上雄壮宏伟，精神极为挺拔；武丁之后，祖庚、祖甲时期，国势逐渐走向衰落，表现在文字上气势也不那么雄峻了，但犹有武丁遗风；到了廪辛、康丁时期简直一落千丈，文风、书体都倒退。到武乙时字形尤为拙劣；文丁力求挽回颓风，但仅能做到劲峭而已。文丁时代虽然进行了严密整饬，但武丁时的规模气象已经一去不复返了。他这样把各时期字形书体之不同，完全归之于最高统治者有无作为，从而导致政治经济形势的盛衰。一言以蔽之：甲骨文从文风到书法艺术，无不从属于政治经济的发展形势。董氏之立论，与近几十年内不少文学史家谈到历代文学繁荣与否，开口就说这是当时的政治经济形势所决定的。好似上层意识形态，只能听命于下层基础，毫无半点能动性。固然政治经济形势是主要的，但应辩证地看待这个问题。比如说，我国魏晋南北朝时期政治动乱，民不聊生，是历史上糟糕透顶的时期。然而这个时期的文学艺术却开创了新的纪元。原因就在于当时的人们摆脱了儒家思想的禁锢，受到老庄学说和佛教哲学的影响，要求个性解放，努力探索新的精神世界。

从盘庚到帝乙，历经二百七十余年之久，作为从劳动生产中分离出来的专门从事贞卜的神职人员，难道从不随着社会的发展，而要求在自己的工作上有所改进吗？难道只知一味墨守成规，从不从审美角度考虑一下甲骨文字的字体和书法艺术吗？这是不可思议的事。因此，我们认为各时期甲骨文的特征，还应该包含各个时期殷人社会心理和审美观念的变化。

下面试举两个常见的甲骨文单字为例，略谈一点个人的意见。

一个是王字，武丁时期作太，祖乙即位，在上面添一横，作王，祖甲之后，两种写法同时使用。但王字显然增多，五期卜辞一律作王。这种字形上的变化，是不是单纯用文字发展由繁趋约来解释就可以了呢？其中可能还别有道理。

王字作王，罗振玉引吴大澂之说，认为从土，像地中有火，示盛大之谊。郭沫若则以为土，且，同是牡器之象形。徐中舒以为太像人垂拱而坐。叶玉森说：从，像王者之峨冠，顾实谓玉，声同往，即天下所归往也。吴其昌说：王之本义斧也……真是众说纷纭，莫衷一是。《说文》引董仲舒的话：“三画而连其中谓之王。三者，天地人也。”自从甲骨文出土后，学者都不以董仲舒为然。我想，殷人一定知道王字的最初涵义是什么，字形变化后，其义仍不改，甚至更能体现其原来的意思。因此，从而而王，才能够得到殷王的许可。我在以上各家解释王的涵义中，比较倾向于徐中舒的说法。董作宾也曾有过同样的倾向，董氏认为王字的字形变化，是旧派与新派之间的分歧。他说：“象王者正面端坐之形。旧派自祖庚以上，凡王字皆如此作也。文武丁复古，亦用之。祖甲新立，即一律改写为。……凡新派，皆于其上着一横笔，虽间有虚实肥瘦之小异，而其上必著一横画则同。此虽仅一笔一画之微，其意义则极为隽永而耐人寻味。盖祖甲必知此字之为象形，且所取象吾为王之自身，若端坐而斜头露顶，殊失王者之尊严，此意当已蓄之甚久，故即位之初，却首先改定此字而加一横于其端，以像王者之冠冕堂皇也。”① 不过，我对上说略有修正。，不是像垂拱端坐，而是像人庄严地直立，有发号施令之意。所以与甲骨文“立”字有相似处。后来干脆在人之头加一横表示天，大有“天地之间唯我独尊”的意思。孔子去古未远，所以有“一贯三为王”之说。董仲舒承孔子之后进一步发挥他自己的看法。这些后人的论述，虽未必就是殷王改为的原意，但从殷人称“高祖”、称“天邑商”的审美观来看，也许是接近事实的一种解释。

另一个是字。卜辞“旬无”之卜，多至不可胜数。这个字一早期作，晚期均作，字形由简趋繁。其意义，郭沫若释为祸，多数学者释为咎。此外，有如唐立庵所讲：“诸家所释，极鱼龙曼衍之观。”所不可解者是与，既然是意义相同，为什么要在旁加上一个像犬一样的动物呢？学者们虽不厌其烦地各抒己见，却终不能令人满意。我个人认为，与是有所区别的。区别何在？，释祸、释咎、释尤，都无关紧要，它的意义不外乎是指天灾人祸而言。而，并不泛指一切祸患，我很同意李

① 董作宾：《殷历谱》上编。

孝定的论断：乃猾字。《尚书》“蛮夷猾夏。”《传》：“猾，乱也。”卜辞之，似专指外来祸乱而言的。帝辛一代，以外祸为主要矛盾。当帝辛统兵征伐人方归来后，反为西方的敌人周打败。历史证明如此，反映在文字上遂由变而为了。

我们从周原甲骨上所见到的甲骨文书体和书法艺术与安阳殷墟甲骨文存在显著之不同，除了从许多方面去寻找答案外，似乎也应该从殷周民族审美的差异方面去进行思考。

甲骨文所表现出来的殷人的审美观，一时说不尽，本文仅仅是开个头而已。希望引起讨论，从而对殷文化作出更好更全面的评价。对甲骨文研究来说，只有多角度多层次地进行研究，才能有更多的发现。

原载《怀化师专学报》1990 年第 3 期

帝喾考

《史记·五帝本纪》载：黄帝者，少典之子，姓公孙，名曰轩辕，居轩辕之丘。以嫘祖为正妃，生二子，其一曰玄嚣，其二曰昌意。昌意生高阳。黄帝崩，高阳立，是为帝颛顼。颛顼生子穷蝉，而玄嚣之孙高辛立，是为帝嚳。帝喾父曰蟜极，蟜极父曰玄嚣。高辛于颛顼为族子。帝喾生放勋与挚，帝喾崩，而挚代立。挚不善，弟放勋立，是为帝尧。尧立七十年得舜，令摄行天子政。尧崩，舜立，是为帝舜。帝舜名重华，父曰瞽叟，瞽叟父曰桥牛，桥牛父曰句望，句望父曰敬康，敬康父曰穷蝉，穷蝉父曰帝颛顼，颛顼父曰昌意。自昌意至舜七世矣。

把以上所述，表列世系如下：

挚

玄嚣——蟜极——高辛（帝喾）

放勋（帝尧）

黄帝

昌意——高阳（帝颛顼）——穷蝉——敬康——句望——桥牛——瞽叟——帝舜

同书《夏本纪》载：夏禹名文命，父曰鲧，鲧之父曰帝颛顼，颛顼父曰昌意，昌意父曰黄帝。禹者，黄帝之玄孙，而帝颛顼之孙也。

如所述，其世系如下：

黄帝——昌意——帝颛顼——鲧——禹——启——太康

又同书《殷本纪》载：殷契，母曰简狄，为帝喾次妃，生契。契长而佐禹治水有功，封于商，赐姓子氏。契卒，子昭明立，昭明卒。子相土立。相土卒，子昌若立。昌若卒，子曹圉立。曹圉卒，子冥立。冥卒，子振立。振卒，子微立。微卒，子报丁立。报丁卒，子报乙立。报乙卒，子报丙立。报丙卒，子主壬立。主壬卒，子主癸立。主癸卒，子天乙立，是为成汤。

其世系如下表：

帝喾——契——昭明——相土——昌若——曹圉——冥——振——微——报丁——报乙——报丙——主壬——主癸——成汤

又同书《周本纪》载：周后稷，名弃，母曰姜原，为帝喾元妃，生弃。舜封弃于邰，号后稷，姓姬氏。后稷卒，子不窋立。不窋因夏政衰，奔于戎狄之间。不窋卒，子鞠立。鞠卒，子公刘立。公刘卒，子庆节立。国于豳。庆节卒，子皇仆立。皇仆卒，子差弗立。差弗卒，子毁隃立。毁隃卒，子公非立。公非卒，子高圉立。高圉卒，子亚圉立。亚圉卒，子公叔祖类立。公叔祖类卒，子古公亶父立。古公亶父复修后稷、公刘之业，国人皆戴之。戎狄攻之，遂去豳，逾梁山，止于岐下。古公长子曰太伯，次曰虞仲，少子季历。季历生昌，有圣瑞。太伯、虞仲知古公欲立季历以传昌，遂亡荆蛮。古公卒，季历立。季历卒，子昌立，是为西伯。西伯曰文王。

如果以《史记》上列各本纪所载为依据，那么，人们就会清楚地认识：舜与夏后氏同出于帝颛顼，而商与周则同出于帝喾。也就是说，殷人和周人的祖先都是帝喾。再往上追溯，便知从尧舜起，直到夏、商、周三代，统统是轩辕黄帝的后裔。今天，我们宣言：凡我中华民族，都是炎黄子孙。这是对的。因为经过了四五千年历史的变迁，各个种族之间，长期以来，不断接触、交往，时而相互残杀，时而和亲友好，加以迁徙移民，以及杂居各地，种种情况不一的彼此影响，由异趋同，终于融合成为祖国大家庭。这是谁也不可否认的。不过，倘若追溯到上古部落时期，认为各个种族同出于一个祖先，那是不符合历史事实的，甚至是荒谬的说法。显然，殷与周就断然不是同一个种族。向来活动在黄河中下游一带，即今豫、晋、鲁部分地区的殷人，是属于东方的民族，周人称其为“东夷”；而周人却是生活在今陕西西南部渭水流域的民族，所以周人的领袖文王被封为“西伯”。殷、周这两个民族，都各有其独立的文化，而且殷文化高过周文化。1899 年，安阳殷墟出土的甲骨文字充分证明了上述事实。武王伐纣，取得军事上的胜利，政治上却从现实出发，采取殷人治殷。武王在做了妥善安排之后，仍然退回到老根据地丰镐。《尚书·多士》明写着：周公在殷之顽民面前，自称“小国周”，同时还说：“惟殷先人有册有典。”这与地下发掘的新史料是一致的。因此，不能说殷、周两族同属帝喾的后代。

然则《史记》殷、周两本纪，又是根据什么写的呢？司马迁在《五帝本纪》全稿完成时作了一个交待，他说：

> 学者多称五帝，尚矣。然《尚书》独载尧以来，而百家言黄帝，其文不雅驯，荐绅先生难言之。

又说：

> 《书》缺有间矣，其轶乃时时见于他说。非好学深思，心知其意，固难为浅见寡闻道也。

这就是说，上古时代的事，谁也说不准，反正有此传说罢了。可是，司马迁著《殷本纪》，自谓“自成汤以来，采于《书》《诗》”。至于成汤以前的殷王族世系，他态度谨慎，莫赞一辞。不料却为他身后两千年的殷墟卜辞所证实。《史记·殷本纪》所写的殷王世系，除了个别例外及排列上微误外，基本上是可信的。王国维的《殷卜辞中所见先公先王考》《续考》以及其他甲骨文专家做的大量考证工作，使得成汤以前的殷之先公先王大体上都有了着落。至于《周本纪》，太史公在最后结语中，只讲了武王伐纣，复都丰镐，及汉武帝寻求周之苗裔之事。由此可见，周有天下之前的先公先王，是无从稽考的。《书》《诗》所说，也不过限于公刘、古公亶父数人而已。

然而，《礼记·祭法》写道：

> 有虞氏禘黄帝而郊喾，祖颛顼而宗尧；
> 夏后氏亦禘黄帝而郊鲧，祖颛顼而宗禹；
> 殷人禘喾而郊冥，祖契而宗汤；
> 周人禘喾而郊稷，祖文王而宗武王。

众所周知，禘与郊皆属祭名。祭昊天于圜丘谓之禘，祭上帝于南郊谓之郊。孔颖达《礼记正义》说得好："经传之文，称禘非一，其义各殊。《论语》云：禘自既灌，及《春秋》禘于太庙，谓太庙之祭也。《丧服小记》云：王者禘其祖之所自出。"这种非常隆重的祀典，用于王者怀念其远祖。这样的解释是可取的。然而，《礼记》所说，并不一定可信。《礼记》乃七十子之徒的后学对《仪礼》所作的解说，去古甚远，可靠性不大。我们认为《祭法》中所讲的这些"后起之说"，远不如《国语·鲁语》所讲的近于事实。《鲁语》原文如下：

> 故有虞氏禘黄帝而祖颛顼，郊尧而宗舜；
> 夏后氏禘黄帝而祖颛顼，郊鲧而宗禹；
> 商人禘舜而祖契，郊冥而宗汤；
> 周人禘喾而郊稷，祖文王而宗武王。

既然认为《国语·鲁语》较为可信，那么不仅《史记·殷本纪》错了，王国维《殷卜辞中所见先公先王考》《续考》也值得怀疑。最值得怀疑的是王氏以卜辞中所见到的"高祖夒"定为帝喾。其实，王氏把卜辞中的"高祖夒"定为帝喾，首先出于推想。他说：

> 案卜辞惟王亥称"高祖王亥"或"高祖亥"，大乙称"高祖乙"，则夒必为殷祖最显赫者。以声类求之，盖即帝喾也。

"以声类求之"往往失误，何况王氏文内谈到晋皇甫谧及郭璞两家相异的说法，皇甫以为文献中出现的"夋"为帝喾之名，郭则以夋（或作俊）为帝舜。而王氏居然说"三占从二，知郭璞以帝俊为帝舜，不如皇甫以夋为帝喾之名当矣"。王氏在考虑这个问题时，也曾经用《祭法》和

《鲁语》相比较，假如他进一步思考《鲁语》早于《祭法》甚久，而更重要的是，郭璞是亲自见过“汲冢书”，并对它研究过的。那么，比起皇甫谧来说，郭璞当然更为可靠。因此，我们认为：“商人禘舜而祖契”说是正确的。卜辞中的，定为帝喾，是错误的。从而知道夏与商这两个种族比较接近，在传说中都属于帝舜的苗裔。商人、周人同出于帝喾，绝不可信。

注： 萧艾先生是已故湘潭大学教授，著名学者，著有《王湘绮评传》《王国维评传》《甲骨文史话》等。萧先生对我多有提携。萧先生去世后，他的公子萧元教授（任职于广州美术学院）将萧先生的藏书转赠给我，这篇遗稿就是在这些藏书中发现的。经征得萧元兄同意，现将此稿投诸《文衡》杂志，因记其缘起于此。

杨逢彬

原载张寅彭主编：《文衡》（2009卷），上海大学出版社，2010年版

《世说新语》与六朝文学研究

刘孝标及其《世说注》

《世说》[1] 问世后约四十余年，即萧齐永明初，有史敬胤其人，为之作注。又过了二十余年，刘孝标所注出现，史注留传不多，过去一直无人提及，刘注则极负盛名。《四库全书总目提要》云：

> 孝标所注，特为典赡。高似孙《纬略》亟推之。其纠正义庆之纰缪，尤为精核。所引诸书，今已佚其十之九，帷赖是注以传。故与裴松之《三国志注》、郦道元《水经注》、李善《文选注》同为考据家所引据焉。

此外，称道刘注者尚多，故特对它进行探讨。本文共分如下五个部分：

一、刘孝标其人

二、刘孝标所处的时代特点

三、刘孝标注《世说》的年代

四、裴松之《三国志注》与刘孝标《世说注》

五、对刘孝标《世说注》的评价

---

① 《世说新语》原名《世说》，唐代改称《世说新书》，五代方名《新语》。见予《世说新语原名世说辩》。

一、刘孝标其人

关于刘孝标的生平事迹，《梁书》《南史》有传。《梁书》为姚思廉撰，《南史》则出于李延寿之手，姚、李均属李唐时人。《南史》成书稍后，大抵因《梁书》旧文略加剪裁而成。我们就以此两书为依据，参以孝标《自序》及其他有关资料，叙列于此，中间间作说明，便于读者了解。

孝标（462—521）名峻，字孝标，本名法武，平原（今山东平原）人。父璇之（《魏书》作旋之），刘宋时为始兴内史。孝标出生于秣陵（位于今江苏江宁），刚满月，而璇之去世。母亲许氏，携带孝标及其兄法风回山东原籍。这里所谓“原籍”，非指平原而言，乃山东青州东阳（位于今山东青州）。（据《魏书·刘休宾传》：休宾的儿子文晔，曾对北魏孝文帝拓跋宏说：“臣之陋族，出自平原。往因燕乱，流离河表，居齐以来，八、九十载。”“燕乱”系指公元399年慕容德率兵驱逐齐郡太守辟闾浑，占领青齐，定都广固，建立南燕，自立为帝之事。公元409年，刘裕伐南燕，灭之。从此，青齐地区归东晋、刘宋所有，达六十年之久。）孝标八岁时，山东为北魏所攻占。（宋明帝泰始三年（467），魏兵围攻东阳。青州刺史沈文秀坚守，至泰始五年（469）而城破。于是山东河北悉为北魏所有。）魏徙山东人民于平城（位于今山西大同），立平齐郡以居之。自余分赐百官为奴婢。（魏时对强迫迁徙的东阳、历城等地的人户，给予分别处理：部分原属青齐豪族，而又表示降服北魏的，可以继续担任不甚重要的官职；其次就是并不拒降的地主或在地方有点名望的人，以平民看待；普通老百姓，大都分给鲜卑贵族充当奴仆。）刘氏一族，本是由平原迁到青州的大族，与房、崔、傅三族，在青州地区拥有一定的势力，虽属迁徙的对象，却不至沦为奴隶。本传说，孝标全家徙至中山为奴，可能是由于孝标兄弟尚未成年，又是从江南迁回北方不久，加以族中著名人物刘怀珍、刘乘民、刘休宾等，在戎马倥偬之中，自顾不暇，谈不到对孝标兄弟有所沾溉，故史称孝标“孤穷不自立”“为时人所弃”。当时像刘孝标家这样处境艰难的，绝不是个别现象。在中山，孝标为中山富人刘宝赎出，并送他读书。当然，这是出于刘宝对他们的高度同情，但也是时代风习使然。《南史·王懿传》称“此土重同姓，并谓之骨肉，有远来相投者，莫不竭力营赡，若有一人不至者，以为不义，不为乡邑所容。”可惜好景不长，北魏政府统治下的中山，听说孝标还有亲戚在江南的，深怕发生什么事故，把孝标一家，迁到代都。中山在河北定县滹沱河以北，代都在山西代县五台一带，治所在雁门，这样，就离孝标的老家山东越来越远了。山东、河北、山西，甚至整个辽阔的北方，因连年用兵，加以年旱，广大人民的生活十分贫困。而作为从山东迁移来的最下层的奴隶、俘虏，更可想而知。这时，贫不能自存的孝标母子，遂出家为僧尼。（北魏奉佛，有所谓“僧祇户”“佛图户”。史称：居民有输谷六十斛给寺院者，即为“僧祇户”；罪犯及官奴，到寺院服役的为“佛图户”。僧祇户和佛图户大概在菩萨保佑下，比起一般老百姓和贵族家的奴隶来说，生活待遇要好一点，孝标母子可能属于“佛图户”。）我们知道：泰始五年，青州陷落时，山东境内东阳、历城、梁邹三处城内人户被驱赶到平城、中山的人数是很多的，而且管束相当严厉。孝标有一个同族兄弟刘善明，其母亲原住在东阳城郭内，也当了俘虏，移置代郡。善明在齐高帝时身居要职，后来通过朝廷的大力援助，花了大宗钱财，才把母亲赎还江南。这事在《南史·刘善明传》中记得很详细。在代都的孝标母子，不久还俗，寄人庑下。孝标刻苦学习，往往夜以继日地发愤读书。因为置身异族奴役下的孤儿寡母，除做儿子的学有成就外，不会有别的出路。北魏孝文帝拓跋宏，五岁即位，公元490年亲政，在他亲政之前，由母后冯太后临朝，高允等用事。这个时期，鲜卑统治者并不那样歧视汉人，反之，出于政治的需要，北魏当局甚至还有企图建立鲜卑族和汉族联合政权的倾向，所以起用了不少汉族中的才能之士。但是孝标兄弟，无人引荐，得不到被选拔的机会，因此，最后决定奔还江南。[①] 兄弟俩之所以能奔还江南，与北魏政策放宽、允许一些豪强回到青州这项措施分不开的。

史载：孝标奔江南的时期为齐永明中，我把它定为永明四、五年（486—487）之间，因为《梁书》和《南史》本传都说“时竟陵王子良招

① 或云：孝标兄弟不谙鲜卑语，故未被选，亦可备一说。

学士”。按齐武帝诸子传：武帝即位，子良封竟陵郡王；永明二年（484），为护军将军兼司徒；五年（487），正位司徒，“移居鸡笼山西邸，集学士抄五经百家，依《皇览》例为《四部要略》若千卷。”关于萧子良开西邸招集学士这件事，《梁书·武帝本纪》及《沈约传》等，都或详或略地叙述及之。

孝标回到出生地江南建业，时方二十五六岁，学业达到一定造诣，但他时时感到学问不足，比以往更加刻苦用功。本来南朝文学胜过北魏，孝标所接触的多属文学之士，这也是促使他加倍勤奋的因素，一时遂有“书淫”之称。他为了广交学士大夫，同时希望获得适合自己理想的工作机会，曾想加入鸡笼山竟陵王王邸的文学行列，但遭到了徐孝嗣的压抑，未能如愿。刘孝标是通过谁进行接洽的？徐孝嗣为什么不同意他去竟陵王手下？史无明文交代。推想可能是孝标资历尚浅，又是新从沦陷区来的缘故。不然，爱好文学、器量宏雅、不以权势自居的徐孝嗣是不会“抑而不许”的。再看看西邸学士大都是在社会上已露头角的人物，孝标既未达到目的，也就不欲退而求其次，所以徐孝嗣用他为南海王侍郎被谢绝了。齐明帝时，萧遥欣为豫州刺史，未之任；建武元年（494）为荆州，用孝标为府刑狱。遥欣，字重晖，为齐明帝侄儿，兄弟三人，皆受宠任。遥欣博览经史，对孝标礼遇甚厚，关于孝标与萧遥欣之间的渊源及其始末，《梁书》《南史》所载，非常简略，且与《文选》注不无矛盾。《文选》卷四十三，于刘孝标《重答刘秣陵沼书》下，介绍作者时，称：孝标“于齐永明四年二月（？）逃还京师，后为崔豫州刑狱参军”。崔豫州为崔慧景，齐武帝永明十年（492）为豫州刺史。过了几年，即齐明帝建武二年（495），转散骑常侍、左卫将军，加冠军将军，时朝廷诏举士，慧景“举从弟慰祖及孝标并硕学”，事见《南史·崔慰祖传》。看来，《文选》注所言是有根据的，孝标可能先在崔慧景处任职，然后转萧遥欣荆州府刑狱。萧遥欣为荆州，起于建武元年（494），永泰元年（498）转雍州刺史，移镇襄阳卒，前后五年。遥欣卒后，孝标久不调，直到齐禅梁，萧衍做了皇帝，改元天监，他才“召入西省，与学士贺踪典校秘书”。整理皇家图书工作，自然很合孝标之意，他在岗位上果然做出了成绩。《隋书·经籍志》载：“梁文德殿四部目录四卷，刘孝标撰”，就是明证。孝标兄法凤（南归后改名孝庆）因有干略，齐末充兖州刺史，曾为萧衍尽力，这时任青州刺史，孝标请假往省视，“因私载禁物，为有司所奏，免官。”免官的具体时日不得而知，但他在天监七年（508）又在安成王荆州府中任事了。安成王萧秀，字彦达，为萧衍异母兄弟，天监元年（502）封安成郡王，南东海太守；六年（507）迁江州刺史；七年，丁陈太妃忧，诏起视事，寻为平西将军、荆州刺史，同年改平西号为安西；十一年（512）征为侍中。萧秀在荆州计达五年，史称其人美风仪，性方静，并能爱民下士，在荆州任内立学校、招隐逸，请来了不少知名人士，最难得的是他还精意学术，向来器重刘孝标的学问，发表孝标为户曹参军，并提供条件让孝标安心修撰《类苑》一书，也可算是孝标生平知己了。大约天监十一年，年近五十的孝标，离开西州后，便不再出仕了。这固然与身多疾病有关，而更重要的原因是他自知得罪了当今皇帝，前程无望。孝标一生最后十年，是在金华紫岩山度过的，山居讲学，以隐逸终。

孝标是怎样得罪萧衍的呢？《南史》孝标本传说：

> 初，梁武帝招文学之士，有高才者，多被引进，擢以不次，峻率性而动，不能随众沉浮。武帝每集文士，策经史事，时范云、沈约之徒，皆引短推长，帝乃悦，加其赏赉。曾策“锦被”事，咸言已罄，帝试呼峻，峻时贫悴冗散，忽请纸笔，疏十余事，坐客皆惊，帝不觉失色，自是恶之，不复引见。

这件事，看似好笑，其实不难理解。因为在至尊无上的最高统治者心目中，任何本领他都理所当然地居天下第一，断不允许有人超过自己。如果居然有人敢超过自己，那简直是不把皇上放在眼里，尤其是地位太悬殊的小人物，竟敢在自己面前显狠逞能，那怎么能忍受得了呢！其结果便是谁让我一时不高兴，我就让谁倒霉一辈子，萧衍就是这样的人，他连最早拥戴他做皇帝的沈约也没有放过。《梁书·沈约传》记得很清楚：

> 约尝侍宴，会豫州献栗，经寸半，帝奇之。问“栗”事多少？与

约各疏所忆，少帝三事，约出，谓人曰：此公护前，不让，即羞死。帝以其言不逊，欲抵其罪。

从这些小事上，固可看出萧衍的狭隘，容不得人，同时也可见到孝标倔强的性格和无所顾忌的书呆子气。

孝标不仅仕宦不如意，家庭生活也无幸福之可言。用他自己的话来说，“余有悍室，亦令家道坎坷”，且“祸同伯道，永无血胤”。这种光景，的确是令人难堪的。况且由于青少年时期环境过于艰辛，致中年多病。常常忧虑“溘死无时”，更谈不到什么欢娱了。

综观孝标一生，以奔还江南为划界线，二十五岁前是贫贱中度过的。被侮辱、被损害的生活，养成了他坚忍不拔的性格和勤奋向学的好习惯。二十五六岁后回到江南，满怀壮志，却依然得不到抱负施展，唯一的精神安慰是更加努力地从事学术工作，希望著述传布，“郁烈芬芳，久而弥盛。”

二、刘孝标所处的时代特点

从司马睿建立东晋王朝算起，到隋文帝杨坚开皇九年（589）全国统一时止，历时约二百七十余年，中间经历了宋、齐、梁、陈四个朝代，历史学家往往合北方统称之为南北朝时期，若专指南朝，则又称之为六朝。六朝中东晋达一百年以上；宋次之，约六十年；齐为最短，不过二十三四年；其余梁五十多年，陈三十多年。东晋至宋，尽管政治上兴亡更迭，社会面貌、社会风尚却变化不大。至于齐梁，虽到仍然是用人重门阀、士庶界限分明。可是，无论从政治、经济、文化的角度来看，与晋宋是迥然有别的。尤其是社会风气、学术风气以及人的精神状态，可说是完全不同了。我们知道：随着晋室南渡、偏安江左，学术文化的中心，也由洛下移到建业。侨居建业的东晋士大夫，无一例外，莫不想望邺下风流。事实上，士大夫平日谈及中朝故实，总是津津有味、流连不已。

《世说·企羡》云：

王丞相过江，自说昔在洛水边，数与裴成公、阮千里诸贤共谈道。羊曼曰："人久以此许卿，何须复尔？"王曰：亦不言我须此，但欲尔时不可得尔！（欲，一作叹。）

的确，魏晋时期，弥漫整个上层社会的，是一股新鲜、活泼，历史上前所未有的、由名士煽起、以谈《易》、谈老庄、谈养生、谈声无哀乐、谈四本、谈小品……为内容的玄学之风。这股玄学之风，通过坐谈、辩论，散播朝野，时至南朝，流风未泯。《世说》一一摄入了镜头，这里不妨展现一二：

《世说·文学》云：

支道林、许掾诸人，共在会稽王斋头。支为法师，许为都讲。支通一义，四坐莫不厌心；许送一难，众人莫不抃舞。但共嗟咏二家之美，不辩其理之所在。

（都讲：本谓主持学舍之人，见《后汉书·侯霸传》。魏晋时和尚开讲佛经，一人唱经，一人讲解。唱经者曰都讲，讲解者为法师。通一义，即讲述一段道理；送一难，即提出一个问题。）

又：

支道林、许、谢盛德，共集王家。谢顾谓诸人："今日可谓彦会，时既不可留，此集固亦难常。当共言咏，以写其怀。"许便问主人："有《庄子》不？"正得《渔父》一篇。谢看题，便各使四坐通，支道林先通，作七百许语，叙致精丽，才藻奇拔，众咸称善。于是，四坐各言怀毕。谢问曰"卿等尽否？"皆曰："今日之言，少不自竭。"谢后粗难，因自叙其意，作万余语，才峰秀逸。既自难干，加意气拟托，萧然自得，四坐莫不厌心。支谓谢曰："君一往奔诣，故复自佳耳。"

像这样的聚会，是常有的。亲临其境的人，确实是一种享受，所以"四坐莫不厌心。"诚如王僧虔《诫子书》中所说："见诸玄，志为之逸，肠为之抽。"当刘义庆编撰《世说》时，情形依然如此。甚至于当王僧虔的儿子这一辈，也就是刘义庆的子婿一辈，也依然如此。但就在王僧虔的侄儿王俭成长起来的时候，社会风气、学术风气大大转变了。由宋入齐，玄学之风渐没。齐竟陵王萧子良，是学术界领袖人物，史称：

> 子良少有清向，礼才好士，居不疑之地，倾意宾客，天下才学，皆游集焉。善立胜事，夏月客至，为设瓜饮及甘果。

他这样殷勤接待文学之士，究竟做了一些什么呢？除“著之文教，士子文章及朝贵辞翰，皆为发教撰录”外，便是“集学士抄五经百家，依《皇览》例为《四部要略》”。同时，“招致名僧，讲论佛法，选经呗新声”而已。

王俭也是主持一代风雅的人物，虽以风流宰相谢安自况，但却是“弱冠使留意三《礼》，尤善《春秋》，发言吐论必于儒教”的道地经生。他也时常召集学士在一起，举行变相的经史策试。

《南史·陆澄传》称：

> 俭在尚书省，出巾箱、几案、杂服饰，令学士“隶事”，事多者与之。人人各得一两物，澄后来，更出诸人所不知事复各数条，并旧物夺将去。

陆澄是有名的“书厨”，从小惟以读书为业，当世称为“硕学”，可是他“读《易》三年，不解文义；欲撰《宋书》竟不成”。

所谓“隶事”，就是搬弄典故，这两个字的由来便始于王俭。《南史·王谌传》又说：

> 谌从叔摛以博学见知。尚书令王俭尝集才学之士，总校虚实，类物隶之，谓之“隶事”，由此始也。俭尝使宾客隶事多者赏之，事皆穷，唯庐江何宪为胜，乃赏以五花簟、白团扇。坐簟执扇，容气甚自得。摛后至，俭以所隶示之，曰：“卿能夺之乎？”摛操笔便成。文章既奥，辞亦华美，举坐击赏。摛乃命左右抽宪簟，手自掣取扇，登车而去。俭笑曰：所谓大力者负之而趋。

就在王俭的提倡鼓励下，像陆澄、何宪，王摛这样博览强记的才学之士，自然越来越多。王俭有至交孔逷，字世远，会稽山阴人，以“典故学”见称于世。

王俭卒于武帝永明七年（489），萧子良卒于齐郁林王隆昌元年（494）。二人卒后不到十年，萧衍即皇帝位，改国号为梁。萧衍是萧子良“八友”之一，参加过鸡笼山西邸文学行列。他也时常召集学士，以“隶事”为乐，而且还躬亲与范云、沈约、刘孝标诸人角胜，上文已经写了。语云：上有好焉者，下必有甚焉者。毫无疑问，“隶事”这件事蔚然成为盛行一时的学术风气。正是在这种风气下，不断出现“书厨”式的人物。

“隶事”的必备条件，第一是博览，第二是强记。换句话说，书要读得多，而且还要有特殊的记忆力，否则便不能称为“硕学”。当然，博览强记的硕学之士，并非专为隶事赢得五花簟、白团扇之类才勤奋笃学的。博览强记最适宜于从事以下的学术工作：

（一）编撰相当于今之所谓资料汇编之类的类书；

（二）整理古代文献，编订目录；

（三）为古代文献作注。

正是这样，齐梁时期在这几个方面取得了相当大的成绩。例如：刘孝标编撰了《类苑》一百二十卷；徐增权等编撰了《华林遍略》六百二十卷；孝标同族孙辈刘杳编撰了《寿光书苑》二百卷。王俭有《四部书目录》，王亮、谢朏也有《秘阁四部目录》，丘宾卿有《四部书目》，任昉、殷钧有《四部书目录》，刘孝标有《文德殿四部目录》，祖暅有《术数》，阮孝绪有《七录》。明山宾有《吉礼仪注》二百二十四卷，贺场《礼仪注》一百四十五卷，司马褧有《嘉礼仪注》一百二十卷，严植之有《凶礼仪注》四百七十九卷，真是数不胜数。

话又说回来，不管在这几个方面取得的成绩多么大，都不外乎是向故纸堆中讨生活，与汉儒明经训故又有什么差别呢？魏晋时期，人们从儒家思想长期禁锢中初步解放出来，热烈追求新的精神境界，于是重新翻读老庄哲学，也不拒绝外来的佛教哲学，一切都从头探索，所以极力称赞人的智慧，这是一个充满思想自由的时代，是在战国百家争鸣之后又一个哲学发展史上的黄金时代。然而，曾几何时，又回到原来起步的地方去了，西方文艺复兴美妙的景色，蓦地降临，蓦地砉焉而止。昨天还在赞赏“六经圣人之糠秕”的名士崇拜者，今天竟投身“糠秕”中去寻找安身立命之地了，真是昙花一现啊！

刘孝标就是在这个转变时期生活、成长的一员。《南史·崔慰祖传》说崔慧景曾举孝标“硕学”，《梁史》本传又说安成王秀“好峻学”，所谓硕学就是说他博览强记，“峻学”是什么呢？亦不过像孔逷一样擅“典故学”罢了。然而，刘孝标毕竟是当时学术界杰出之士，他虽不像同时代的何承天、祖冲之那样在天文历数上有惊人成就，也不像刘勰写出了不朽的《文心雕龙》，甚至不如周颙、沈约等创立四声之说，对后世文学发展产生了莫大的影响。可是，他并没有完全为时代所囿，有时还有点时代的叛逆精神，因而他并未把自己培养为“书厨”式的学者。首先他是一个文学家，《辩命论》《广绝交书》，乃至《山栖志》，都证明他不同于陆澄与王摛。他的《世说注》也绝非《周礼注》《凶礼仪注》所能望其项背。不过，儒家思想这个时代的烙印在他身上存在是无可否认的。我们只有认识刘孝标所处时代的特点，才能对《世说注》作出实事求是的评价。

三、刘孝标注《世说》的年代

刘孝标是什么时期作《世说注》的呢？

这个问题，我在21世纪60年代之初，从《世说·文学》篇“康僧渊初过江”条注文“尚书令沈约撰《晋书》亦称其有义学”一语，认为这是孝标注《世说》时期的最好依据。近读段熙仲、余嘉锡两先生著作，皆有此说，可谓不谋而同。按：沈约以尚书左仆射为尚书令，事在天监六年（507）冬。天监九年（510）正月，约迁左光禄大夫，以左光禄大夫王莹为尚书令，因知天监七、八两年是孝标注《世说》的时期。

同时，安成王萧秀于天监六年为江州刺史；七年，丁慈母陈太妃忧，诏起视事。五月，迁荆州刺史；十一年征为侍中。天监七、八、九、十这几年皆在荆州任内。这也是刘孝标相随在荆州，由安成王供给书籍，使孝标抄录事类、撰述《类苑》的时期。《类苑》一百二十卷，大约一年的时间就编撰完成了，我们怎样知道的呢？《艺文类聚》卷五十八载孝标的友人，太学博士南阳刘之遴有《与刘孝标书》说：

闻足下作《类苑》，括综百家，驰骋千载，弥纶天地，缠络万品。撮道略之英华，搜群言之隐赜。铅摘既毕，杀青已就，义以类聚，事以群分，述征之妙，扬班俦也。擅此博物，何快如之！虽复子野调声，寄知音于后世；文信构《览》，悬百金于当时，居然无以相尚。自非沉郁淡雅之思，安能闭志经年，勤成若此！吾尝闻为之者劳，观之者逸，足下已劳于精力，宜令吾见异书。

显然，之遴此书是写于《类苑》“杀青”之后，史称：“《类苑》未及成”，孝标“复以疾去”。又云：书“未及毕，已行于世”。可见《类苑》是随编付印，中间孝标害病，可能中断了很短时期。值得注意的是：一百二十卷的巨著，仅仅用了一年多的时间就陆续完成，这绝不是单靠“沉郁淡雅之思”所能办到的事。主要原因是刘孝标在“与学士贺踪典校秘书”时，已做了编纂的准备工作，也许在更早以前，即齐永明中孝标“因人求为子良国职”时，就有志于此。因为竟陵王子良在鸡笼山西邸正是“召集学士抄五经百家、依《皇览》例为《四部要略》”。就这样，经过长期规划和搜集资料，等到着手编撰，自然用不着花费过长的时间。当然，孝标在从事编写工作中的紧张劳动，夜以继日、埋头苦干，是可想而知的，不然他为什么中途累病了呢？

如上所述，是不是编纂《类苑》和为《世说》作注在时间上发生冲突呢？我认为这两项工程是同时进行的，编《类苑》与注《世说》并不矛盾，甚至《世说注》还是《类苑》编撰过程中的副产品。《类苑》与《世说注》性质固有所不同，但是，检阅群书，分别部居，作出处理，是一致的。当《类苑》杀青已就时，《世说注》也就事半功倍地顺利完成了。

《类苑》部分杀青问世，很受欢迎。当然，这与当时的学术风气有关，它满足了知识界既须博览、又少花费时间精力去读书的需要。因此，《类苑》在社会上名噪一时。萧衍知道后，“即命诸学士撰《华林遍略》以高之”。也正因其如此，所以很多人只知有《类苑》，而不知有《世说注》。

以至《梁书》孝标本传也未曾提到《世说注》。

除《世说·文学》“康僧渊初过江”条注文可以证明天监七、八年为刘孝标作《世说注》的时期外，还有一条间接的材料，也可供参考。《南史·刘訏传》：刘訏与族兄歊，拒而不见尚书郎何炯，歊、訏，皆孝标同族孙辈。两人博学有文才。歊年十二能读《庄子》，訏亦善玄言，尤精释典，都不欲出仕，以山水书籍自娱，深为孝标所赏，乃作书与何炯称之曰：“訏超超越俗，如天半朱霞；歊矫矫出尘，如云中白鹤。皆俭岁之粱稷，寒年之纤纩。”所谓“天半朱霞”“云中白鹤”“俭岁之粱稷”“寒年之纤纩”全是采用《世说》中语言或稍加点化而成，足见孝标其时正从事《世说注》，故不自觉地信手拈来，运用自如。訏、歊先后卒天监十七(518)、十八年（519)，年三十一二岁。何炯释褐为秘书郎，与訏、歊均属弱冠之年，正天监八、九年间也。

天监七、八、九这数年内，正是刘孝标精神劳动最为紧张的时期，同时，也是他获得累累硕果的时期，我们略为考察一下他的著作年月，就不难得出这一结论。例如：《文选》所收，为人传诵已久的《广绝交论》，作于任昉去世不久，故文内有“繐帐犹悬”“坟未宿草”之句。按：任昉卒于天监七年夏，梁武帝萧衍正食西苑沉瓜，闻知即投之于盘，悲不自胜。是年冬月，昉子西华犹著葛帔练裙，道逢孝标，泫然矜之，于是乃作《广绝交论》。此文至迟作于天监八年（509）春间，可断言也。

本来，孝标两次在荆州任事，生活都比较安定。萧遥欣对他“礼遇其厚”，萧秀可能有过之无不及，不然不会给予书籍，让他专心著述。何况，后一段时期还有陆倕、王僧孺、刘孝绰、裴子野这般文人学士相切磋呢。这时的孝标，正如汪中所说：“作赋章华之宫，置酒睢阳之苑，白璧黄金，尊为上客。虽车耳未生，而长裾屡曳。”可算是摇笔著书的最佳环境了。

余嘉锡先生《世说新语笺疏》在《文学》篇“僧意在瓦官寺”条下有云：“按《贤媛》篇注曰：臣谓王广名士，岂以妻父为戏?《汰侈》篇注曰：臣按其相经云云，然则孝标此注为奉敕而作，故自称臣。”前辈读书细致深入，令人殊钦佩，惟《世说注》系孝标在荆州所作，非奉敕而为，甚明，至于谓安成王秀所命，则“使撰《类苑》”，史有明文，未闻使注《世说》也。且孝标《辩命论》开端即云“臣观管辂天才英伟，珪璋特秀”，却非奉诏作论。鄙意古人行文称“臣”，殆亦“率土之滨，莫非王臣”之意欤？观杨子云《连珠》云：“臣闻天下有三乐、有三忧”。沈约亦谓：“臣闻鸣籁布响，非有志于要风。”“臣闻”，岂不是成了习用语吗？

四、裴松之《三国志注》与刘孝标《世说注》

刘孝标《世说注》是以裴松之《三国志注》为蓝本的。读者稍加考察，就会承认孝标对松之师法惟谨。因此，我们在评论《世说注》之前，必先了解《三国志注》。

《三国志》是西晋初年蜀人陈寿的著作，陈寿为史学家谯周的弟子，有良史之才，加以时代相去不远，闻见亲切，所以当时名流如张华及后世史学家大都对《三国志》评价甚高。但是，毕竟因为所掌握的材料不足，《三国志》的内容，还是不够充实的。

陈寿卒后一百三十余年，宋文帝刘义隆命中书侍郎裴松之为《三国志》作注。元嘉六年（429）七月，注成。松之上表云：

> ……臣前被诏，使采三国异同以注陈寿国志。寿书诠叙可观，事多审正。诚游览之苑囿，近世之嘉史。然失在于略，时有所脱漏。臣奉旨寻详，务在周悉。上搜旧闻，傍摭遗逸。按三国虽历年不远，而事关汉、晋，首尾所涉，出入百载，注记纷错，每多舛互。其寿所不载，事宜存录者，则罔不毕取以补其阙；或同说一事而辞有乖杂，或出事本异，疑不能判，并皆抄内以备异闻；若乃纰缪显然，言不附理，则随违矫正以惩其妄。其时事当否及寿之小失，颇以愚意有所论辩。自就撰集，已垂期月，写校始讫，谨封上呈。

松之注书的体例，《表》内陈述无遗。现分别述列如下：

（一）补阙

凡陈寿书中所不载，而又有保存价值的，都作了补充。例如《武帝纪》叙曹操的家系，正文只一行：

桓帝世，曹腾为中常侍大长秋，封费亭侯。养子嵩嗣，官至太尉，莫能审其生出本末。

注文引司马彪《续汉书》曰：

腾父节，字元伟，素以仁厚称。邻人有亡豕者，与节豕相类，诣门认之，节不与争；后所亡豕自还其家，豕主人大惭，送所认豕，并辞谢节，节笑而受之，由是乡党贵叹焉。长子伯兴，次子仲兴，次子叔兴。腾字季兴，少除黄门从官……顺帝即位，为小黄门，迁至中常侍大长秋，在省闼三十余年，历事四帝，未尝有过。

又注曰：

嵩，字巨高，质性敦慎，所在忠孝……

又引吴人作《曹满传》及郭颁《世语》并云：

嵩，夏侯氏之子，夏侯惇之叔父。太祖于惇为从父兄弟。

（二）备异

同一件事，有不同的记载，不能判断谁是谁非，只好两说并存。例如：《袁术传》写曹操与袁绍合兵击败袁术。正文是：

术以余众奔九江，杀扬州刺史陈温，领其州。

注文引《英雄传》曰：

陈温，字元悌，汝南人。先为扬州刺史，自病死，袁绍遣袁遗领州，败散，奔沛国，为兵所杀，袁术更用陈瑶为扬州。

又如：《张邈传》述张邈为曹操击败，正文曰：

邈诣袁术求救未至，自为其兵所杀。

注引《献帝春秋》云：

袁术议称尊号，邈谓术曰："……公居轴处中，入则享于上席，出则为众目之所属。华、霍不能增其高，渊泉不能同其量，所谓巍巍荡荡，无与为贰，何为舍此而欲称制？……"

同时，注者还加了按语：

按《本传》：邈谄术，未至而死。而此云谏称尊号，未详孰是。

（三）惩妄

注者认为有不合理之处，则加纠正。例如：《崔琰传》述曹操赐崔琰死，并连类提到孔融诸人的遭遇说：

初，太祖性忌，有所不堪者，鲁国孔融、南阳许攸、娄圭，皆以恃旧不虔见诛。

因为正文仅仅提到孔融的名字，注中遂先后引《续汉书》《九州春秋》《汉纪》《魏氏春秋》及《世语》诸书，详叙孔氏生平事迹及其致死缘由。其中，《魏氏春秋》《世语》均写到融二子的情况。《魏氏春秋》说："二子年八岁，时方弈棋，融被收，端坐不起。左右曰：'而父见执，不起何也？'二子曰：'安有巢毁而卵不破者乎？'"《世语》则谓："融见收，顾谓二子曰：'何以不辞？'二子俱曰：'父尚如此，复何所辞！'"在此，裴松之以为：

《世语》云融二子不辞，知必俱死，犹差可安。如孙盛之言，诚所未譬，……盛以此为美谈，无乃贼夫人之子欤！

（四）论辩

裴松之在注中，发挥议论甚多。例如《武帝纪》说：官渡之战，曹操"兵不满万，伤者十二三"。松之认为与事实不合。他说：

魏武初起兵已有众五千，自后百战百胜，败者十二三而已矣。但一破黄巾，受降卒三十余万，余所吞并，不可悉纪。虽征战损伤，未应如此之少也。夫结营相守，异于摧锋决战。《本纪》云：“绍众十余万，屯营东西数十里。”魏太祖虽机变无方，略不世出，安有以数千之兵，而得逾时相抗者哉？以理而言，窃谓不然。

又如《傅嘏传》陈寿评曰：

昔文帝、陈王以公子之尊，博好文采，同声相应，才士并出，惟粲等六人最见名目。而粲特处常伯之官，兴一代之制，然其冲虚德宇，未若徐干之粹也。卫觊亦以多识典故，相时王之式；刘劭该览学籍，文质周洽，刘廙以清鉴著，傅嘏用才达显云。

裴松之认为：

傅嘏识量名辈，实当时高流。而此评但云“用才达显”，既于题目为拙，又不足以见嘏之美也。

就这样，裴松之的注文超过了陈寿原书的三倍。为裴氏所引用的书，达一百四十余种，其中有许多是陈寿所未见的。更重要的是裴松之开创了注书的新例。我们知道：从汉儒开始，为古书作注，一般重在音义，因此，注释首先是属于训诂学范围内的事，其次便是故实，注者把原著所引用的典故出处详加胪列。而裴松之却把注书的重点放在增补事实、考订异同方面。他这样做，无疑是正确的，因为《三国志》是历史书，历史书必须考虑的是历史事实是否记录完备？所记录的是否真实可靠？《四库全书总目提要》谓松之“初意亦欲如应劭之注《汉书》，考究训诂，引证故实。……盖欲为之而未尽，又惜所已成，不欲删弃，故或详或略，或有或无”。并且还说这是体例不纯。我们认为，《提要》这种说法是主观臆断、想当然的说法。《提要》作者忘记了裴松之上书表内所说的陈寿原书“失在于略，时有所脱漏”，松之“奉旨寻详，务在周悉”。这是他注书的出发点。但，裴氏也并非为了求详，把一些不相干的材料塞进注文中去。至于他的注文之所以“或详或略，或有或无”，一则是因为须视陈书正文所表达的内容是否必要增补和修订；二则也要看自己手中所掌握的材料是否合用。我们看《三国志注》超出原书正文数倍的，要数《魏书》各传为第一，《吴书》次之，《蜀书》极少。即使《魏书》各传中也有全篇未注一字者。如乐进、许褚、典韦诸传是。原因是陈寿著《三国志》时，魏、吴两国有王沈《魏书》、鱼豢《魏略》及韦昭《吴书》可作参考之依据，而蜀国无史，必须作者广为搜集。时至裴松之作注，有关三国时期的史料，纷纷出现，而亦以中原地区为最多。所以最后形成“或详或略、或有或无”的情况。

总之，裴松之的《三国志注》是成功的。宋文帝刘义隆见了书后所说“裴世期为不朽矣”这句话不是溢美之辞。从而刘孝标注《世说》效法裴松之也是极为可取的。

虽说刘孝标注书体例是以《三国志注》为榜样，然而，两家注文侧重点毕竟不同。《三国志注》务求周悉，侧重于补其脱漏，而《世说注》却在备异、纠谬的同时，更着重于让读者了解其中人物发言、行事之时代背景，加深其认识。至于裴注中偶有似汉人考究训诂之处，刘注皆一扫而空。（书中少量的如《轻诋》“高柔在东”条“觽”字，注“角奴反”，疑属后人所为。）而且前人指摘裴注不免“繁芜”之病，刘孝标似乎早已看到，所以注文力求雅洁。因此，师法裴松之的刘孝标，在注《世说》这件工程中比起《三国志》来是有所突破的。

五、对刘孝标《世说注》的评价

如前所述，裴松之注《三国志》，引书达一百四十余种；而刘孝标注《世说》，引书竟达四百余种。前者清人赵冀有《三国志注引用书目》之作，后者叶德辉于20世纪末亦撰有《世说新语注引用书目》。由于裴刘两家所引用之书，赵宋后已佚十之八九，因此，两家注文，为考据家纷纷引据。这是人们从南宋高似孙后一提到《世说注》时首先给以高度评价的重要因素。

其实，《世说注》的最大优点尚不在此。我们在论述《世说》一书的性质时，曾经讲到历来学者都认为这是专记街谈巷语、道听途说之书，目录书把它列入小说家类，从《隋书·经籍志》到《书目答问》，无一例外。“小说”一词的含义，古今不同，但并不排斥虚构则一。而《世说》一书所最忌讳者，厥为所记之事有虚假不实之辞。晋宋之间的人，大抵都有这样的认识：既然所写的是真实的人，就应该是真实的事，哪管它是轶闻琐事，也不可无中生有。《世说》有两则记载，合而观之，充分说明了这个问题。

一是《文学》篇第九十条：

> 裴郎作《语林》，始出，大为远近所传，时流年少，无不传写，各有一通。载王东亭作《经王公酒垆下赋》，甚有才情。

一是《轻诋》篇第二十四条：

> 庾道季诧谢公曰：“裴郎云：‘谢安谓裴郎乃可不恶，何得为复饮酒？’裴郎又云：‘谢安目支道林，如九方皋之相马，略其玄黄，取其隽逸。’”谢公曰：“都无此二语，裴自为此辞耳！”庾意甚不以为好，因陈东亭《经酒垆下赋》。读毕，都不下赏裁，直云：“君乃复作裴氏学！”于此，《语林》遂废。今时有者，皆是先写，无复谢语。

裴启《语林》一书，所记皆汉魏以来直至东晋上层社会中人语应对可称述者。当时人极为喜爱，但经谢安指出他的话有两处不实，此书遂废。《世说》作者特意记下这件事，用意所在，显然是不欲复作“裴氏学”。换言之，《世说》所记，必须是真实的。既如此，那就非小说可比了。

刘孝标不把《世说》看成是街谈巷语、道听途说的小说，而是把《世说》看成为一部历史资料汇编，看成是汉魏以来直到东晋上层社会代表人物的写照。正是这种对《世说》的认识态度，决定了他注《世说》时要以《三国志注》为榜样，着重于对历史资料的补充、修订，特别是审视资料有错误的时候，就大胆地纠谬。这是刘孝标的卓识，也是他注《世说》取得成功的最得力之处。

综计孝标注文，纠谬之处相当多，试略举部分于下：

一、《言语》“边文礼见袁奉高”条，袁奉高即袁闳，注曰：“按：袁闳卒于太尉掾，未尝为汝南，斯说谬矣。”

又，“陶公疾笃，都无献替之言”条，注引王隐《晋书》所载陶侃《临终表》，谓“有表若此，非无献替”。

二、《政事》“陈仲弓为太丘长”条，谓“有贼劫财主，（主）者，捕之，未至发所，道闻民有在草不起子者，回车往治之”。注曰：“按后议时贾彪有此事，不闻寔也。”

三、《方正》“梅颐尝有惠于陶公”条，注引邓粲《晋纪》、王隐《晋书》，证明有惠于陶侃者，非梅颐，乃颐弟梅陶。

四、《品藻》“明帝问周伯仁：卿自谓何如庾元规”条，注曰：“按诸书皆以谢鲲比亮，不闻周顗。”

又，“谢遏诸人共道竹林优劣”条，谢安以为先辈初不臧贬七贤。注曰：“《魏氏春秋》曰：‘山涛通简有德，秀、咸、戎、伶朗达有俊才。于时之谈，以阮为首，王戎次之，山、向之徒，皆其伦也。’若如盛言，则非无臧贬，此言谬也！”

五、《规箴》“小庾在荆州”条，谓庾冀问僚佐：“我欲为汉高、魏武，何如？”注引宋文帝《文章志》曰：“庾冀名辈，岂应狂狷如此哉？时若有斯言，亦传闻者之谬矣。”

六、《捷悟》“王敦引军垂至大桁”条，谓“温峤为丹阳尹，帝令断大桁，故未断，帝大怒”。注曰：“按《晋阳秋》《邓纪》皆云：敦将至，峤烧朱雀桥以阻其兵，而云未断大桁，致帝怒，大为讹谬！”

七、《容止》“卫玠从豫章至下都”条，谓玠至下都，观之如堵墙，体不堪劳，成病而死，时人谓“看杀”。注称：“按《永嘉流人名》曰：‘玠以永嘉六年五月六日至豫章，其年六月二十日卒。’此则玠之南度豫章四十五日，岂暇至下都而亡乎？且诸书皆云玠亡在豫章，不云在下都也。”

八、《贤媛》“李平阳，秦州子，中夏名士”条，谓赵王伦所听孙秀言逼李重自裁。注曰：“按诸书皆云：‘重知赵王伦作乱，有疾不治，遂以致卒。’而此书乃言自裁，甚乖谬。且伦、秀凶虐，动加诛夷，欲立威权，自当显戮，何为逼令自裁？”

九、《巧艺》“弹棋始自魏宫内”条，注引傅玄《弹棋赋叙》曰：“汉成帝好蹴鞠，刘向以谓劳人体，竭人力，非至尊所宜御，乃因其体作弹棋。今观其道，蹴鞠道也。”注者又曰：“按玄此言，则弹棋之戏，其来久矣。且《梁冀传》云：‘冀善弹棋，格五。’而此云起魏世，谬矣。”

十、《假谲》“王右军年减十岁时，大将军甚爱之”条，载王羲之眠帐内闻王敦逆谋，以作熟眠，吐唾纵横得全事。注曰：“按诸书皆云王允之事，而此言羲之，疑谬。”

《世说注》不但对刘义庆书有所纠正，对作注时引用各书亦时加驳诘。例如：

《方正》“夏侯玄既被桎梏”条，谓“钟会先不与玄相知，因便狎之。玄曰：‘虽复刑余之人，未敢闻命。’”注引《世语》及《名士传》，认为后者不可信，曰：“按郭颁西晋人，时世相近，为《晋魏世语》，事多详核，孙盛之徒皆采以著书，并云玄距钟会。而袁宏《名士传》最后出，不依前史，以为钟毓，可谓谬矣。”

又，“和峤为武帝所亲重”条，谓武帝遣和峤往观太子，是否差进，峤对以圣质如初。注引《晋诸公赞》、干宝《晋纪》、孙盛《晋阳秋》三书，最后论定以孙盛所说：遣和峤、荀勖同往观察，勖称太子德更进茂，峤曰圣质如初为得。

孝标注书工作严肃认真，还表现在阙疑方面。例如：《政事》“陈元方年十一时”条，正文有“袁公曰：孤往者尝为邺令”句。注曰：

> 检众《汉书》，袁氏诸公，未知谁为邺令？故缺其文，以待通识者。

又如《任诞》“张驎酒后挽歌甚凄苦”条，关于挽歌的由来，谯周以为出于汉高祖时田横客，孝标于注中引《庄子》《春秋左氏传》《史记·绛侯世家》诸说，认为“挽歌之来久矣，非始起于田横也。然谯氏引《礼》之文，颇有明据，非固陋者所能详闻。疑以传疑，以俟通博”。

对于《世说》原文不易理解的，注者往往采取笺释的办法疏通、说明。孝标在注陆机《演连珠》时正是这样做的。例如：

《赏誉》第四十一条正文是：

庾太尉目庾中郎：家从谈谈之许。

“家从谈谈之许”，的确不好理解。注称：“一作‘家从谈之祖’。从，一作诵，一作辞。”因为太尉庾亮是庾顗的从子，顗能清谈，为亮所推重，故有此言。

又第五十一条正文是：

胡毋彦国吐佳言如屑，后进领袖。

“吐佳言如屑”，也不好理解。注称：“言谈之流，靡靡如解木出屑也。”

此外，如《排调》“晋文帝与二陈共车”条、“钟毓为黄门郎”条，彼此以父辈名讳相嘲戏，倘不经注出名讳为何，读者便如堕五里雾中。特别是像《赏誉》第五十四条：

王丞相云：“刁玄亮之察察，戴若思之岩岩，卞望之之峰距。”

王导这席话，似乎无头无尾，一经注者引用《语林》指出：

孔坦为侍中，密启成帝，不宜往拜曹夫人。丞相闻之曰：“王茂弘驽瘠耳，若卞望之之岩岩，刁玄亮之察察，戴若思之峰距，当敢尔不？”

才知道这是王导在发牢骚。《世说》列入《赏誉》，未免断章取义。同样的情况，如《轻诋》第六条：

王丞相轻蔡公曰：“我与安期，千里共游洛水边，何处闻有蔡充儿！”

经注者引《妒记》详细介绍，方知事出有因。蔡谟对王导开的玩笑有些过火，触伤了他的疮疤，所以招来怒骂。

这些都说明刘孝标的注是必不可少的。《世说注》的体例尤为严密，我们从一个不甚为人注意之处，就可以发现注者匠心独运。注中常见“已见”字，皆知其意；又有“别见”，共不下百十条，用意良深。例如：

《德行》第二条正文是：

周子居常云：“吾时月不见黄叔度，则鄙吝之心已复生矣。”

正文下注：“子居别见，”见于《赏誉》第一条：

陈仲举尝叹曰：“若周子居者，真治国之器，譬诸宝剑，则世之干将。”

为什么周子居的生平事迹，一定要在《赏誉》第一条注文中才写出来？因为《德行》第二条所写，黄叔度是主，周子居是宾。《赏誉》第一条则以周子居为主，陈仲举为宾了。又如《言语》第五十四条：

“何骠骑亡后，征褚公入”云云。何骠骑句下，注曰：“何充别见。”直至《政事》第十七条“何骠骑作会稽”云云，方见何充其人仕历，理由与上同。《言语》第五十四条内容以记褚裒、王濛、刘惔三人为主，《政事》第十七条才是何充当主角。注中所有“别见”，都是本着这个原则处理的。因此，我说《世说注》体例之严密远远超出刘庆义书之上。不过，这是从微观上看，宏观上《世说》反映了文化转折时期的历史特点，自然殆无与伦比。[①]

刘孝标是一个个性很强的人，我们在上文叙其生平时已涉及。他的名作《辩命论》《广绝交书》也表露了作者的个性。《世说注》亦然。例如：《轻诋》第二十四条，全文见本节开端所引，孝标注曰：

《续晋阳秋》曰：“晋隆和中，河东裴启撰汉魏以来迄于今时言语应对之可称者，谓之《语林》。时人多好其事，文遂流行。后说太傅事不实，而有人于谢坐叙其‘黄公酒垆’，司徒王珣为之赋，谢公加以与王不平，乃云：‘君遂复作“裴郎学”。’自是众咸鄙其事矣。安乡人有罢中宿县诣安者，安问其归资，答曰：‘岭南凋弊，唯有五万

① 萧艾对本文稍有增订，此句即为增订部分。见萧艾《刘孝标及其〈世说注〉》，《〈世说〉探幽》，长沙：湖南出版社，1992 年，第 71 页。

蒲葵扇，又以非时为滞货。’安乃取其中者捉之，于是京师士庶竞慕而服焉，价增数倍，旬月无卖。夫所好生羽毛，所恶成疮痏，谢相一言，挫成美于千载，及其所与，崇虚价于百金，上之爱憎与夺，可不慎哉！”

最后几句话，真是愤慨之情，溢于言表。

毋庸讳言，《世说注》存在一些缺点。最大的缺点就是注者站在儒家立场，用儒家正统的观点评论是非。例如：

一、《文学》第一条，记马融、郑玄事。事之有无，固可争辩，但孝标极力推崇融为大儒，被服仁义，似乎马融的人格真的无可疵议。[①] 注云：

马融海内大儒，被服仁义；郑玄名列门人，亲传其业，何猜忌而行鸩毒乎？委巷之言，贼乎人之子！

那么，《后汉书》马融本传谓融“为梁冀草奏李固，又作大将军《西第颂》，以此颇为正直所羞”，又作何解释呢？[②]

二、《假谲》第十条，记诸葛恢女改嫁江彬事，注曰：

葛令之清英，江君之茂识，必不背圣人之正典，习蛮夷之秽行，康王之言，所轻多矣。

三、《尤悔》第二条，记王济不拜其父王浑后妻事，注曰：

婚姻之礼，人道之大，岂由一不拜而遂为妾媵者乎？

以上这些，姑勿论其所评议之事真相如何，但注者的立场已可概见。用儒家的立场来对待《世说》中的人和事，肯定有相当长的一段距离。刘义庆追记魏晋以来的人和事，特别是描写清谈时的情状，使人如闻其謦欬，如睹其须眉，惟妙惟肖。就因为他对这些人和事很感兴趣，他的思想

① 萧艾对本文稍有增订，此句即为增订部分。见萧艾《刘孝标及其〈世说注〉》，《〈世说〉探幽》，第 71 页。

② 萧艾对本文稍有增订，此句即为增订部分。见萧艾《刘孝标及其〈世说注〉》，《〈世说〉探幽》，第 71–72 页。

感情和书中人物的思想感情极为接近的缘故。刘孝标既然是站在儒家的立场，那么对书中的人和事，自不免隔膜。因此，他注《世说》只能像裴松之之注《三国志》，不可能像刘义庆之撰述《世说》。刘义庆能够深入到魏晋人物的精神领域中去，所以《世说》成为魏晋人物生活的写照，刘孝标只是看了这个写照后做了一些鉴定而已。刘义庆的书是文学的、情感的，在力求真实中带有浪漫主义情调的人物素描。刘孝标的注是科学的、理性的，读起来有时是枯燥无味的，是带有批判意味的历史著作的新诠。如果要比譬的话，刘义庆的书与司马迁的《史记》为近，刘孝标的注与班固《汉书》为近。[①]

我们要着重指出的是：孝标注中凡涉及《易》《老》《庄》《四本》《声无哀乐》……这些清谈的内容时，所引材料，非常拘谨，更谈不到进一步发挥其奥蕴，引人入胜。相反地，如《文学》篇“简文称许掾云：玄度五言诗可谓妙绝时人”条，作为文学家的刘孝标，所注恰到好处。简直可以当作汉魏两晋以来文学流变史读：

> 自司马相如、王褒、扬雄诸贤，世尚赋、颂，皆体则《诗》《骚》，傍综百家之言；及至建安，而诗章大盛。逮乎西朝之末，潘、陆之徒，虽时有质文而宗归不异也。正始中，王弼、何晏好庄，老玄胜之谈，而俗遂贵焉。至过江，佛理尤盛，故郭璞五言，始会合道家之言而韵之。询及太原孙绰转相祖尚，又加以三世之辞，而《诗》《骚》之体尽矣。询、绰并为一时文宗。自此作者悉体之。至义熙中谢混始改。

可是，同样是文学家的刘孝标对《世说》之文章，为《史记》《汉书》以来前所未有的、富有创造性、开拓性的绝妙处，从未加以指点或赞赏。刘义庆书中充满着魏晋人的习用语及各种方言，是最能传达人物说讲神态的精彩部分，注中全未诠释，以致时间距离越远越成为研究《世说》

① 萧艾对本文稍有增订，此句即为增订部分。见萧艾《刘孝标及其〈世说注〉》，《〈世说〉探幽》，第 72 页。

者的难点。可以断言，在刘孝标的时代，特别是生在南方、长在北方，后又回到南方的刘孝标，对魏晋人的习用语及各种方言，绝大部分是能懂，甚至能说的。当然，也有为刘孝标所不懂的，如：书中出现多处的“阿奴”，为对年幼于己者昵称，孝标悉注为其人“小字”，显然是错误的。

《世说》自刘孝标注后，后人亦间有添注者。如《假谲》第九条，记温峤婚其从姑女事，注中有：

> 谷口曰：“刘氏，政谓其姑尔，非指其女姓刘也。孝标之注，亦未为得。”

又，《方正》第十一条，记王武子回武帝语事，注有：

> 瓒注曰：“言一尺布帛，可缝而共衣；一斗米粟，可舂而共食。况以天下之广，而不相容也。”

这些，都是自作聪明的糊涂虫所为，好在只有少数几条，有了它反而愈见刘孝标注的高不可及。

原载《湘潭大学学报》（语言文学）增刊，1985 年第 S2 期

关于《〈世说〉探幽》的一席对话

萧艾，1919年12月生，湖南宁远县人。现任湘潭大学中文系教授，古文献重点学科学术带头人。著有《殷契偶拾》《甲骨文史话》《王国维评传》《王国维研究论丛》《世说今译》《〈世说〉探幽》[①] 等书。

波：萧老，最近我读完您的新著《〈世说〉探幽》，收获很大。我恨自己书读得太少，面对这本近40万字（包括序言），内容丰富新颖、笔调隽永蕴藉的专著，领会无多。我总觉得您不是在研究古代名著，而是借研究古代名著对现实社会提出某些意味深长的见解和期望。您用平日与我闲谈时的语言，写成学术性论著，我读起来倍感亲切而不无惊异。从书中大量发人深思而又富有幽默感的段落中，我觉得这本书不像是出于古稀之年的学人手笔。读着读着，我仿佛也变得年轻了。您能不能谈谈研究《世说新语》的经过，尤其是写作《探幽》一书时的思考？

萧：好。不过说来话长，请允许我先兜一个圈子。抗战初期，我年方十九，毅然走出大学课堂，奔赴前线，后来病了，只好回到故乡宁远。帮一位至交创办《宁远时报》，担任副刊主编。适值东莞著名女诗人陈逸云率妇女工作队来湘，工作队总部设在祁阳，宁远有支队，陈时时来宁远视察。有一次她出示《祁阳道上》七绝一首给我看，第二天我把诗刊在报上，并附登了我的和作。现把两首诗念给你听：

---

① 部分下文简称为《探幽》。

满山红叶艳如花，鬓上征尘带晚霞。
千里归来增百感，祁阳虽好固非家。

（陈原诗）

行役湖湘笔有花，丹城遥望丽如霞。
归来读罢《中兴颂》，终究河山属汉家。

（萧和诗）

谁知她把这两首诗邮寄给当时在桂林的梁寒操。梁倍加赞赏，写信来愿与我订忘年之交。信中还说："用《世说》语，不露痕迹，极属难得。"我讲这段过去了半个世纪的文字因缘，是想说明我对《世说》，从少年时代就爱好，但谈不到研究。直到后来我选定《刘孝标年谱》做毕业论文，才算是对《世说》迈出了研究的第一步。以往，也写过一些与《世说》有关的文章，如《麈尾·说法·清言》《试论王弼老子注》《支遁论》等。早两年写了《世说新语今译》，曾经数易其稿，可是直到如今，自己始终不满意。《今译》发表在《探幽》之前（岳麓书社 1991 年 8 月版），实际定稿却在《探幽》之后。这里，顺便说一件事：刘义庆原著《文学门》第四十二条写"支道林初从东出，住东安寺中"，此事当系晋哀帝隆和元年（362）。故刘孝标注引《高逸沙门传》称："遁居会稽，晋哀帝钦其风范，遣中使至东迎之。"那么，条文中的"王长史"就可断言不是王濛。因濛卒于晋穆帝永和元年（345），距哀帝即位，已历 17 年了。写《探幽》时，未及细考，以为"王长史"即王濛。后来在《今译》中有所修正。《探幽》一书是 1987 年下半年完稿，为外省一家出版社要去，并建议把书名《世说新语研究》改为《世说新探》，两年后原稿退还。今名《探幽》，是小女改的。全书分三篇，皆有小引。下篇是接受美学专家刘纲纪教授的提议尝试改编而写。据最近来自读者中的反应，均喜读中篇。

波：您自己最喜欢哪一部分呢？

萧：我认为上、中、下三篇是互有联系，互为补充的。老实告诉你：在我已问世的近 10 种专著中，我对《探幽》有点偏爱。

波：理由呢？

萧：你从平日交谈中，或许知道一些我治学的路子。外间因我上自殷墟甲文，下迄晚清小说，旁及佛经、道藏，乃至历代风俗，甚至星相之类，无不涉猎，遂称我为“杂家”。“杂家”者，是什么都搞，什么都搞不出名堂。众所周知：在治学上，用力必专，不专则不深。不专不深，其非专门学者可知也。对此，我从未申辩。其实这是别人不了解我。语云：士各有志。别人不知道我的立志，想怎么说就让他怎么说去吧。我还在求学时代，就立志写一部《中国文化变迁史》，岂非上下五千年，纵横十万里，无所不包？据我所知：本世纪梁启超尝有志于此，但仅具纲目而已。我的老师胡朴安先生也有此想，卒未成书。惟有柳诒徵先生博览群书，钩玄提要，穷数年之力，终于1931年出版了一部70余万字的《中国文化史》。两年后，胡适在《清华学报》上撰文批评它所反映的社会经济生活状态过少。事实上，从古至今，哪里有一部完美无缺的大著作呢？何况随着时代的进步、社会的发展。客观条件变易不居，人们的观点也日新月异。就以我这个与“五四”同年龄的人来说，对历史、对社会文化的看法，也迥异于以上提到的几位前辈学人。因而我认为他们也仅是一家之说而已。

波：依您的看法呢？

萧：我把目光紧紧盯住中国数千年历史的转捩点上。历史大转折时期所表现出来的文化现象最突出的特点是什么？正是我要加以研究的对象。找出它相互关联、相互排斥之所以然，作为试写《中国文化变迁史》的重心。

波：请您谈谈您所谓的中国历史上的转捩点有哪些？

萧：大致上殷周之际、战国纷争时期、魏晋南北朝、隋唐大一统、宋元理学、明清换代、从鸦片战争到五四时期、马列主义取代三民主义，都属于历史的大转折。你不会说我人为地把中国历史割裂成八大块吧。与此同时，或许，你还会怪我为什么不把秦汉列入？

波：不，各人对历史都有自己的看法。您这样划分，必有您的理由。我想知道的是各个大转折时期的文化现象，会不会有共同的特征？

萧：有的。简单地说，就是中国固有的文化受到外来的异己文化的冲击，必然引起抗拒。经过长时期激烈斗争，犹如两个巨大的固体猛烈相撞、爆发光焰万丈的火花。结果慢慢地冷却。两者融合为一，形成了一种新的文化。新的文化在诞生的过程中，所显示出来的特征，铭刻着时代的焊接点，具有无穷的魅力。这正是我们所要捕捉的事物。除了书本外，还有不断出土的文物，后者尤为重要。对文化研究工作者来说，二者都要认真地深入地进行探索，不可掉以轻心。

波：您在这方面进行了哪些研究？我想请您说具体些？

箫：你知道我从 50 年代起下放 20 余年之久吗？想想看，一位教授，偕同一位出生国外，受过正规高等教育的夫人，在当时那种环境中，过的是什么日子，恐怕你永远体会不到。正是这 20 余年的朝朝暮暮，一方面是由于外间的压力所带来的精神上的苦闷、孤独，几乎与世隔绝；另一方面却激发出深藏在内心深处的生命原动力，发誓要像历史上处于逆境中的哲人那样，一定要有所创造。就是在这样的处境中，我一一审视了过去的历史，并将之与当前的社会进行深刻的、非表面现象的对比。从而构成了《中国文化变迁史》的雏型。在这里，使我永远不能忘记的是我那受折磨而死去的夫人，是她，给予我安慰、鼓励，和全力支持。她成为了我生命的支柱，我才能发愤著书，安之若素。对殷周之际的嬗变，战国诸子百家学说的隐微处是什么？明清换代的野史和禁书，“五四”前后朝野种种，都写有专著，共计手稿 7 种，达百余万言，可惜这些在史无前例的日子里都付诸东流了。如今年事已高，再也无法恢复或继续。

波：手稿 7 种是不是就是《中国文化变迁史》的部分初稿呢？

萧：不，只能算是准备建筑大厦用的木头、砖瓦、混凝土之类。但每种都独立成书。

波：如此说来，《〈世说〉探幽》也可以说是 7 种之外的又一种，是抓住魏晋时期这一历史转折期特征而写的了。

萧：你说得对。我在序言中已交代过。

波：您能否举《探幽》一书中所写的例子说说它的现实意义。

萧：就谈谈中篇第十节有关妇女方面内容吧。这一节的开头我就说：“神话终归是神话，回到现实社会，睁眼一瞧，手握重权，操纵他人命运的，大抵男士居多。”接着，在叙述许允妇时，我又说：“像这样胸怀宽坦，目光深邃，身在织布机上，心料家国大事，一切都不出她所算的奇女子，如果让她和男人一样在社会上从事各种公务活动，那该多好啊……”下面在引述了潘岳的故事后，我更加露骨地表达了我的看法：“我看，即使在今天，马路上发生妇女手拉手把美少年包围起来的事，被记者当新闻刊登在报纸上，肯定有的男性公民见报后会骂这些妇女‘无耻之尤’!”请你别忘记，在这一节中，我反复强调：一部中国妇女史，可说是“千红一窟”的斑斑血泪史。

波：您还可以举些别的例子吗？

萧：谈避讳、赌博及其他，属于社会风俗方面的内容，与书中前面谈吃、喝、玩、乐相类似，最易为现代人所接受。这里，我只引几句话就够说明问题了：“鲁迅先生逝世已逾半个世纪了，但阿Q却似乎仍然留在人世上，或者说阿Q的子孙尚绵绵不绝。不是吗？对某些人来说，不但是‘癞疮疤’提不得，就连‘保险灯’也触犯忌讳呢!”

波：您在《探幽》中所用的语言，像与老朋友叙家常，在一般学术性著作中很少见。先生有什么追求？

萧：一个人从早到晚板起面孔说“正经”话，甚至一开口就是官腔，恐怕听者无味，说者也未必开心。学术著作又怎么样？中外有名的著作，未有以艰深饰其浅陋者。可惜我这个人限于天分、学力，想做到像刘义庆那样纯用白描手法都万不及一。

波：我虽然才疏学浅，但仔细读完《从语言的角度看世说》《世说体现了说话的艺术》以及《读世说札记》等篇章，就知道您的学养，不论用什么笔调，都会取得成功的。

萧：你什么时候学会灌米汤？（笑）

波：谈点别的好不好？您在书中对《文心雕龙》不无微辞，不怕别人攻击吗？

萧：我讲的只是事实，书中何止对刘勰如此。别人攻击，只要他讲的也是事实，我便虚怀接受。否则，我生平不怕作战，而且要战就一战到底，有进无退。你知道湖南人吃辣椒吃惯了，是不怕辣的。

波：听说您还提出过“中国文学史应自卜辞文学始”，不要开卷就讲《诗经》《楚辞》；又大声疾呼：“中国文化的起源是多元的，不限于黄土高原。”可说是对传统说法唱反腔，甘冒大不韪。为什么我没见到这方面的论文？

萧：有的。《卜辞文学再探》《中国最早的韵文》，这些论文都公开发表过，而且产生了一定的影响。至于专谈楚文化，高呼中国文化的起源是多元的，都写在《长沙战国楚缯书新论》一书中。尚未出版，不过快了。此书《自叙》1 万余字，已在台北发表。中国文化学术界，向来人云亦云，对权威人士的话奉若神明，习惯势力更是牢不可破。凡是有骨气的人，应该站起来挑战。可惜老夫老矣，无能为力了。唉！

波：萧老，我想最后提个意见，可以吗？

萧：欢迎。

波：您对东晋一朝士大夫的生活态度十分熟悉，但是，您的日子为什么过得并不潇洒、悠闲？我不同意您长期过着苦头陀般的生活。您能接受这一劝告吗？

萧：我在写作上早结束了《〈世说〉探幽》，离魏晋时期已远；目前正从事《六祖惠能传》撰著，学术研究和生活方式一致，难道有什么不好吗？（笑）

原载《古典文学知识》1994 年第 2 期

读《世说》札记

拙作《世说探幽》问世以来，先后接到海内外友朋来鸿约数十起，大抵寓鞭策于奖励居多。部分青年学者提出书中第一编《读世说札记》仅有10则，毋乃太少。实则原稿本有19则，诚恐全书篇幅过长，付印前删却近半数，今特检出，略为修改，以飨读者。

一、六朝人呼《楚辞》为《离骚》

《离骚》在《世说》中仅出现一次，即《任诞》第35条，王孝伯言痛饮酒，熟读《离骚》，便可称名士云。但在刘孝标注中，却有两次以《离骚》作为屈原作品之总称：(一)《豪爽》第12条“王司州在谢公坐，咏‘入不言兮出不辞，乘回风兮载云旗’。语人曰：‘当尔时，觉一坐无人。’”孝标于“云旗”下注曰：“《离骚·九歌·少司命》之辞。”(二)《排调》第45条，“王子猷诣谢公，谢曰：‘云何七言诗?’子猷承问，答曰：‘昂昂若里之驹，泛泛若水中之凫。’”孝标注曰：“出《离骚》。”其实，“昂昂”两句，出《卜居》，原文为：“宁昂昂若千里之驹乎?将泛泛若水中之凫?”均非七言，王子猷信口胡诌，故刘义庆归之于“排调”。

按：《汉书·王褒传》：宣帝时征能为《楚辞》九江被公，召见诵读。可见，“楚辞”之名出现较早。及成帝时，刘向编辑屈原、宋玉之作以及汉人辞赋共十六篇，名为《楚辞》。于是《楚辞》始作为辞赋总集之专有名称。然终不如班固《汉书·艺文志》名为“屈原赋”“宋玉赋”“淮南王赋”之为得也。

六朝人以《离骚》代表屈原赋，颇有见地。且不仅《世说》及刘孝标注如是也。

先看萧统《文选》，其所选文，分门别类，以“赋”居首，次为“诗”，再次为“骚”。“骚”包括《离骚》《九歌》《九章》《卜居》《渔父》等屈原所作，亦有宋玉《九辩》《招魂》以及刘安《招隐士》云。

再看刘勰《文心雕龙》，继《宗经》《正纬》之后为《辨骚》。其所谓“骚”，首即《离骚》，然后叙列《九章》《九歌》《九辩》以及《远游》《天问》《招魂》《招隐》云。

清代纪昀以为“《离骚》乃《楚辞》之一篇，统名《楚辞》为《离骚》，相沿之误也”。当然，也有不以纪说为然的。如李详就断言：“自司马迁以来，皆举首篇以统号其全书，非误也。”

近代西方国家，也往往以其人之代表作统称其全部著作的。纪昀以博雅著称，看来尚不及六朝人之通达。

二、东晋一代重视吴声歌曲

《世说·言语》第104条：桓玄问羊孚：“何以共重吴声?’羊曰：“当以其妖而浮。”吴声，指流行于江浙一带的民间歌曲，主要是以男女爱情为主题的情歌，如《子夜歌》等。士大夫自南渡后普遍喜闻乐唱，故桓玄有此问。羊孚所答，可谓要言不烦，恰到好处。妖者，艳也，用指歌曲内容；浮者，轻也，指歌曲声调。沈约《宋书·谢灵运传》后史臣曰：“欲使宫羽相变，低昂互节，若前有浮声，则后须切响。”是“浮”的最佳注释。窃以为此条应置于《文学》门。足见《世说》为最早提到吴声歌曲的书，并肯定其内容和声调都具有魅力，为士大夫所共重。

三、张湛事迹补述

我在《世说探幽》“中篇第三节”谈到栖逸者流时，认为当时这种顺乎自然、乐天知命的思想潮流，当以张湛为其代表。还说：“张湛这个人，在中国思想史上占有特殊地位。可惜向来被忽略了。《晋书》未曾为他立传，他的生平，我们知之甚少。”并提到亡友杨伯峻弱冠撰《列子集释》，多方搜辑张湛事迹，然而所得很不理想。最可靠的还是《世说》及《世说注》中数条。①

最近，我于无意中得到有关张湛的资料两条：（一）《隋书·经籍志》在《吴声歌辞曲》下，载有《古今九代歌诗》七卷，注明张湛撰。（二）同书又有《古今箴铭集》十四卷，亦为张湛撰。第一条所谓“古今九代”，可能是从唐尧之《击壤歌》，虞舜之《卿云歌》《南风歌》算起，以下依次为夏、商、周、秦、汉、魏，直至晋，适为九代。这一条很重要，说明张湛十分重视民间歌辞曲，自然也包括“今”之吴声歌曲在内。那么《世说》称“张驎（湛小字）酒后挽歌甚凄苦”，也就不足为奇了。倒是桓冲对他说：“卿非田横门人，何乃顿尔至致？”未免对这位热爱古今民间歌曲的学者知之不深。

顺便说一句，他书说：张湛好挽歌，袁山松则善《行路难曲》。又说：擅于吹笛的桓子野也喜欢唱挽歌。可见流行于民间的挽歌，能唱的人很多。

至于“古今箴铭”，自然包含《大戴礼记》中的《盥盘铭》及《左传》中的《鼎铭》《虞箴》等在内。那么，其中有着大量替世人敲起警钟的话，对张湛启发一定很深。无怪乎他有契于列子乐生、逸身之道也。

四、郗超究竟何处可与符坚比？

《世说·企羡》第5条：郗嘉宾得人以己比符坚，大喜。郗超之为人，究竟哪些地方与符坚有共同之点？不然，为何别人把他与敌酋比，使他感到很高兴呢？

依我看来，仅举“好施”“奉佛”“广交才能之士”这三项，足够说明符与郗确是天生一对。

据《晋书·载记》：符坚之祖洪，好施，多权略，属永嘉之乱，乃散千金，召英杰之士，访安危变通之术。坚父雄，亦好施下士。坚年七岁，

① 《列子集释》附录一。

聪敏好施。及攻破慕容暐之都城邺，尽散暐宫人、珍宝，以赐将士。

《晋书》郗超本传：郗父愔聚敛，“积钱数千万，尝开库，任超所取。超性好施，一日中散与亲故都尽。”《世说·俭啬》第9条亦载此事。

太元四年（379）符坚攻破襄阳，释道安与习凿齿俱被劫持至长安。坚与诸镇书云：“昔晋氏平吴，利在二陆（陆机、陆云），今破汉南，获士裁一人有半耳。”一人，指道安，半人，指习。因凿齿病足不能行。[1]

《世说·雅量》亦载“郗嘉宾钦崇释道安德问，饷米千斛，修书累纸，意寄殷勤。”

又，郗超为支道林信徒，曾与亲友书云：“道林法师神理所通，玄拔独悟，数百年来，绍明大法，令真理不绝者，一人而已。”

至于符坚心怀大志，结交英豪，身边拥有王猛、吕婆楼、强汪、梁平老等王佐之才不下数十辈。郗超所交友，亦皆一时俊乂，及死之日，贵贱为诔者，四十余人。

由此可见，世人以郗超比符坚，不是无缘无故的。郗超闻后安能不喜。

五、《世说》记泰山南城羊氏特多

泰山南城羊氏，自汉魏以来，世为冠族。但唐修《晋书》写到羊氏，除羊祜、羊曼、羊鉴、羊琇外，余不多见。比之王、谢，固不如远甚，即桓、庾、裴、袁，亦有所不及。相反地，《世说》所记羊氏，仅羊忱之后，一门俊乂，倘加以排列，不独世系厘然，抑且人才辈出。与刘孝标注文合而看之，简直是一部完完整整的《羊氏谱》，较之今存的《羊氏谱》，尤为详明。特不嫌辞费，缕述于此。

(1)《赏誉》第11条，写羊长和。长和名忱，曾祖续，汉太尉，未拜。祖祕，京兆太宁。父繇，字堪甫，与太傅羊祜同堂，相善。仕至车骑掾，早卒。长和兄弟5人，即秉、洽、式、亮、悦。（悦、疑为忱之讹）长和幼年为羊祜所赏。

① 《晋书·习凿齿》。

（2）《巧艺》第5条，言羊长和，博学、工书、能骑射、善围棋。

（3）《方正》第19条，言长和性贞烈。注谓长和历太傅长史、扬州刺史、迁侍中。永嘉五年遭乱被害，年五十余。

（4）《言语》第65条，写羊策，涉及羊权。秉为抚军参军，少亡，有令誉。夏侯湛为作《叙》，甚佳。羊权为黄门侍郎，侍简文帝坐，帝询及秉，权潸然对曰："亡伯令问夙彰，而无有继嗣。"

（5）《方正》第60条，写羊绥。谢安闻绥佳，令来，终不肯诣。后绥为太学博士，因事见谢，谢即取以为主簿。

（6）《伤逝》第14条，谓绥清淳简贵，与王献之善。为中书郎，少亡。献之深相悼惜，语王珣曰："是国家可惜人！"

（7）《雅量》第42条，写羊孚。孚是羊绥第二子，少有俊才，与谢混相好，受到谢混优待。

（8）《文学》第62条，谓羊孚雅善理义，送弟辅（字幼仁）至岳父王讷之之家，与殷仲堪遇，共道《齐物》，为殷所嗟异。

（9）《文学》第100条，写羊孚作《雪赞》，受到桓胤奇赏，遂以书扇。

（10）《言语》第104条，桓玄问孚："何以共重吴声？"孚曰："当以其妖而浮。"

（11）《文学》第104条，桓玄下都，羊孚从京来诣门，作笺。桓见笺，即用为记室参军。

（12）《宠礼》第6条，谓卞范之为丹阳尹，羊孚南州暂还，往卞许，云："下官疾动，不堪坐。"卞便开帐拂褥，羊径上大床，入被须枕。卞回坐倾睐，移晨达暮。羊去，卞语曰："我以第一理期卿，卿莫负我。"

（13）《伤逝》第18条，羊孚年三十一卒。桓玄与羊欣书曰："贤从情所信寄，暴疾而殒，祝予之叹，如何可言！"

（14）《伤逝》第19条，桓玄当篡位，语卞鞠云："昔羊子道（孚字子道）恒禁吾此意，今心腹丧羊孚，爪牙失索元，而匆匆作此诋突，讵允天心？"

依以上各条，参以《宋书》《南史》试列羊氏世系如下：

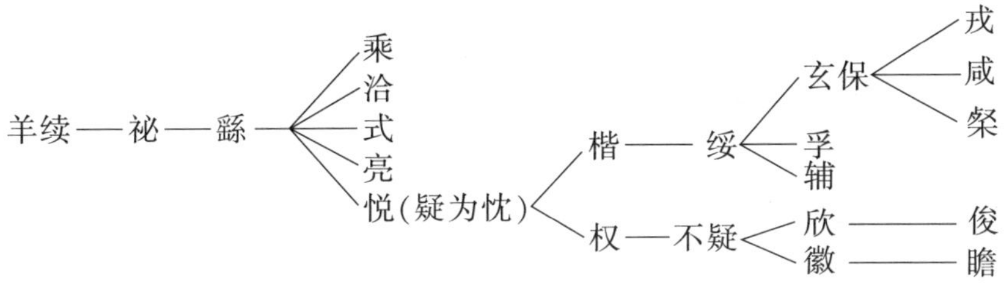

六、《世说》记羊忱后人有误

如前所述，《世说》记羊氏一门才俊，甚为详备。但《巧艺》第 5 条谓“羊长和博学、工书、能骑射、善围棋。诸羊后多知书，而射、奕余艺莫及”。最末一句，义庆之言差矣。史传所载，长和之曾孙羊玄保，是羊绥子，羊孚兄，与刘义庆是同时代的人，且受宋文帝宠信，玄保列江左棋品第三（江左能棋人，琅琊王抗为第一品，吴郡褚思庄与会稽夏赤松并列第二品），经常与宋文帝对弈，还有过“赌郡”的佳话，即玄保赢了棋，文帝授他为宣城太守。更为重要的是：玄保为官廉素寡欲，屡除名郡。文帝尝说：“每有好官缺，我未尝不先忆羊玄保。”试想：朝廷能有几个这样的人，义庆岂有不知之理？知之，而又说“诸羊后多知书，而射、弈余艺莫及”，可见，一个人的记忆力往往不甚可靠，著书难免会出现疏忽。

附带说明：（一）《伤逝》第 18 条，孝标注“孚即欣从祖”，显然是错误的。李慈铭说“从祖下脱一兄字”，也不对。正确的写法是：“孚即欣从曾祖弟”。（二）《羊氏谱》及《宋书·羊希传》均云“希、玄保兄子”，“兄”上脱一“从”字，盖相沿成误。各书皆云：绥三子，长即玄保，孚是绥第二子，季名辅，字幼仁。未闻更有一子也。

七、羊孚卒年到底是多少？

《世说·伤逝》第 18 条，“羊孚年三十一卒。”这是刘义庆原文。又同书《言语》第 104 条，刘孝标注引《羊氏谱》称孚“年四十六卒”。这两条条文并存已久，谁也未曾肯定哪一种说法是正确的。我经过研究，认为羊孚卒年三十一是对的。

首先，须看羊孚卒于何年。据《世说·文学》第104条“桓玄下都，羊孚时为兖州别驾，从京来诣门，笺云：自顷世故睽离”云云。桓见笺驰唤前云：“子道，子道，来何迟！”即用为记室参军。

按：桓玄下都，在晋安帝元兴元年（402）三月。玄自为丞相，嗣又自称太尉。既然桓玄说羊孚“来何迟”当然是在玄称太尉之后了。用孚为记室参军者，太尉记室参军也。其时，羊孚已抱病。《世说·宠礼》第6条云：“卞范之为丹阳尹，羊孚南州暂还，往卞许，云：‘下官疾动，不堪坐。’”即其明证。卞为丹阳尹，亦是桓玄下都以后事。

又，《世说·伤逝》第19条，“桓玄当篡位，语卞鞠云：昔羊子道恒禁吾此意，今腹心丧羊孚，爪牙失索元，而匆匆作此诋突，讵允天心。”

按：桓玄篡位在元兴二年（403）十二月。以羊孚之死，当在元兴元年三月以后至元兴二年十二月以前这段时间内。以定在元兴二年初比较合适。最值得注意的是羊孚不赞成桓玄篡位。识见高过卞范之、殷仲文多矣。

元兴二年，羊欣为三十四岁。① 同年，羊玄保为三十三岁。②

羊孚死后，桓玄在写给羊欣的信中说：“祝予之叹，如何可言！”盖以羊孚比颜渊也。《论语》：“颜渊死，子曰：噫，天丧予！天丧予！”据《史记·仲尼弟子列传》：“回年二十九，发尽白，早死。”《索隐》引《家语》谓：回三十二而死。因此，羊孚卒年三十一是对的。

关于羊孚卒年，如果还需要补充的话，那么可看看他父亲羊绥的卒年。羊绥是王献之的好友。绥“少亡”（三十岁左右死去，方可称“少亡”），献之说他是国家可惜人。“可惜”二字，包含两层意义：一是他的人品才能难得；二是年纪轻轻就死了。又羊绥最后的官是中书郎。绥受到谢安赏识，初任主簿，后迁中书侍郎。谢安继王坦之之后兼领中书令在晋孝武帝宁康二年（374），次年，改元太元。定羊绥之卒最迟为太元初，是比较合适的。假定他与王献之年纪不相上下的话，那么太元初他年不过

① 《宋书·羊欣传》：欣卒年为元嘉十九年（442），年七十三。
② 《宋书·羊玄保传》：玄保卒年为大明八年（464），年九十四。

三十。(献之卒于太元十三年(388),年四十五。)

从太元元年(376)至元兴二年,为时仅二十八年。假定元兴二年羊绥尚在世的话,不过五十八九岁。因此,羊孚去世时不可能为四十六岁。

八、东晋士大夫作兴书扇

《世说·文学》第100条:羊孚作《雪赞》云:"资清以化,乘气以霏,遇象能鲜,即洁成辉。"桓胤遂以书扇。书扇,就是把自己认为最好的诗句或其他文学精粹语言,书写在扇面上,以便随时欣赏。也有把山水、人物、花卉、鸟羽画在扇面上的,叫作画扇。

书扇与画扇,不知起于何时。但从《世说》和《晋书》《南史》等书中,我们得知晋、宋间士大夫对此很有兴趣。下面试举数例:王羲之"尝在蕺山见一老姥,持六角竹扇卖之。羲之书其扇,各为五字。姥初有愠色。因谓姥曰:'但言是王右军书,以求百钱邪。'姥如其言,人竞买之。"[①]。"桓温常使(王献之)书扇,笔误落,因画作乌驳牸牛,甚妙。"[②]"(柳)恽少工篇什,为诗云:'亭皋木叶下,陇首秋云飞。'琅琊王融见而嗟赏,因书斋壁及所执白团扇"[③]"(王)僧虔弱冠,雅善隶书,宋文帝见其书素扇,曰:'非惟迹逾子敬,方当器雅过之"。[④]就因为扇上题写了字或画,特别是出自著名书画家的手笔,使得这些扇子成为珍贵艺术品,甚至价值连城。《红楼梦》第四十八回,从平儿口中讲到这样一个故事:

> 今年春天,老爷(贾赦)不知在哪个地方看见了几把旧扇子,回家看家里所有收着的这些好扇子都不中用了,立刻叫人各处搜求。谁知就有一个不知死的冤家,混号儿世人叫他作石呆子,穷的连饭也没的吃,偏他家就有二十把旧扇子,死也不肯拿出大门来。二爷(贾琏)好容易烦了多少情,见了这个人,说之再三,把二爷请到他家里坐着,拿出这扇子略瞧了一瞧,据二爷说,原是不能再有的,全是湘

① 《晋书·王羲之传》。
② 《晋书·王献之传》。
③ 《南史·柳恽传》。
④ 《南史·王僧虔传》。

妃、棕竹、麋鹿、玉竹的，皆是古人写画真迹。回来告诉了老爷，老爷便叫买他的，要多少银子给他多少。偏那石呆子说："我饿死冻死，一千两银子一把，我也不卖！"老爷没法子，天天骂二爷无能为。已经许了他五百银子，先兑银子，后拿扇子。他只是不卖，只说："要扇子先要我的命！"姑娘（宝钗）想想，这有什么法子？谁知那雨村（贾雨村）没天理的听见了，便设了个法子，讹他拖欠了官银，拿他到了衙门里去，说："所欠官银，变卖家产赔补。"把这扇子抄了来，作了官价，送了来。那石呆子如今不知是死是活。老爷问着二爷说："人家怎么弄了来了？"二爷只说了一句："为这点子小事弄的人家坑家败业，也不算什么能为！"老爷听了就生了气……

《红楼梦》有三处写到扇子，都很成功。但没有比得上以上所写的。真尼采所谓"以血写的书"。

九、说《语林》

裴启《语林》一书，《世说》先在《文学》第 90 条，言其书，"始出，大为远近所传。时流年少，无不传写，各有一通，载王东亭作《经王公酒垆下赋》，甚有才情。"这是刘义庆对《语林》的高度评价。

嗣又在《轻诋》第 24 条，谓谢安当着庾道季的面，否认他对裴启说过的两段话，也就是说，谢安指出这两段话，是裴启虚构的。再加之以谢对王珣所《赋》，不以为然。于是，《语林》就不受读者欢迎了。刘义庆对此看似未加褒贬，实则在中间添了一句"庾意甚不以为好"，表明了他的态度。

刘孝标注《世说》时，对此事极抱不平，认为谢安是从爱憎出发，殊欠公正。其实明眼人都看得出来，谢之不满意《语林》，全在裴启不该载王珣所作《经王公酒垆下赋》。谢在论述《语林》时，挟有个人私怨，无怪乎后世皆同情于裴启了。

刘孝标注《世说》，共引了《语林》近二十条。我们从刘注中所见到的《语林》，不独文字简洁，且饶有趣味，试举《惑溺》第 7 条为例。原文为："王丞相有幸妾，姓雷。颇预政事，纳货。蔡公谓之'雷尚书'。"刘注引《语林》云："雷有宠，生恬、洽。"原来"雷尚书"之得宠，岂不母以子贵欤？

更值得重视的是：刘孝标注文，绝大多数是补述《世说》所写人物的情况及内容。惟有引《语林》近二十条的文字，似乎在点明《世说》原文出处。换言之，刘义庆著书有不少条文系以《语林》为依据的。这样看来，《语林》就弥足珍贵了。

附带说一句，《世说·轻诋》第28条，刘注引《说林》云云，鄙意疑《说林》为《语林》之笔误。核之叶德辉《世说新语注引用书目》，亦未见《说林》。

原载《湘潭大学学报》（哲学社会科学版）1995年第2期

六朝骈文论略（上）

六朝骈体文，上继楚骚、汉赋，下启唐诗宋词，是文学史上一大关键。然而，晚近学者，皆置而不论，大有食肉毋食马肝未为不知味之慨。为什么采取这种回避的态度呢？说来话长。自从隋文帝时李谔上书论文体[①]以来，齐梁文体“卑弱”，备受攻击，唐初萧颖士、李华之流都唾弃齐梁，而一些盛唐诗人也认为“自从建安来，绮丽不足珍”，[②] 及韩愈等掀起古文运动，追随他的人更加以“文起八代之衰”自命，[③] 甚至于“非三代两汉之书”不观。从明初朱右起，唐顺之，茅坤，一个比一个嗓音嘹亮，大声疾呼，把唐宋散文作家韩愈、柳宗元、欧阳修、王安石、曾巩、苏洵、苏轼、苏辙尊为“八大家”，[④] 并奉之为“文章正宗”。除八大家外，任何流派，都视为“别裁”“伪体”。入清后，桐城派起，标榜《左传》《史记》，究其实是以八大家为圭臬。从此，文章之士，遂错认“天下之文

---

① 隋至德二年（584）治书侍御史赵郡李谔上书日：“魏之三祖，更尚文词，忽君人之大道，好雕虫之小艺。下之从上，有同影响，竞骋文华，遂成风俗。江左齐梁，其弊弥甚，贵贱贤愚，唯务吟咏，遂复遗理存异，寻虚逐微，竞一韵之奇，争一字之巧，连篇累牍，不出月露之形；积案盈箱，唯是风云之状。世俗以此相高，朝廷据兹擢士。禄利之路既开，爱尚之情愈笃，于是闾里童昏，贵游总丱，未窥六甲，先制五言，”从其上书内容看，似针对诗歌而言，如曰谔反对骈体文，则其书正属骈体。

② 李白《古风》。

③ 苏轼《潮州韩文公庙碑》称韩愈“文起八代之衰，而道济天下之溺”。

④ 明初，朱右编《八先生文集》，尔后，唐顺之纂《文编》，于唐宋仅选八家，茅坤进一步选编《唐宋八大家文钞》，其书流传甚广。

章尽在桐城矣”。故六百年来，骈文极少有人过问。此其一，接着，五四运动以排山倒海之势，齐呼打倒“孔家店”，随之而来的是怀疑一切，推翻一切，不仅奚落“选学”为“妖孽”，更讥呼“桐城”为“谬种”，[①]处此新潮流下，哪里还敢提什么骈体文呢！此其二。殊不知倘使通观一部中国文学史，尊重客观事实的话，不得不承认“正宗”与“别裁”，亦犹社会风气之随时转移，不是一成不变的。而李白、杜甫这些大诗人，无一不企羡、倾倒六朝的谢朓、庾信诸家。[②] 更令人简直不敢置信的是：八大家中柳宗元、苏轼等人，莫不工于写作骈体文。韩愈的《为裴相公让官表》，谁也无法否认其为骈体文中的佳作呢。至于奉桐城为文章之正轨，乃婢作夫人，是八股先生吹捧起来的，早已为通人所摇头。因此，我们对历史上流行达千载以上，曾经为千百万聪明才智之士所称道，所实践的骈体文，必须给以正确的估价。不能人云亦云，或避而不谈。首先，我们必须严正区分：在二十世纪八十年代提倡写骈体文，是一码事；在古典文学研究领域认真探讨骈体文，又是一码事。前者可谓不识时务，也许还有被谥为复古逆流的可能；后者不但无可厚非，而且是我们这一代古典文学研究工作者义不容辞的职责。本此，本文作者不拙固陋，特就骈体文中具有代表性的六朝骈文，略抒己见。至于言之当否，尚祈海内方家有以教之。

一、六朝骈体文之前驱

古往今来，任何一种文体，绝非凭空而生，都是其来有目的。六朝骈体文也不例外。

过去，有少数持骈体文为文章正宗观点的学者，一提到骈体文，就喜欢从古代文献中去寻找根据。《诗》《书》《易》《礼》《左传》《国语》，乃至诸子百家之书，搜罗殆遍，自然，这些文献中，存在不少的骈词偶

① “五四”时期，提倡新文化，北京大学钱玄同教授为扫清旧的陈腐的东西，曾经说：“彼选学妖孽，桐城谬种，方欲以不通之典故，肉麻之句调，戕贼吾青年。”所以胡适在《中国新文学大系：导论集》中说：“选学妖孽，桐城谬种，这两个名词是玄同创的”。

② 李白诗“一生低首谢宣城，”又，“解道澄江静如练，令人长忆谢玄晖”。杜甫之于庾信，称颂更多，详见后文。

语。于是，他们就得意洋洋作出结论说：骈体文自古有之。我们认为这样说，固然有一定的道理，不过充其量只能证明我国古代行文骈散不分，严格地说，还是以单行为主。

金秬香说得好：“《左传》‘天而既厌周德矣，吾其能与许争乎?’妙手偶得，非有意为之也。”[①] 问题也就在这里。作者虽非有意为之，但为什么著手成春，运用得如此对偶精当而自然?《文心雕龙·丽辞》云：“造化赋形，支体必双，神理为用，事不孤立。夫心生文辞，运裁百虑，高下相须，自然成对。”我想：刘勰之言，是对这个问题最好的阐释。本来，宇宙之间，万事万物，很少孤立的。俗语说：“无独有偶”。可谓揭开了造化的奥秘。

正因为客观事物总是两两相比，成双成对，所以反映在人们的语言中，有阴则有阳，有上则有下，有大则有小，有方则有圆，有长则有短，有高则低，左右前后、山川河岳、男女老幼，草木花卉……林林总总，无穷无尽。而文字是语言的符号，文学又是通过语言文字表达出来的社会生活在人们头脑中的反映。因之骈词俪句，皆出乎自然，无足为奇。何况汉字有单音只义的特点，最终必然会有骈体文出现，成为我国所特有的美文。其实，音乐、美术、建筑，凡是能令人赏心悦目、情为之移的艺术品，无不讲究对称、平衡与协调。古代文献中的骈词俪句，看似雕绘满目，实际上只是属于“自在的”铺陈，好比大自然的锦绣河山、烟云起灭，不是谁有意作此安排。直到战国，学术上的黄金时代到来，百家争鸣，各种各样鸿篇巨制的散文，云谲波诡，争先恐后地不断涌现，给予文学家极大的影响，从而产生了异彩缤纷，情辞绝妙的楚辞。楚辞的代表作《离骚》，是前无古人的灿烂诗篇。全长三百七十六句，二千四百八十四字，内容时而天上人间，时而美人芳草，或仆马阆风，或飞龙瑶象，把诗人满腔热爱祖国、关心人民、向往光明、仇恨邪恶的真挚而深沉的思想感情，火山爆发一样，喷射而出。不仅此也，《离骚》在艺术方面亦金相玉质，极绚烂夺目之能事。可说真正达到了“纷吾既有此内美兮，又重之以

① 金秬香：《骈文概论》。

修能”。还是让我们来欣赏一下她那千姿百态的骈偶句吧：

“名余曰正则兮，字余曰灵均。”
“朝搴阰之木兰兮，夕揽洲之宿莽。”
“余既滋兰之九畹兮，又树蕙之百亩。”
“畦留夷与揭车兮，杂杜衡与芳芷。”
“朝饮木兰之坠露兮，夕餐秋菊之落英。”
“擥木根以结茝兮，贯薜荔之落蕊”
“屈心而抑志兮，忍尤而攘诟。”
“制芰荷以为衣兮，集芙蓉以为裳。”
“前望舒使先驱兮，后飞廉使奔属。”
“夕归次于穷石兮，朝濯发于洧盘。”
“百神翳其备降兮，九疑缤其并迎。”
“兰芷变而不芳兮，荃蕙化而为茅。”……

仅仅从这些骈偶句来看，也足以窥见“楚人多才”“奇文郁起”，[①] 不是徒托空言。楚骚衣被后代词人，范围之广，程度之深，是无与伦比的。她带来了一个伟大的“辞赋时代”。辞赋时代赋家辈出，像贾谊、枚乘、司马相如、吾丘寿主、刘安、东方朔，以及刘向、王褒之属，依照班固《汉书·艺文志》的区分，都是以抒情为主的“屈赋派”。他们的作品，占了《文选》赋的主要部分，刘勰在《时序》篇总结西汉时期的文学发展，有几句极为中肯的话，说：

爰自汉室，迄至成、哀，虽世渐百龄，辞人九变，而大抵所归，祖述楚辞，灵均余影，于是乎在。

由此可知：“辞赋时代”的作品，可算是楚骚的继续。但，同时又是魏晋文学的前奏。中间虽经历了东汉光武帝的提倡儒风，迷信谶纬，忽视文华，然而曾几何时，文学就跃入了历史的新阶段。这个历史新阶段，具

① 语见《文心雕龙·辨骚》。

有划时代的意义，表现为汉魏之际文学的巨大变迁。

鲁迅先生说：“用近代的文学眼光看来，曹丕的一个时代，可说是文学的自觉的时代”。[①] 文学的自觉的时代，有哪些特征呢？还是用曹丕的话来阐明吧，他说：

> 盖文章经国之大业，不朽之盛事，年寿有时而尽，荣乐止乎其身，二者必至之常期，未若文章之无穷。是以古之作者，寄身于翰墨，见意于篇籍，不假良史之辞，不托飞驰之势，而声名自传千后。[②]

中国历史上，在曹丕说这席话之前，谁也没有把文学的地位看得这样崇高和重要。回顾三代以来，文学总是作为政治与教育的附庸而存在的。不是吗？诗三百篇之所以受到重视，列为儒家经典，就是因为“《诗》，可以兴、可以观、可以群、可以怨，迩之事父，远之事君，多识于鸟兽草木之名”。[③] 孔仲尼要他的儿子学《诗》，说得更加明显“不学《诗》，无以言。”这和《论语》里另外一则所记孔仲尼的言论是一致的：“诵《诗》三百，授之以政，不达；使于四方，不能专对，虽多，亦奚以为！”[④] 大概这就是孔子和他同时代的人的文学观吧。所以后世儒家对文学的看法，一直是从功利主义出发，认为“《诗》之为用，其利大矣。”[⑤] 过细想想：战国诸子百家，精心致志，著书立说，也无非是为了宣传自己的学术主张。“屈原既放，厥赋《离骚》。”质言之。我们伟大的爱国诗人屈原，写了那么多作品，绝不是有心从事文学创作，而是因为“信而见疑，忠而被谤”，才发抒其“忧愁幽思”的。最多是想以此激励人民的爱国热忱吧。至于司马相如、东方朔这般人，“朝夕论思，日月献纳”“奏御者达千有余篇”，[⑥] “一则歌功颂德，一则借以讽谕”而已。汉武帝又何尝不是以有俳优畜之呢！

---

① 鲁迅：《魏晋风度及文章与药及酒之关系》。

② 曹丕：《典论·论文》。

③ 以上俱见《论语》。

④ 以上俱见《论语》。

⑤ 《毛诗正义·序》。

⑥ 班固：《西都赋·序》。

只有东汉末年，继农民起义之后，军阀割据，纷争不已。社会动乱，人民生活痛苦万分，封建礼教，随之陷于崩溃境地。这时，以通脱著称的英雄人物曹操，为了收拾残局，急于识拨人才，下《求贤令》，宣称：

> 若必廉士而后可用，则齐桓其何以霸世！今天下得无有被褐怀玉而钓于渭滨者乎？又得无有盗嫂受金而未遇无知者乎？二三子其佐我明扬仄陋，唯才是举，吾得而用之。

这是多么大胆的“离经叛道”的燎原之火啊！它的颁布天下，无异于对旧的传统发起一次震天动地的冲击。社会风气眼看就要变了！与此同时，曹氏父子不仅相继为政治上的最高统治者，并且还是文坛领袖，在世风突变下，文风也将大变。鲁迅先生说：曹操本身“也是一个改造文章的祖师”。[①] 这话一点不假。汉魏之际，人们的思想，在经过长期受封建礼教的禁锢之后，初步得到解放，这时适值来自印度的佛教哲学，开始传播，（佛教哲学的打入思想界，不是因为它的教义能征服人心，而是由于社会动乱，给它创造了条件。）甚至为一部分学士大夫所乐于接受，至此这一部分学士大夫，走出“孔家店”。举目四顾，乃知天外有天。

就这样，社会的、政治的、宗教的、学术的，诸种因素的涓涓细流，终于汇集成为一泓溪水，由溪水演而为大川，乃势所必至，理所固然。从“正始之风”开始，以“清谈”为契机，以“放浪形骸之外”为媒介，时入六朝，自然而然“玄风大畅”。这是时代的潮流所趋，谁也阻挡不住。我们看，贯穿六个朝代、近三百年，历史的这股潮流，确是推动一步比一步波澜壮阔的个性解放的洪流。随着人的不断觉醒，不断要求扩大思想境界，形而上的哲学在成长，文学也走上了自己的道路。此外，绘画、雕塑、音乐、书法，甚至围棋、射箭、骑马、划船、栽花、饲鸟……统统被看作理想、情操、个性的寄托或表露。人们的精神生活越来越丰富，越来越趋向于美的世界。可见，只有挣脱儒家的缰锁，文学才可能步入自觉的

---

① 鲁迅：《魏晋风度及文章与药及酒之关系》。

时代，向前独立发展。只有人们知道用审美观点来看待文学作品的时候，才有可能出现像骈体文这样的美文。只有当骈体文从“自在的”过渡到“自觉的”新阶段，才有可能出现六朝骈体文的奇观壮彩。

二、六朝骈体文之成长及其特色

六朝骈体文为骈体文之极致。就其成长过程而言：楚骚导乎先路，汉赋拓其疆宇，魏晋底厥成功。我们把这些统称之为六朝骈体文之前驱。时入六朝，骈体文更进一步茁壮成长，还别有必不可少的条件，这些必不可少的条件，从刘宋开始，迄于齐梁，终于次第成熟。于是，六朝骈体文遂以奇葩挺秀的姿态，辉映前后，今姑就其条件，分述于此：

（一）文学真正地独立了，文体也分得更细密了

魏文帝曹丕虽然十分重视文学，但他还没有把文学和学术完全分开。直到宋文帝刘义隆于元嘉十五年（438）至十六年（439）间，先后设立儒学、玄学、史学三馆外，又命司徒参军谢元设立文学馆，从此，文学方成为一门独立的学科。与此同时，临川王刘义庆所著《世说新语》，有“文学”门。虽然仍是把学术和文学有关事实归在一起，但是，所记从第一条至六十五条为学术类，从第六十六条至一〇四条为文学类，二者绝不混杂。（第五十二条，谢公因子弟集聚条，系传钞时错简）随着文学独立到来的，是文、笔之分，更判若两途。

《文心雕龙总术》篇说：“今之常言，有文有笔，以为无韵者笔也，有韵者文也。”按：文、笔区分，汉魏即有之，自晋逮刘宋，分得更为清楚。如《南史·颜延之传》：“帝尝问以诸子才能，延之曰：竣得臣笔，测得臣文，”又，《南史·沈约传》：“谢玄晖善为诗，任彦升工于笔，约兼而有之。”刘勰以有韵、无韵来区分文与笔之不同，还没有那么细致，也有认为“直书其事为笔，崇尚词藻为文”的。萧绎《金楼子》云：“夫子门徒，转相师受，通圣人之经者谓之儒；屈原、宋玉、枚乘、长卿之徒，止于辞赋，则谓之文；今之儒，博穷子史，但能识其事，不能通其理者，谓之学；至如不便为诗如阎纂，善为章奏如伯松，若此之流，泛谓之笔。吟

咏风谣，流连哀思者谓之文。”又云：“笔退则非谓成篇，进则不云取义，神其巧惠，笔端而已；至如文者，惟须绮縠纷披，宫徵靡曼，唇吻遒会，情灵摇荡。”一则曰“流连哀思”，再则曰“绮縠纷披、宫徵靡曼”，可见对“文”的要求更严格了。文笔之分，与骈体文朝着美文的方向发展关系非常重要。因为文与笔在体裁上截然不同，必然促使作者援笔为文时要认真考虑：但须清丽芊眠，不可据事直书。其结果则“事出于沉思，义归于翰藻”。而读者一篇在手，亦将感到“游文章之林府，嘉丽藻之彬彬”矣。[①]

（二）声律更讲究、更完善了

文章讲究声韵，不独诗歌为然，而且从来如此，先秦古籍多韵语，以其便于口授与诵习；汉儒重经术，文采声韵，皆不甚留心。惟汉时读楚骚，特为注意。如：《汉书·王褒传》：“宣帝时，征能为楚辞九江被公，召见诵读。”惜类似记载不多，及东汉末年，受佛教梵呗的影响，产生了新的情况。《高僧传·经师论》云：“始有魏陈思王曹植深爱声律，属意经音，既通般遮之瑞响，又感鱼山之神制，于是删治《瑞应本起》，以为学者之宗，传声则三千有余，在契则四十有二。”继曹植之后，陆机作《文赋》，亦云“暨音声之迭代，若五色之相宣。”这些，可说是文学的自觉的时代，文学家借鉴外来的梵呗，重视声韵的开始。晋宋之际，有了更大变化，当时名流，喜作“洛生咏”，吟诗讲究音调之美。如《世说新语·容止》记：“庾太尉在武昌，秋夜，气佳景清，使吏殷浩、王胡之之徒，登南楼理咏，音调始遒，闻函道中有屐声甚厉，定是庾公，俄而率左右十许人步来，诸贤欲起避之，公徐云：诸君少住，老子于此处兴复不浅……”甚至清淡时，也不仅以理取胜，且非常重视音辞。《世说新语·品藻》篇“刘尹至王长史许清言，时荀子年十三，倚床边听。既去，问父曰：刘尹语何如尊？长史曰：韶音令辞不如我，往辄破的胜我。”又同书《豪爽》篇记：“桓宣武平蜀，集参僚置酒于李势殿，巴、蜀缙绅，莫不来萃。桓既素有雄情爽气，加尔日音调英发，叙古今成败由人，存亡系才，其状磊

① 陆机：《文赋》。

落，一坐叹赏。”相反地，言谈中。“语音亦楚”，是被人瞧不起的。既然言谈尚且十分注重音调，那么属文自加倍留意于音，《世说新语·文学》篇：

> 孙兴公作《天台赋》成，以示范荣期。云：“卿试掷地，要作金石声。”范曰：“恐子之金石，非宫商中声。”然每至佳句，辄云：“应是我辈语！”

掷地作金石声，是文章声韵恰到好处的最佳形容。不过，文学作品强调声韵，一直到齐代才最为盛行。《南史·陆厥传》：“时盛为文章，吴兴沈约、陈郡谢朓、琅琊王融，以气类相推毂，汝南周颙善识声韵。约等文皆用宫商，将平上去入四声，以此制韵，有平头、上尾、蜂腰、鹤膝，五字之中，音韵悉异；两句之内，角徵不同，不可增减。世呼为永明体。”周颙著有《四声切韵》，沈约著有《四声谱》，沈约在《宋书·谢灵运传论》中更详述其事：

> 夫五色相宣，八音协畅，由乎玄黄律吕，各适物宜。欲使宫羽相变，低昂互节，若前有浮声，则后须切响，一简之内，音韵尽殊；两句之中，轻重悉异，妙达此旨，始可言文。至于先士茂制，讽高历赏。子建函京之作。仲宣灞岸之篇，子荆零雨之章，正长朔风之句，并直举胸情，非傍诗史，正以音律调韵，取高前式。自灵均以来，多历年代，虽文体稍精，而此秘未睹。至于高言妙句，音韵天成，皆暗与理合，匪由思至。张、蔡、曹、王，曾无先觉；潘、陆、颜、谢，去之弥远，世之知音者，有以得之，知此言非谬。如曰不然，请待来哲。

沈约等人的声韵说，贡献是大的。在文学史上，影响深极了，诗歌、骈体文，从此进入一个新的时期。我们现在就来看看沈约本人是怎样将声韵用于骈体文中的罢，《南史·王筠传》：

> 约制《郊居赋》，构思积时，犹未都毕，乃要筠示其草。筠读至

“雎霓（五激反）连蜷”，约抚掌欣抃曰：仆常恐人呼为霓（五鸡反）；次至“坠石磓星”及“冰悬坎而带坻”，筠皆击节称赞，约曰：知音者希，真赏殆绝，所以相要，政在此数句耳。

最后，让我们引用几句话，补充说明六朝文学之以声韵见长：

六朝人重双声，虽妇人女子皆能辨之。（《十驾斋养新录》）

双声迭韵之论盛于六朝，唐人犹多用之。至宋以后则渐不讲，并不知二者为何物。乾嘉间，吾乡周松霭先生春著《杜诗双声迭韵谱括略》，正千余年之误，可谓有功文苑者矣。（《人间词话》）

（三）强调博览、以“隶事”相高的风气在文坛弥漫了

诗文喜用典故，也从刘宋开始，钟嵘《诗品》说：“颜延之喜用古事，弥见拘束，于时化之。故大明：泰始中，文章殆同书抄。尔来作者，浸以成俗。”到齐梁时代，上层社会有权位的人，多方提倡读书，往往把“隶事”当作一种韵事，蔚然成风。例如《南史·王谌传》：

谌从叔摛，以博学见知，尚书令王俭尝集才学之士，总校虚实，类物隶之，谓之“隶事”，自此始也。俭尝使宾客隶事，多者赏之，事皆穷，唯庐江何宪为胜，乃赏以五花簟、白团扇。坐簟执扇，容气甚自得，摛后至，俭以所隶示之，曰：“卿能夺之乎?”摛操笔便成。文章既奥，辞亦华美，举坐击赏。摛乃命左右抽宪簟，手自掣取扇，登车而去。

又：《南史·沈约传》：

先此，约尝侍宴，值豫州献栗，径寸半，帝奇之，问曰：“栗事多少?”与约各疏所忆，少帝三事，出谓人曰：“此公护前，不让即羞死。”帝以其言不逊，欲抵其罪，徐勉固谏乃止。

这种风气，流传下来，到赵宋王朝，还时有记载。如王明清《挥麈前录》即记蔡京征瓜事的轶闻。齐梁“隶事”之风盛行，其结果：一是争相

修撰相当于今之资料汇编的类书；一是诗文中用典多了。

关于用典的问题，历来有不同的看法。如钟嵘就反对诗中用典。他说：

> 夫属词比事，乃为通谈。若乃经国文符，应资博古；撰德驳奏，宜穷往烈。至乎吟咏情性，亦何贵乎用事！“思君如流水”，既是即目；“高台多悲风”，亦惟所见；“清晨登陇首”，羌无故实；“明月照积雪”，讵出经史，观古今胜语，多非补假，皆由直寻。①

我们认为：诗也好，文也好，言之无物，借搬弄典故来掩其空虚，是绝对要不得的。作者为了炫示其渊博，大掉书袋，也应当坚决反对。至于用事贴切，古典今事，交织成文，往往能唤起读者的联想，在诗文的有限的容量中，注入丰富的内涵，何尝不是开拓新境呢？六朝骈文以及后来的李义山诗、辛稼轩词和江西诗派中比较杰出的作家，在这方面不是都曾经取得了大小不一的成就吗？

因此，齐梁强调博览，在诗文中广为征引故事，让美文益臻完美，也算是骈体文向上发展的条件之一。

除上述三个方面外，“宫体诗”也给了骈体文以帮助。史称：梁代徐摛属文好为新变，不拘旧体，为太子家令时，春坊尽学之，“宫体”之号，自斯而始。② 所谓“宫体”的主要表现，就是“辞藻艳发”，有时不免“伤于轻靡”。当然，侧艳之词，并非徐摛首创，也是自刘宋以来就逐渐形成了的。但“宫体”自有其长处，往往为人所忽视。即新变不受传统的拘束。尚艳丽，尚新变，这也直接影响骈体文向美文方向急剧发展。

正因为这些随历史的进展而兴起来的种种文学上的新事物，汇集在一起，促成骈体文具备最明显的特点。我把这些特点归纳为八个字：即有声、有色、有情、有思。

何谓声？就是平仄协调，读起来铿锵悦耳。平仄协调与否，是骈体文

① 《诗品·总论》。

② 《南史》徐摛本传。

（文）与一般散文（笔）的最大区别。在六朝之前，虽然也有骈体文，甚至六朝初期的骈体文，也极为重视声韵，如前所述，孙绰的《游天台山赋》自称掷地能作金石声。然而，这叫作高言妙句，暗与理合。在沈约、周颙等人以平上去入为四声，制谱推行之后，属文时宫羽之辨更趋严密，而且出于作者的悉心调整、着意安排。所谓前有浮声，则后须切响。因此，六朝之前的骈体文与六朝骈体文，特别是齐梁时期的骈体文，是不可同日而语的。同属六朝骈体文，晋宋与齐梁，两者不同的主要标志，便在于声韵疏密有间。如果我们拿不同时期的作品进行比较的话，那么用不着深入研究，只要放声诵读一过，就可以发现在音节上确有差别。再加之以骈四俪六、句式或重叠或变换，随着气势的起伏，节奏也自然或升或降。最后，谁也不能否认六朝后期的骈体文，特擅旋律之美，又兼整齐与参差交错之美。

何谓色？就是辞藻斐然看起来雕绘满目。魏晋之后，文学摆脱了儒家的说教，于是缘情绮靡，文采烂焉，驯至齐梁，曲尽其妙。一篇之中，写全盛之时，则有“才力雄富，士马精妍”；写其衰败，则有“棱棱霜气，蔌蔌风威”；写丽人则“蕙心纨质，玉貌绛唇”。[①] 言别而有“春草碧色，春水渌波”“秋露如珠，秋月如珪”。[②] 其至作者爱奇，以互文见义，竟有如“孤臣危涕，孽子坠心。”[③] 至于“眉将柳而争绿，面共挑而竞红，影来池里，花落衫中”，[④] 把春光荡漾、人面妖娇，是一是二，写得难以分辨。让我们再来欣赏一下《玉台新咏·序》中的一段吧：

> 夫凌云概日，由余之所未窥；千门万户，张衡之所曾赋。周王璧台之上，汉帝金屋之中，玉树以珊瑚为枝，珠帘以玳瑁为匣。其中有丽人焉。其人也，五陵豪族，充选掖庭；四姓良家，驰名永巷。亦有颍川新市、河间观津，本号娇娥，曾名巧笑。楚王宫里，无不推其细腰；卫国佳人，俱言讶其纤手。阅诗敦礼，岂东邻之自媒；婉约风

① 鲍照《芜城赋》。
② 江淹《别赋》。
③ 江淹《恨赋》。
④ 庾信《春赋》。

流，异西施之被教。弟兄协律，生小学歌；少长河阳，由来能舞。琵琶新曲，无待石崇；箜篌杂引，非关曹植……

这简直是七宝楼台，陈列于前，使人有璀璨夺目之感。所以说：六朝骈文，与旋律之美相伴而生的，还有形象之美，色彩之美。

何谓情？汉武帝时，陈皇后以妒退居长门宫，愁闷悲思。司马相如为作《长门赋》，武帝读之，盛感悟，陈皇后复得亲幸。

嵇康死后，他的好友向秀经过其旧庐。“于时，日薄虞渊。寒冰凄然，邻人人有吹笛者，发声寥亮，追思曩昔游宴之好”而作《思旧赋》。

《世说新语·文学》篇：“孙子荆除妇服，作诗以示王武子，王曰：未知文生于情，情生于文，览之凄然，增伉俪之重。”

不错，上述这些文章，都极富于感情。不过，我们如果这样来讲文章之情，那就不免范围过于狭窄。我们之所谓情，是辞情并茂之情。有人说：六朝骈体文，有辞而无情。其实，这话是错的，六朝骈体文，几乎篇篇有情，而且其情甚真。何以叫作情真？

《世说新语·言语》：“桓公北征。经金城，见前为琅琊时种柳皆已十围，慨然曰：木犹如此，人何以堪！”庾信《枯树赋》引《世说新语·黜免》：“殷仲文风流儒雅，海内知名，世异时移，出为东阳太守，常忽忽不乐，顾庭槐而叹曰：此树婆娑，生意尽矣！”

柳已十围，愧无生意，此种寻常景物，在旁人莫不等闲之，而桓温与殷仲文却悲从中来，不可断绝，这就是情真。我们本此以读庾信的赋，大之如《哀江南》，小之如《枯树》《小园》，宁不感到惊心动魄，一往深情？萧绎所以说“吟咏风谣，流连哀思”之谓文也。六朝骈文此种从作者内心迸发出来的感人力量，我们称之为性灵之美。

何谓思？潘岳《秋兴赋序》说：“譬犹池鱼笼鸟，有江湖山薮之思。”历来人称：六朝小品，殊饶思致。有思致，往往便有遐想。于是前人故事，纷集笔端，有如江淹《恨赋》《别赋》，前者所想到的是“古者伏恨而死”，从秦始皇到嵇康，莫不抱着怨恨而离开人世间；后者则直书“黯然销魂者，惟别而已矣”。然后把“别虽一绪，事乃万族”次第道来，最后作结，认为“有别必怨，有怨必盈”，使人“意夺神骇，心折骨惊”。所以说：六朝骈体文，既具开拓之思，更多古雅之美。（待续）

原载《湘潭大学学报》（社会科学版）1985 年校庆特刊

六朝骈文论略（下）

三、六朝骈体文之代表作家

六朝骈体文，作者如林。自东晋数起，直至陈隋，历时近三百载，卓然成家者至少在百人以上。在如许众多作家中，选二三人为代表，谈何容易。但是，我们在前面已经谈到，自刘宋开始出现诸种促进骈体文朝美文方向发展的条件，这些条件，到齐梁才次第成熟，不言而喻，骈体文成就之大者，无逾齐梁。而齐梁又无逾于徐陵与庾信。比较而言，庾胜于徐。庾之成就，端在晚年。所以以徐庾为六朝骈体文之代表作家，并侧重论述庾信晚年的代表作。

徐陵（507—583），字孝穆，东海郯（今山东郯城）人。父摛，梁天监中为太子家令，属文好为新变，是“宫体诗”创立者之一。陵八岁能文，及长，为东宫学士，入陈，官至尚书左仆射。为人清正。有集三十卷及所编《玉台新咏》传世。《玉台新咏》，所收多艳歌。但也保存了不少甚有价值的爱情诗。《古诗为焦仲卿所作》，最先即见于此集。论者以为文学古籍，除《诗经》《楚辞》外，以《文选》与此书为最早。北齐初建，梁元帝曾派遣徐陵使齐，被拘留不还。后乃随贞阳侯萧渊明回江陵。这是他人生旅途上坎坷的一段。以后一直过着称心的日子。史称：徐陵为一代文宗，国家有大手笔，必命陵起草。又谓“其文颇变旧体”“多有新意”。他的骈体文，当以《玉台新咏·序》及《与齐尚书仆射杨遵彦书》为代表作。

《玉台新咏·序》全文写女子，身份容貌，刻画尽致。前面节选了一段，可以窥其大概。倘论文章技巧之娴熟，可称叹为观止矣。

《与齐尚书仆射杨遵彦书》，写于作者四十四岁被拘留齐之首都时作。杨遵彦名愔，弘农人，当时为齐之宰相。作者在书中，不是悲哀求情，而是据理力争，列举八大理由，要求对方答复，最后一段，简直是质问和申讨，特转录于此，我们从这里也可以看到徐陵为人的骨气。

> 夫四聪不达，华阳君所谓乱臣；百姓无冤，孙叔敖称为良相。足下高才重誉，参赞经纶，非虎非貔，闻诗闻礼，而中朝大议，曾未矜论；清禁嘉谋，安能相及。谔谔非周舍，容容类胡广，何其无诤臣哉！岁月如流，平生何几！晨看旅雁，心赴江淮；昏望牵牛，情驰扬越，朝千悲而下泣，夕万绪以回肠，不自知其为生，不自知其为死也。足下素挺词峰，兼长理窟。匡丞相解颐之说，乐令君清耳之谈，向所未疑，谁能晓喻。若鄙言为谬，来旨必通。分请灰钉，甘从斧镬，何但规规默默，齰舌低头而已哉！若一理存焉，犹希矜眷，何故期令我等必死齐都，足赵魏之黄尘，加幽并之片骨，遂使东平拱树，长怀向汉之悲；西洛孤坟，恒表思乡之梦。干祈已屡，哽恸良深！

庾信（513—581），字子山，南阳新野（今河南新野）人。父肩吾，梁时官至尚书，与徐摛同属宫体诗重要作家。信初仕梁，后出使西魏，被留，又仕西魏，西魏禅周，仕周，官至骠骑大将军，开府仪同三司。善诗文，早年与徐陵齐名，号“徐庾体”。晚遭丧乱，作风大变，成就遂不可及，杜甫诗“庾信文章老更成”，说得非常中肯。

徐、庾不仅是同时代的人，且属世交，两人家世与出身，类似之点颇多，文学作风，亦极相接近，然而，后半辈子的生活经历，却迥然不同。身留北国，以乡关之思，发为哀怨之辞的庾信，在文学史上的地位，远远驾出徐陵之上。

梁武帝暮年，逼处江左一隅的梁朝，内部政治腐败已极，终于导致降将侯景叛乱，侯景勾结临贺王萧正德，轻而易举地攻占了首都建康，毫无顾忌地纵兵焚掠，不独建康成为了废墟，整个长江下游，为之残破。初，三十六岁的庾信，领建康令，奉命率宫中文武千余人驻朱雀航北，及景至，众撤退，信亦西奔江陵。

庾信亲身经历了侯景之乱，眼见江南千百万群众流离失所，痛苦万分。同时，一向以富庶著称的江南各地，文物最盛，战乱中毁坏无遗，使他精神上深受刺激。加以出使西魏，由江陵辗转到达长安。北方政局也并不稳定，人事多变，使他时时都处在提心吊胆中。后来虽居高位，时代的苦难和身世的飘零，再也难以自拔于哀愁忧虑的深渊。

几乎是同一时期，当南方的政权，由萧梁移到陈霸先手里的时候，北方的宇文氏也受禅于魏而建立了周王朝。南北局面暂时得到相对的稳定。陈太建四年（572），“陈、周通好，南北流寓之士，各许还其旧国。陈氏乃请王褒及信等十数人。”[①] 对无时无刻不想重还故土的庾信来说，这是一次多么难得的机会啊！可是，事与愿违，北周仅允放回其他的人，留下王褒与庾信。六十余龄的庾信，从此更加深了对乡邦的怀念。内心世界，充满着说不出来的苦衷。不久，王褒死去，益增孤寂。回顾一生，天时人事，无限伤心。于是，便写下了《哀江南赋》。

《哀江南赋》是庾信晚年的代表作。据陈寅恪考证：作于周武帝宣政元年（578）十二月。[②] 这篇长赋，赋前还有一篇序言，叙述作者家世及作赋缘起，序与赋构成有机的整体。二者互相补充，却不重复，既具有自传的性质，也可以当作梁朝一部亡国史看。

庾信在序中点明此赋“不无危苦之辞，惟以悲哀为主”。这是对的。它通过个人的遭际，写到梁朝由盛而衰，特别是侯景之乱所造成的凄惨场面。这里，有时代的悲剧，人民的血泪，统治者的腐败无能，野心家的残暴罪恶……人们读到它，很自然地想起了屈原的《离骚》。的确，这是中国文学史上两篇伟大的作品。如果说《离骚》是楚国将亡之际的哀曲，那么《哀江南赋》便是梁国已亡之后的挽歌。《哀江南赋》的命题还是来自

① 《北史·庾信传》。

② 陈寅恪：《读哀江南赋》。

《楚辞·招魂》中的“魂兮归来哀江南”咧。

我们从骈体文研究角度来看《哀江南赋》，认为这篇赋确实集中表现了六朝骈体文的优点。毫不夸张地说，它是骈体文的王冠。

固然，《哀江南赋》是庾信一生的杰作。但是，庾信的其他作品，也有许多值得称赞。诗歌乐府，姑置毋论，仅就骈体文而言。《枯树赋》《小园赋》《三月三日华林园马射赋》《春赋》《对烛赋》……莫不佳处甚多。他的小启，也别有情味。说明庾信文章，体裁大小不一，风格多种多样，读者稍为留意，不难发现，他晚年诸作，无不贯穿身世之感。换句话说，他的作品里，深深刻下了时代的烙印。向来论文的人，喜欢说文章有阳刚之美与阴柔之美，我们认为：像庾信的作品，可说是阳刚之美与阴柔之美二者兼而有之。它的美，体现在用韵、用典、骈偶中间以散行这几个方面。同时，我们还认为：作为六朝骈体文代表作家的庾信，对骈体文的最大贡献，是四六句的运用，造成紧凑与舒缓的交递进行，给后来的四六文树立了典型。最好是让我们来读读《哀江南赋·序》其中两段吧。

> 日暮途远，人间何世？将军一去，大树飘零；壮士不还，寒风萧瑟。荆璧睨柱，受连城而见欺；载书横阶，捧珠盘而不定。钟仪君子，入就南冠之囚；季孙行人，留守西河之馆。申包胥之顿地，碎之以首；蔡威公之泪尽，加之以血。钓台移柳，非玉关之可望；华亭鹤唳，岂河桥之可闻！
>
> 孙策以天下为三分，众才一旅；项籍用江东之子弟，人唯八千。遂乃分裂山河，宰割天下。岂有百万义师，一朝卷甲，芟夷斩伐，如草木焉！江淮无涯岸之阻，亭壁无藩篱之固。头会箕敛者，合纵缔交；锄耰棘矜者，因利乘便。将非江表王气，终于三百年乎？

在论述六朝骈体文代表作家时，我们以庾信为巨擘，但并没有忘记《文心雕龙》作者刘勰（约465—532）。勰，字彦和，东莞莒（今山东莒县）人，世居京口。家贫力学，曾依僧祐居，梁武帝时仕至通事舍人。齐末著《文心雕龙》，为沈约所重。勰暮年出家，改名慧地。

《文心雕龙》是一部伟大的文学理论和文学批评专著，人皆知之；惟刘勰为杰出的骈体文作家，似尚未为人所公认。过去论者认为刘勰采用骈体文的形式写作《文心雕龙》，是因为他生长在骈体文盛行的时代，不免受到时代的感染，才这样做。不！这种说法是错误的。用骈体文的形式写这部专著，比起用一般散文（笔）的形式来写，工程难度要大得多。精通文学的各种体裁及艺术表现方法的刘勰，是从审美观点出发才作出这个裁决的。《文心雕龙》五十篇，篇篇都是优美的文章。从整体上看，正是内容与形式达到十分完美的和璧。它是陆机《文赋》之后，中国文学史上又一创造，是文艺科学与艺术作品紧紧拥抱在一起的绝妙产物。它远远地超过了陆机，如曰不信，请翻读《文心雕龙》中的任何一篇吧。

四、六朝骈体文对后世的影响

六朝骈体文对后世文学发展所产生的影响，是巨大的，而且不止限于文学，史学和政论文，均受益匪浅。下面我们试略为言之。

首先是六朝以后骈体文的写作仍继续前进。以紧接隋朝的唐代而言，唐初四杰王勃、杨炯、卢照邻、骆宾王，同属诗人，又同为著名的骈文家，王勃的《滕王阁序》与骆宾王的《讨武氏檄》。在国内，几乎家喻户晓。《滕王阁序》最为人传诵的警句，是“落霞与孤鹜齐飞，秋水共长天一色。”这两句恰恰是从庾信《三月三日华林园马射赋》中“落花与芝盖齐飞，杨柳共春旗一色”一联变化而来。六朝骈体文对其影响，由此可见一斑。

据我们所知，在唐代诗人中，对齐梁文学的成就，尤其是对清词丽句必相邻的流传赋体，认识了解最为清楚，并且用心学习的，没有哪个比得上杜甫。他一则说：“永怀江左逸，多病邺中奇。”① 再则说“窃攀屈宋宜方驾，恐与齐梁作后尘。”② 他一生都在学习六朝作家：“孰知二谢将能事，颇学阴何苦用心。”③ 他还教他的儿子：“熟精《文选》理。”他称赞庾信“凌云健笔意纵横”，认为他的朋友李白“往往似阴铿”，李白的作品清新

① 杜甫：《偶题》。
② 杜甫：《戏为六绝句》。
③ 杜甫：《解闷十二首》之一。

俊逸，他说这与庾信、鲍照极为近似。杜甫的造诣之高，确与“掩颜谢之孤高，杂徐庾之流丽”[①] 分不开。

更重要的是：自从沈约等人提倡四声、“为文皆用宫商”以来，首先是在诗歌创作上起了极大，也极重要的变化，为五言、七言诗由古体走向近体，由比较自由散漫进入具备一定的程式创造了条件。稍后，梁简文帝萧绎和庾信的乐府诗，格律严整、声韵对偶精密清切，已接近规范化。更晚一点，像薛道衡的《人日思归》、王绩的《野望》，就完全律化了。因此，唐代的“新体”律诗，虽说是唐代进步诗人经过数十年不断努力作出的贡献，究其根源，犹在齐梁，而以六朝骈体文对它的影响至大至深。我们知道：凡是律诗，包括铺陈排比、大或千言、次犹数百的排律在内，最著重的是属对精切、声韵调协，也就是说，律诗是以骈体文的创作手段运用到诗歌中去所取得的最高成绩。历观初盛中晚唐人以律诗见长的作家，无一人不是骈体文的好手。当然，其中以杜甫、李商隐尤为突出。杜甫之后五七言排律只有李商隐差可比美。而李商隐的《樊南四六》简直超过了杜甫的《封西岳赋》诸作。要言之，没有六朝骈体文行之在前，就不能出现以严整属对精切为特色的律诗。

在唐代，六朝骈体文还影响到史学方面。史学家刘知几的《史通》，是一部历史文献评论的开山之作，对唐以前所有历史重要著作作了全面而系统的总结。在总结历史著作的经验教训的同时，提出不少精辟独到的见解。清代章学诚的《文史通义》，就是在《史通》的基础上进一步发挥议论的名著。谁知道《史通》这一重要史评专著，竟是以《文心雕龙》为榜样而写作的呢。我们将两书试作比较，就可以看出刘知几是以刘勰为师孔步亦步、孔趋亦趋，完全是依照《文心雕龙》的格局，从事写作《史通》的。更值得注意的是刘知几也像刘勰一样，采取了骈体文的形式。这难道不是六朝骈体文深入到史学领域的佳话吗？

六朝骈体文也影响了政论文。著名政论家陆贽，唐德宗时任翰林学士。朱泚之乱，德宗出幸奉天（在长安西北一百五十里），贽随驾，参与

① 元稹：《杜甫墓系铭》。

机谋，起草了许多诏书，同时也写了大量政治改革的奏议，这些文章大都是用骈体文写的。所著《翰苑集》二十七卷，其中有关政局的奏疏，《唐书》转载颇多，连一向不以骈体文为然的司马光，在其编订的《资治通鉴》一书中，也节录了一部分。史称：德宗在奉天时“所下书诏，虽骄将悍卒闻之无不感激挥涕”。这，除了说明至诚可以动人外，也可以看出骈体文能为用，并不如一般人所想象的那样徒尚词华而已。

与唐诗并驾齐驱的宋代曲子词，其实在盛唐时期早已在民间流行，惟文人学士，很少填词，五代以后，一日比一日繁荣。我们今天所见到的敦煌曲子词，作风一般比较质朴，甚至在修辞上还有些粗糙，及文人词大量兴起，才出现辞情多于声情的趋向，而词中骈词偶语也有增无已。而且在五代至宋词中为人所欣赏的，也往往是这些骈词偶语。“细雨梦回鸡塞远，小楼吹彻玉笙寒”“无可奈何花落去，似曾相识燕归来”“酒贱常愁客少，月明多被云妨”“月上柳梢头，人约黄昏后”“自在花飞轻似梦，无边丝雨细如愁”“断送一生惟有，破除万事无过”“清露晨流，新桐初引，多少游春意”“百年雨打风吹却，万事三平二满休”“三十功名尘与土，八千里路云和月”，诸如此类，有的干脆是用的六朝人语，骈体文的浸阔词境，不难想见之。

至于宋的骈体文，比起唐代来，又有了新的进展，骈体文的散文化，是宋代骈体文的最大特色。

宋后骈体文一度衰竭，至清代始勃焉中兴，产生了许许多多名家名作。清末张之洞《书目答问》一书附有“著述诸家姓名考”，其中所列“骈体文家”二十人，无不各具特色。而吴兆骞、李其年、吴锡祺以及后起的李兆洛、周寿昌、王闿运诸家尚未包括进去，我想别的不必在此一一详叙。这里，只提一下为当代文学界所推崇的两位，一是蒲松龄，一是曹雪芹，前者在《聊斋志异》最后一篇写了《花神》，后者于《红楼梦》第七十八回写了《芙蓉女儿诔》。不管作者规划全书时是怎样安排的，不管这两篇作品内容在全书占什么地位；但是这两篇确是作者不惜呕尽心肝的大手笔。它，很清楚地告诉我们：六朝骈文对这两位天才作家的吸引力实在太大了。

此文既竟，特再重复一句：我们在这里，不是鼓吹写骈体文，不过，有出息的文学家，未尝不可以从六朝骈体文中得到借鉴。亦未尝不可以从我国古典文学的优秀遗产中汲取营养料。骈体文盛行的时代虽成过去，但我国几千年来的文学遗产，依然存在着旺盛的生命力。作为骈体文末裔支流的联语，不是流行甚广吗？她象征着祖国的兴旺发达。她将为人类崇高理想的实现作出应有的贡献，这是有目共睹的啊！

1984 年 11 月初稿

原载《湘潭大学学报》（社会科学版）1985 年第 4 期

唐宋文学研究

读《辛弃疾传》以后的一些意见

钱东甫著的《辛弃疾传》，1955 年 9 月于作家出版社出版。

这本书共分十章，大抵是顺着辛弃疾一生事迹，分段叙述。每章都引证了辛氏作品。看起来像是主要以稼轩词为依据写作的一本传记。但是，在对稼轩词略为有研究的人看来，书中所引的词，不是未明词旨，徒凭臆说，就是附会前人，以讹传讹，或任意割裂，或年代颠倒，不一而足。姑举几个例子吧，书中第四页有这么一段：

> 辛弃疾的父亲，名叫辛文郁，他的事迹毫无留存。辛弃疾也很少提到他的父亲。仅在一首《兰陵王》词里，他曾简单地提到他："吾父，攻儒助墨"，又说："十年梦，沉痛化余"。由此推测，他的父亲可能是一个崇拜墨家的人物。

本来，辛弃疾的家世，历来学者，都苦于无从考定，如梁启超、邓广铭在编写稼轩年谱时，只得依据辛启泰旧谱，参之辛氏著作及同时代人作品。邓广铭先生为国内宋史专家，所编撰"辛稼轩先生年谱"用力精勤，最称赅博，但他在谱中提到辛弃疾父亲，仅说"先生（指辛弃疾）于劄子及其他作品中，从未道及其父，疑已早卒。"文献不足，只好缺如，是不能凭空臆造的。因此，"推测"辛弃疾的父亲是"一个崇拜墨家的人物"，立说殊成问题。那么，"兰陵王"一词，又是指的什么？且先抄下原词看看：

己未八月二十日夜，梦有人以石研屏见饷者。其色如玉，光润可爱，中有一牛，磨角作斗状。云："湘潭里中有张其姓者，多力、善斗，号张难敌。一日，与人搏，偶败，忿，赴河而死。居三日，其家人来，视之，浮水上，则牛耳。自后，并水之山，往往有此石。或得之里中辄不利。"梦中异之，为作诗数百言，大抵皆取古之怨愤变化异物等事，觉而忘其言。后三日，赋词以识其异。

恨之极，恨极销磨不得。苌弘事，人道后来，其血三年化为碧。郑人缓也泣。吾父攻儒助墨。十年梦，沈痛化余，秋柏之间既为实。相思重相忆。被怨结中肠，潜动精魄。望夫江上岩岩立。嗟一念中变，后期长绝。君看启母愤所激。又俄倾为石。难敌，最多力。甚一忿沈渊，精气为物。依然困斗牛磨角。便影入山骨，至今雕琢。寻思人间，只合化，梦中蝶。

这首词，"词文恢诡怨愤"（梁任公语），题目也很奇特。要想了解作者真意所在，是要费一番工夫，不能从表面文字上寻求。不过，古今来还没有人由此得出结论，说辛弃疾的父亲是墨子信徒的。有此说法的，要以钱东甫先生为第一人了。"攻儒助墨"究竟是怎么回事？我认为词人沈子培在"稼轩长短句小笺"中说得很好：

按己未为庆元五年，是时，侂胄方严伪学之禁，赵忠简卒于贬所，苌弘血碧，儒墨相争，托意甚微。非偶然涉笔也。

我们知道：宋室南渡后，党争愈烈。士大夫相结，各为门户，争权夺利。当辛弃疾晚年时期，比较正派一点的以理学家朱熹为首的一派，就经常和反对派发生冲突。例如淳熙十年（1183）陈贾请禁道学，就是打击朱熹派；绍熙元年（1190）刘光祖乞禁讥议道学，可以说是朱熹派的反攻。等到赵汝愚做了宰相，首荐朱熹。但赵汝愚不久为韩侂胄所挤。庆元元年（1195）赵罢相，贬永州。当时朱熹自号"遯翁"。庆元二年（1196）一月赵汝愚死于湘江窜逐途中。是年八月，禁伪学之党。陈贾迁兵部侍郎，朱熹削秘阁修撰。当朱熹接到赵汝愚讣文后，在写给刘德修的信中说：

"余干（指赵汝愚）竟以柩还……冤哉痛哉……因就其壻家哭之，闻要路已有切齿者"。又一年（1197）籍伪学，凡五十九人。1199 年，韩侂胄封平原郡王。刘光祖窜房州。也就在这一年，朱熹在写给辛弃疾的信中，以"克己复礼"相勉。而辛弃疾托梦所填《兰陵王》词，正是这年八月。所以这首词怪不好懂，用事极为晦涩。因为不如此就可能被"要路切牙"。但根据史事找到线索之后，作者用意也就很显然了。

再看，书中第五页肯定"念奴娇书东流村壁"一词为辛弃疾"写作年代最早的一首歌词"，且说东流村"是宋朝皇帝赵佶（徽宗）、赵桓（钦宗），父子两人被掳北去，在途中停留过的地方。"辛弃疾年青时候，经过这个村庄，"乡人向他描述了那两个身为俘虏的皇帝，遭受敌人怎样可悲的待遇。青年人感到了极大的愤慨，在村中的墙壁上，写下了在他作品中，现在所知写作年代最早的一首歌词。"我认为这个说法也是颇成问题的。稼轩早年作品，大抵都散逸了。流传至今的数百首词中，一般都以"水龙吟登建康赏心亭"一首为其最早之作。梁任公以此冠编年词。当然这仍难十分确定，只求其大致不差而已。"书东流村壁"一首，列于稼轩门人范开于 1187 年所编的稼轩词甲集中，可以断定它是辛弃疾四十八岁以前作品。但究竟是哪一年作的，实在难说。如果从这首词本身看，后面有这样的句子：

料得明朝，尊前重见，镜里花难折！也应惊问：近来多少华发？

与其说是二十二岁以前年青人的吐属，毋宁说带点中年人的感慨，更为恰当。

喜欢掉书袋子，是稼轩词的毛病。辛弃疾在世时，他的友人岳珂曾向他当面提过意见。我们今天读稼轩词，必须认识这个特点。不应该将词中引用的典故当作作者生平事迹看待。然而，在这本书中，偏偏时常发现在分析稼轩词时将"用事"与"叙事"不分的事情。上面所举，"攻儒助墨"，仅是较突出的一个例子。此外，像书中十四页所引水调歌头：

落日塞尘起，胡马猎清秋。汉家组练十万，列舰耸层楼。谁道投鞭飞渡，忆昔鸣髇血污，风雨佛狸愁。季子正年少，匹马黑貂裘。

诚然，这是辛弃疾在追述 1161 年虞允文在采石镇战退完颜亮侵略军一段历史。当时辛弃疾才二十二岁，抱有恢复大志，正在山东起义部队中。为耿京掌书记。1162 年正月，他奉表南归，很可能得见大江一带南宋军队的盛容。但如果因为词中用了一个关于苏秦的典故（国策赵策李兑赠苏季子以和氏璧、黑貂裘）把“季子正年少，匹马黑貂裘”二句，解释为：“年少英俊的辛弃疾，有着高大的身材，阔厚的肩膀，神采焕发的脸上，一对眼睛炯炯地发光，他披一件北地耐寒的黑貂裘，骑一匹骏马，兴奋地观看着南宋的盛大军容。”是不妥当的。

又如《贺新郎别茂嘉十二弟》一首，全词如下：

绿树听鹈鴂，更那堪、鹧鸪声住，杜鹃声切。啼到春归无寻处，苦恨芳菲都歇。算未抵、人间离别。马上琵琶关塞黑。更长门翠辇辞金阙。看燕燕，送归妾。

将军百战身名裂，向河梁、回头万里，故人长绝。易水萧萧西风冷，满座衣冠似雪。正壮士、悲歌未彻。啼鸟还知如许恨，料不啼清泪长啼血。谁共我，醉明月？

陈模《怀古录》曾说：“此词集许多怨事，全与太白拟恨赋手段相似”。我认为这是江淹“别赋”“恨赋”合而为一。辛弃疾满腔悲恨，借抒离愁，一古脑儿喷射出来，原是有的。正如他在“蝶恋花送祐之弟”一词所说“不是离愁难整顿，被他引惹其他恨”。可是，钱东甫先生竟根据词中“易水萧萧”句，说“这是荆轲为燕报仇、去刺秦王前最悲壮的一幕场景，也是辛弃疾所热烈愿望，然而无法实现的。”“可以相信：这时只要有任何一个报国的机会，他一定就会遵照古代那个英勇的荆轲的榜样，慷慨地献出自己的生命，这是不容置疑的”（三十六页）。这，未免太片面了。因为词中同时还用了昭君出塞及李陵、苏武河梁分手诸故事，那又怎么说呢？

同样，书中六十四页所引《水龙吟》一首，认为是“对占据着南宋政府重要职位的老官僚们，发出了辛辣的讽刺”。认为词中“真儒”，自然是指能够担负起救国大任的民族英雄，这种崇高的称号，南宋政府的执政者是没有资格接受的。这首词正表明他不能和他们合唱同一的调子。其实，这首词的题目是《甲辰岁寿韩南涧尚书》，据我的理解，词中一面讽刺着苟且偷安的士大夫，一面以恢复大业与韩无咎相勉。倘若只抓住一点，曲解全篇的意思，也是不好的。

又如，书中一〇五页，引《鹧鸪天》一首，说作者“把自己写成一个‘热中功名’的老丑角，暗中却在嘲骂着那个对他故示优待的南宋政府的执政”。不知此词真意着重在最后一句：“此身忘世浑容易，使世相忘却自难。”辛弃疾在这里并未蒙受“优待”，也用不着“暗中讽刺”，更没有“把自己写成一个‘热中功名’的老丑角”。

由此可见，这本书对稼轩词理解不深，不全面，凭自己臆想，随便驰骋发挥。但对前人已经下了注脚说得明明白白的词，反而认为“情意最难解释”。如辛弃疾于1179年所写《摸鱼儿》词，是最著名的。书中曾全篇引录了（五十三页、五十四页）却未结合当时情况，分析内容，使读者加深对它的了解。

也有原词很容易懂，一经本书作者改写，反而成了问题。如《西江月·遣兴》一首，后半阕原文是：

> 昨夜松边醉倒，问松我醉何如。只疑松动要来扶。以手推松曰去。

书中九六页写道：

> 有一夜，他在松边醉倒了。朦胧中把松树当成人，问道：“你看我醉吗”？松不答，要来扶他。他凭着醉人的尊严，把它推开，说道：“去”！

这里，译文与原作的距离，是每个人都能看出的。把这首词说成是辛弃疾“醉酒生涯中的一幕”，将题目遣兴二字和上半阕完全抛开不管，又怎么说得过去。

此外，就是将别人的作品，或别人伪造借名辛弃疾的作品，都认定是辛弃疾所作。如书中第十页，引“鹅湖夜坐”诗四句：

昔者戍南郑，泰山郁苍苍；铁衣卧枕戈，睡觉身满霜。

按此诗系陆游作。见《剑南诗稿》。最早为辛启泰，法式善误收入《稼轩诗文钞》中。梁启超、徐嘉瑞均未发现其错。其实，有两个南郑，均在陕西。山东忠义人马，哪里会驻扎到那儿去。若说诗中明明说的泰山，可能山东别有一南郑；不知陆游诗原作“秦山”，即杜甫诗中“秦山忽破碎，泾渭不可求”之秦山。邓广铭在校辑稼轩诗文抄存时，特将此诗剔除，并在弁言中述明为放翁作品。我们在邓书出版后多年来讨论辛弃疾著作，是没有理由不从邓说的。

把陆游的诗误为稼轩作品，尚可原谅；至于书中一〇八页所引“清平乐”词一首，肯定为辛弃疾寿韩侂胄的祝词，是最大的错误。此词在辛弃疾死后一年，小人倪思曾引它作证，劾辛弃疾拍韩侂胄的马屁，迎合开边。后来辛弃疾的第五个儿子辛穮曾著文辨谤。事情真相，算是已经弄明白了的。所以从谢叠山后，历来学者，把清平乐词都断为有意诬陷的赝作。

既然对稼轩词理解不深，真伪也不加辨别，那么书中根据稼轩词对辛弃疾所作出的结论，也就大都不可靠了。

例如说辛弃疾在其豪迈雄壮的歌词里，弹出消极的调子（七〇页），又说辛弃疾和统治集团的矛盾，发展到很尖锐的地步（七〇页）；又说辛弃疾十年隐居生活的特征，第一件是和农民们的亲密交往，第二件是和陈亮的交往（七十七页）……这些说法，在问题的提法上，或与事实核对的结果，都存在莫大的问题。

对稼轩词的了解，是属于文学修养方面的事。现在，我们再看看这本书在历史知识上所犯的错误和不够慎重的地方。

例如书中第九六页说：

那时，太上皇赵昚死了，皇帝赵惇忽然也生起病来。南宋的政治局面发生了变化。几个握权的大臣串通着，举行了一次小规模的政变，借着赵惇的名义，把他的儿子赵扩（宁宗）扶上了皇位。

赵昚就是宋孝宗，是高宗赵构的养子。1190年，孝宗传位给光宗赵惇。1194年，赵昚死了，赵惇不能出而持丧。宰相赵汝愚因阁门使韩侂胄，请于皇太后吴氏，扶嘉王扩内禅，是为宁宗。这次宫廷政变，史书上载得很详尽。为什么说“赵惇忽然也生起病来”“借着赵惇的名义，把他的儿子赵扩扶上了皇位”呢？

又如说韩侂胄执政时期，起用了许多闲废已久的官员，辛弃疾即其中之一（一〇四页），这也是与事实不符的。此外，书中把秘阁修撰说成是名誉职，久任京官的人才能得到这个职衔（五一页）；把管理供奉神仙的道观宫观的祠禄，说成一个不管事务的荣誉职（一〇四页）；说提刑一职，自赵构以后，权力扩大，常兼管一路的军政（四十五页）。都是没有根据的。

又书中五十八页及七十页从张端义《贵耳集》和《宋史：王淮传》以及《杨诚斋集》节译下来的几段文字，也是任意添改违背了原文的意思的。

更重要的是说刘豫出卖农民起义，真不知钱先生这话是从何说起！

又，“讨捕茶寇”、诱杀赖文政，是辛弃疾生平一件大事，《宋会要》有许多关于这件事的记载。邓著稼轩年谱中曾根据会要，再参证各书，加以系统说明。事情经过是非常清晰的。而书中五十页却说：“关于这次事情的详细经过，现在还不十分清楚。”

同样，辛弃疾与陈亮的交往，是辛弃疾传中重要的一页。书中在提到这件事之后，接着说：“这时流传着很多关于他们二人交往的传奇性的故事，虽然内容不足凭信，但故事里都强调他们二人的慷慨、豪迈的英雄性格，这表示人民对他们二人是崇拜着的。”这里所说流传着的他们二人交往的传奇性的故事，想必是指《养疴漫笔》中所载陈亮“斩马”“盗马”的故事。当然是不足凭信的。不过，这些传说，分明是对辛、陈的诬蔑（至少是误解），哪里能说是“人民”对他们二人英雄性格的崇拜呢。

像这样逐章逐段追寻下去，还可以从这本书中找到不少纰缪。我就写到这里打止吧。我之所以这样做，并非故意吹毛求疵，实在是因为本书作者在写作的准备上，下工夫太少。同时，主观主义的思想方法，又加深了他的错误。这样，对一般青年读者，是不会有好处的。希望重版时作者应有所增订。

原载《光明日报》1957 年 3 月 17 日版《文学遗产》

试论李商隐的七言律诗

李商隐，字义山，是晚唐（9 世纪中叶）著名的抒情诗人。他的作品，从北宋初年以来，就为文人学士倾心推服。王安石认为唐朝诗人学习杜甫有成就的只有义山一人。他留传至今的数百篇各种体裁的诗歌中，最为人所爱诵的，是七言律诗；影响后世抒情诗人较深的，也是七言律诗。因此，对他的七言律诗在文学史上的地位及其特殊风格进行探讨，似有必要。

一

律诗，在唐朝初年是一种新诗体。它是由讲究声律、对偶的“齐梁体”逐渐演变而来。当时擅长这种新体诗的著名作者，有上官仪、沈佺期、宋之问等人。早期的律诗，内容颇为浅薄，组织也不够精密，且不免显示受到格律的束缚。同时，新体诗的创作者们，多将它用于应制之作，或友朋互相酬唱。于是，更显得格卑力弱，不能令人满意。如果光从沈、宋的作品去看七言律诗，可能给人们一种这样的印象：好像律诗只适合应制、应酬之类。就这样，由于没有赋予这种新诗体以丰富新鲜的内容，使它有充沛的生命力，以致它没有取得广大诗人的重视和支持，在相当长的一段时期内，得不到应有的发展。以开辟一代风气自许、感染同时代作者甚大的陈子昂及天才横绝一世的李白，都大力反对“齐梁体”，提倡古风、乐府诗。他们虽偶或写写近体律诗，像李白的五言律诗且被后人称誉为

“独成一境”[①]，实则李白的诗歌便像他的为人，热烈地追求解放、自由，竭力摆脱各种拘束。所以他所写的律诗，意境固然是提高了，在一定程度上，给建立不久的新诗体带来新的力量，但因为他不屑于谨守格律之故，严格说来，并不完全合乎律诗的要求。此外，如岑参、王维等大诗人，都用力作过近体，并不乏名篇，但他们的成功的作品，端推五言。且或着意刻画边塞，或悉心歌颂自然，写景多于言情。直到杜甫手里，才特别看起从他祖父时代就兴起来的这种新诗体，花费许多气力，写成无数精心杰构。首先，他把七言律诗的写作范围开拓了，不论写景、伤时、抒情、遣兴、题咏古事、描绘生活，都运用过七律的格式。尤其是像《诸将》《怀古迹》《秋兴》等成组的鸿篇大作，更充分说明作者宠爱七律的形式。并且，他的律诗，格律严谨，而又不露痕迹。如《客至》（“舍南舍北皆春水”）、《闻官军收河北》（“剑外忽传收蓟北”）这些篇什，形象生动，使人看不出有什么格律限制。但杜甫也并不专写律诗，使他获得“诗史”之称的，还在于他的《自京赴奉先县咏怀》《北征》，“三吏”“三别”……在杜甫之后的大诗人，如以学习杜甫著称的韩愈，则肆力古体，元稹、白居易则以歌行风靡一时。白居易在《与元九书》中且说律诗“非平生所尚”，或多或少地含有轻视这种体裁的意思。因此，中唐以后，七言律诗时冷时热。到了李商隐崛起，局面乃为之一变。总的说来：诗的黄金时代——唐朝，唐人自己所创建的新诗体，沈、宋仅属开端；杜甫继承前人事业，开疆辟土，使律诗在诗歌领域中的地位完全肯定下来。然而，在杜甫成功的基础之上，进一步发展它，完成它，使它达到艺术最高峰的，便不能不推李商隐了。历来论者，只知道李商隐的七律出于杜甫，很少有人提及李商隐的七律超过杜甫的。假如我们根据事实，不为成见所囿的话，那么就要大胆地承认：集七言律诗之大成的不是杜甫，而是李商隐。

清代诗人袁枚，论诗颇有独到的见解。他在其所著《随园诗话》中说过一段这样的话：

---

① 见姚鼐《今体诗钞叙》。谓李白“于律体中以飞动票姚之势，运旷远奇逸之思，此独成一境者”。

七律始于盛唐，如国家缔造之初，宫室粗备，故不过树立架子，创建规模；而其中之洞房曲室，网户罘罳，尚未齐备。至中、晚而始备，至宋、元而愈出愈奇。

这一段话，目的在于反击明末七子论诗强分盛、中、晚唐，而又主观地认为晚不如中、中不如盛的说法。袁枚虽未曾列举作家，分析也不够具体，但他从律诗发展的规律立论，基本上是正确的。根据袁枚的看法，提出各个时期的代表人物，晚唐自然非李商隐莫属了。

二

当然，李商隐也不是专写七言律诗。他的集子中，遇有较长的叙事，或发挥议论的，多选用五言排律体裁。这些排律，有的长至数十韵，乃至一百韵，工整流丽，而又沉痛异常。如《有感二首》，记甘露之变，动人最深。其余如《哭虔州杨侍郎》《送千牛李将军赴阙五十韵》等，都不失为第一流作品。此外，吊古、思乡，一时情至之作，或寓意深远的七言绝句，也脍炙人口。如《贾生》《夜雨寄北》《嫦娥》……千余年来，为人们传诵不已。但所有这些作品，不管立意如何高超，用情如何深挚，每一首诗里，却只是写一个意思，一种情感，虽或言已尽而意无穷，然而只能唤起读者同样一个意思、一种情感的共鸣。譬如浔阳江头、夜听琵琶，虽使善才心服、司马下泪，到底只是琵琶的声音而已。比起管弦合奏或交响乐来，未免显得单调一些。可是，他的七言律诗，却不是这样了。我们一接触到李商隐的七言律诗时，便如人行在山阴道上，只觉水光山色，争相来扑。作者所吐露的思想感情，像一丝半缕，又像无穷无尽。它无异是作者所经历的“人生”的横断面，从这里可以窥探作者所经历的整个“人生”；又似怀抱重重叠叠心事的少女一声低微的叹息，叹息中包藏千言万语所难尽的心事。一句话，李商隐的七言律诗，是他灵魂的语言，是他感情的象征。

简略地划分一下，李商隐的七言律诗，可归为三类：一是他伤时感事而作；一是歌咏爱情生活（包括悼亡诗在内）；另一类则是写他的希望和失望、深愁和隐痛的寄托之作。总之，他的七律是以抒情为主要内容的，而不论哪一类的诗，都参透着作者身世的悲痛。这种身世的悲痛，又是与作者所处的生活环境及其个人遭遇密切联系着的。因此，我们在分析他的作品的同时，须得提一下他所处的环境及其个人遭遇。

李商隐生长在唐代末期，即9世纪上半期，正是处于封建王朝由盛到衰走向崩溃的剧变过程。上距8世纪中叶，开元、天宝全盛时期，已百把年了。唐代从安史乱后，国势就一蹶不振，外患一天深过一天，内部也一天比一天腐败。朝廷之内，宦官专权，甚至连皇帝也被宦官宰了；外面则军阀割据，骄横跋扈。一般士大夫更是呼朋结党，争权夺利。在李商隐一生四十余年当中，以李德裕、牛僧孺为首的两个对立的集团，足足明争暗斗了四十余年。在这样混乱的局面之下，连最高统治者也不能长久安尊享荣，普通老百姓的生活，自然可想而知。

李商隐是有相当才能和抱负的读书人，像所有有才能和抱负的读书人一样，希望有机会让自己的才能得到施展。何况生长在当时的环境中，正需要有才能的人出来为国家生民做一番事业呢。早年，他的文学天才，曾经得到令狐楚的赏识，后来又因令狐楚的儿子令狐绹的力量，博得了当时读书人引以为荣的进士及第，于是更力求上进。那时社会的风俗，进士及第的年青人，多与贵族联姻。李商隐也不例外地做了泾原节度使王茂元的女婿。这正是他踌躇满志的时期。照道理说，他应该幸福了。可是，没想到这反成了他一生烦恼的根苗之一。原来令狐绹在政治关系上是属于牛僧孺党，而王茂元则与李德裕极为要好。并且，李商隐后来又在桂管观察使郑亚幕下工作，郑也是李党中人。因此令狐绹认为李商隐背恩忘义，对他十分怨恨。在那种社会风气里，背恩忘义就是人格最为低下的表现，对李商隐的前途说来，是极为不利的。事情偏偏凑巧，令狐绹以后位居宰相，掌握用人之权达十年之久。这样，由于失欢旧好，竟使得李商隐断送了贡献才能给国家的机会。一生坎坷还罢了，最难受的是得不到别人的谅解，连表明心迹也不可能。这件事使李商隐陷入极度痛苦中。从另一方面来看，因为宦官用事，朋党相倾，眼前的人和事，都不堪问。例如被牛党视为巨凶的李德裕，其实为人并不坏。在他秉政的六年中，朝廷曾一度表现有为。但他竟为敌党构陷，被他们捏造了一个罪名，一再遭到贬斥，终于死在崖州。反之像身居高位的令狐绹，却并不是一个什么了不起的人才。这种但问门户、不顾是非的现象，让一个有热情、有正义感的诗人看了，哪能不悲痛呢！从李商隐对代表当时有骨气的读书人刘蕡死去的哀痛，就不难知道他对周围的人的态度是什么，从而也可以知道当时社会环境给予诗人的感受是什么。

一个具有善良愿望和政治理想的读书人，社会活动刚开始，就遭到现实的打击。于是，美丽的憧憬幻灭了，思想上的矛盾随着加深了。等到进一步认识现实的狰狞面貌后，便变而为消极地追求安静的田园生活。但是安静的田园生活也不容易求得，事实上李商隐想移家永乐，就曾经为兵乱所阻；何况“无文通半顷之田，乏元亮数间之屋”①，如何能长此蛰伏呢？后来闲居永乐数年，他内心也没有真正安静下来。

李商隐在爱情方面的遭遇也是不幸的。冯浩根据他的作品详为考证，认为义山集中《燕台》《柳枝》《河阳》诸作，以及《荷花》《樱桃》等篇什，都是描写艳情的。诗人早年在玉谿学道时，就恋爱过，但是人事参商，终归失恋。像逝水般的往事，只不过给忠实于自己的爱情的诗人，留下一些梦痕而已。诗人一生最可欣慰的是他与夫人王氏的结合。这种美满的夫妻爱情生活，常在他的作品中流露出来。然而，好景不长，王氏过早地死去了。她留给诗人的，除了幼男娇女外，就是无穷无尽的哀愁。

这种种内心深邃的感情和无可形容的痛苦，是不能也不愿在人前披露的。让它埋藏在灵魂深处吧，却又逐日逐夜啮着一颗破碎的心，负担实在太重。有时候诗人强烈地要求吐露，在吐露这种深邃而繁复的感情时，他所采取的方法，是伟大的诗人屈原用过的方法，就是借香草美人来形容自己崇尚的事物，借古时的故事来申诉积压在心底的忧郁。但他所选择的诗的形式，是用了为唐人所创造出来、在杜甫手里运用得极为出色的七言律诗的形式。可是，他的困难比屈原、杜甫还要大，他要把藏在内心那么丰富、复杂、难于明显表达的感情，熔铸在限制綦严的五十六字的短篇中，

① 李商隐《樊南文集·上尚书范阳公启》。

怎样才能把内容和形式的矛盾统一起来呢？于是他学习前人象征的手法，尽量地使用比和兴，使用暗喻微辞，曲曲折折地反映出自己的感情。因为感情太深微了，他便用了鲜明秾郁的词句来映衬它；因为感情太难以明白说出了，他便拣些美丽动人的故事或神话来烘托它。总之，将丰富、繁缛、参差、矛盾的感情，融会在华美、庄严、整齐的律诗形式里，达到精密、圆熟、自然、和谐的境界。这就成为李商隐七言律诗独特的风格。好比思妇用天仙般的手腕，将各种颜色的丝线交织成色彩秾艳而古雅的锦匹，这锦匹正是思妇的万缕情思呵！

说李商隐是唯美主义的诗人是不妥当的。因为他的诗不仅美在貌，而是美在神。说李商隐是象征派诗人同样不全面不真实。因为他使用象征的手法，所描写的却是真情实感。他有较早于他的诗人李贺的优点，也有同时齐名的诗人温飞卿的长处，但他与李贺、温飞卿是有重大区别的。这种区别不但在于他的诗具有独特的风格，而且在于他的诗的独特风格之所由来。

三

还是看看他的作品吧。

年青的诗人献身社会的热情，和功成身退的崇高理想是多么令人敬慕：

> 迢递高城百尺楼，绿杨枝外尽汀洲。贾生年少虚垂泪，王粲春来更远游。永忆江湖归白发，欲回天地入扁舟。不知腐鼠成滋味，猜意鹓雏竟未休。（《安定城楼》）

据说，王安石晚年最喜欢其中“永忆江湖归白发，欲回天地入扁舟”一联。等到美丽的理想为现实的魔掌抓破的时候，诗人是多么痛心！这时他看到可爱的花朵在风雨中零落，禁不住联想起自己的命运，唱出了一往情深的哀歌：

> 下苑他年未可追，西州今日忽相期。水亭暮雨寒犹在，罗荐春香

暖不知。舞蝶殷勤收落蕊，佳人惆怅卧遥帏。章台街里芳菲伴，且问宫腰损几枝？

浪笑榴花不及春，先期零落更愁人。玉盘迸泪伤心数，锦瑟惊弦破梦频。万里重阴非旧圃，一年生意属流尘！前溪舞罢君回顾，并觉今朝粉态新。（《回中牡丹为雨所败二首》）

但诗人毕竟还年青，对未来的希望是存在的。他表面上虽说不一定要移根上苑，骨子里却惟恐摇落天涯。

一树浓姿独看来，秋庭暮雨类轻埃。不先摇落应为有，已欲别离休更开。桃绶含情依露井，柳绵相忆隔章台。天涯地角同荣谢，岂要移根上苑栽。（《临发崇让宅紫薇》）

及至残酷的现实，给予无情的回答，诗人才感到世事本来难料。

露如微霰下前池，月过回塘万竹悲。浮世本来多聚散，红蕖何事亦离披？悠扬归梦惟灯见，濩落生涯独酒知。岂到白头长只尔，嵩阳松雪有心期。（《七月二十九日崇让宅宴作》）

上面这些诗中的牡丹、紫薇、红蕖，都是眼前景物，因为它们触及了诗人的心事，特别是使诗人想到爱情，由爱情而想到身世的悲凉。他写得这样情景交融，使周圈的花木都有了感情。但长久的濩落生涯有时又使诗人对花和月也冷淡无情。

世间荣落重逡巡，我独丘园坐四春。纵使有花兼有月，可堪无酒又无人。青袍似草年年定，白发如丝日日新。欲逐风波千万里，未知何路到龙津。（《春日寄怀》）

可是，花开虽惹人愁，花落却更令人悲。诗人简直不知如何才好：

一岁林花即日休，江间亭下怅淹留。重吟细把真无奈，已落犹开未放愁。山色正来衔小苑，春阴只欲傍高楼。金鞍忽散银壶滴，更醉谁家白玉钩。（《即日》）

上面这些诗，读起来已经使我们感到情辞俱美。但李商隐的七律中抒情的上品，还不是这些。他的“无题诗”或拈取诗中一二字为题的歌咏爱情和借爱情寄托深意的诗，才是他用血泪写成。这里，只能随便举几个例子。在爱情方面，他在形容意中人的体态时，借圣女描写说：

天质易迷三里雾，不寒长着五铢衣。（《圣女祠》）

在追述和意中人相会的情境时，却是从周遭的事物着笔：

月榭故香因雨发，风帘残烛隔霜清。（《银河吹笙》）

在想念意中人而不得见时，则连意中人的心事也一并写出：

身无彩凤双飞翼，心有灵犀一点通。（《无题》）

至于爱人的死，更是使他永远不能消除悲痛：

庄生晓梦迷蝴蝶，望帝春心托杜鹃。（《锦瑟》）

在借言爱情别有寄托方面，如希望令狐绹对他汲引时，写道：

闻道神仙有才子，赤箫吹罢好相携。（《玉山》）

等到得不到任何消息时，便说：

刘郎已恨蓬山远，更隔蓬山一万重。（《无题四首》）
春心莫共花争发，一寸相思一寸灰！（同上）

本来，人生几何，迟暮未遇，岂不辜负了岁月吗？

人间桑海朝朝变，莫遣佳期更后期。（《一片》）

直到前进路绝，他才放下一切念头：

重帏深下莫愁堂，卧后清宵细细长。神女生涯原是梦，小姑居处本无郎。风波不信菱枝弱，月露谁教桂叶香。直道相思了无益，未妨惆怅是清狂。（《无题二首》）

可是，诗人希翼愿望的实现，就像对于爱情的执着一样，是一生不能忘怀的：

春蚕到死丝方尽，蜡炬成灰泪始干。(《无题》)

因此，诗人的泪流成河，比历史上所有不幸的人都更为伤心：

永巷长年怨绮罗，离情终日思风波。湘江竹上痕无限，岘首碑前洒几多。人去紫台秋入塞，兵残楚帐夜闻歌。朝来灞水桥边问，未抵青袍送玉珂。(《泪》)

试问：这些诗谁读了能不为它回肠荡气呢？谁说李商隐不是我国历史上第一流抒情诗人呢？

四

李商隐的七言律诗，所以能达到前人未有的成就，不是偶然的。除了诗人诚恳、多情、智慧外，主要在于他善于学习，用功苦炼。我们知道他的诗的作法，以及命题遣词，都是直接从《三百篇》《楚辞》《古诗十九首》变化而来。此外，学杜甫、学韩愈、学李贺、学“齐梁体”，都可以从他集子中找到证明。他并且博极群书，写作态度十分严谨。据《说苑》载：“义山为文，多简阅书册，左右鳞次，号獭祭鱼。”所谓獭祭，虽意含讥讽，但正说明他不轻易涉笔。后人因读书不多，对李商隐的生平历史，又未深入研究，所以对他在诗中使用的典故，认为隐僻难喻。元遗山论诗绝句早有“独恨无人作郑笺”之叹。其实，李商隐的诗，何尝那样难了解呢。

李商隐的七言律诗，成就既大，当然影响后人也极深。北宋初年，即有一般文人专门学习他的诗。据刘贡父《中山诗话》载：

祥符天禧中，杨大年（亿）、钱文僖（惟演）、晏元献（殊）、刘子仪（筠）以文章立朝，为诗皆宗尚李义山，号西昆体。

“西昆体”在许许多多诗派中，自成一派，而且在文学史上，引人注目。其影响之大，不难想见。不过，“西昆体”诗人学习李商隐，却远不如李商隐之学习杜甫。前者仅仅是从形式上，修辞上去学习，没有深入骨子里，更谈不到创造、发展。因此，杨亿、钱惟演等人的诗，只是貌似义山，精神、风格，却毫无共同之点。诚如何义门所说：

西昆只是雕饰字句，无论义山之高情远识，即文从字顺，犹有间也。

自杨亿等人以下，学习“西昆体”而又不及首倡诸诗人的，自然益见其敝。所以稍后欧阳修出，曾大力排斥“西昆体”。[①] 然从北宋起，历代抒情诗人，几无不直接受到李商隐的影响，无不从李商隐的创作中得到启发。如前所述，王安石认为李商隐是最善于学习杜甫的，并且他还进一步指出：

学诗者未可遽学老杜，当先学商隐。未有不能为商隐而能为老杜者。[②]

不用说，王安石的律诗，确有风格和李商隐接近的地方。即便在风格上与李商隐迥然不同的大诗人苏轼，也爱读李商隐的诗。胡仔《苕溪渔隐丛话》就曾经这样写道：

东坡《九日》云：“闻道郎君闭东阁，且容老子上南楼。”及云：“南屏老宿闲相过，东阁郎君懒重寻。”皆用商隐语也。

尔后，大诗人陆游、元遗山，先后从李商隐那里吸取营养，或得其“工丽”，或采其“精纯”，都能吸收李商隐的长处，变而为自己独特的风格。一直到清代也都如此。例如天才抒情诗人黄仲则，虽以宗尚李白著称，但也不例外地蒙受了义山的影响。看吧，这是黄仲则的名句：

曾共朝霞映金爵，不随夜雨飘鸳鸯。

---

① 叶梦得：《石林诗话》。
② 叶梦得：《石林诗话》。

它不特格调、情韵模仿李商隐，即用字也是从下面两句蜕化而来：

一春梦雨常飘瓦，尽日灵风不满旗。

李商隐这种对后世诗人的影响，一时是说不尽的。而且李商隐的作品与当时新起来的词，也有精神相通的地方。我打算以后另写专文叙述。至于好作艳体诗的人，借李商隐来为自己的低级色情描写张目，那简直是对李商隐的诬蔑，这里就不多说了。

湖南古典文学研究会编：《古典文学论文选》，湖南人民出版社，1984 年版

原载 1957 年 6 月 2 日《光明日报》第 159 期《文学遗产》

读《稼轩长短句》札记

予自幼嗜读《稼轩长短句》。本世纪50年代承邓恭三先生赐贶《稼轩词编年笺注》一册，日夕披读，偶有所会意，即于书眉笔记一二。久之，得二百余条。曾为邓先生述及之。十年动乱，藏书毁尽，此事更不复记忆。1979年冬，听小儿说："在同学处似见到此书，可以要来。"适邓先生亦来函询及。第延至早儿年方索回。特抄出部分以飨读者。尚希海内专门家有以教之！1987年夏附记。

水调歌头·寿赵漕介庵

千里渥洼种，名动帝王家。金銮当日奏草，落笔万龙蛇。带得无边春下，等待江山都老，教看鬓方鸦。莫管钱流地，且拟醉黄花。

唤双成，歌弄玉，舞绿华。一觞为饮千岁，江海吸流霞。闻道清都帝所，要挽银河仙浪，西北洗胡沙。回首日边去，云里认飞车。

案：赵彦端，字德庄，号介庵居士，鄱阳人。宋宗室。有《介庵词》四卷行世。稼轩集中有效"介庵体"者。"介庵体"之特色为何？经初步观察：赵氏填词选调，喜用韵脚较密之词调。如《谒金门》"朱槛曲，妆浅鬓云吹绿"，《豆叶黄》"粉墙丹柱柳丝中"诸阕，皆句句押韵。其作品，极少隔两句、三句方押韵者。同时，作者又留心选用双声、迭韵字，故其词，音调极为和谐。近人研究唐、五代词与宋词之区别，谓用韵疏密不同，乃一大标志。以予所见，《介庵词》较唐、五代词用韵尤密。其双声迭韵之安排妥帖，超出前人远甚。又，《本事词》卷下称：赵彦端居京口时，风轩月馆、名妓艳姬，倍于他所。人皆以群仙目之。其中最胜者十人，曾赋《鹧鸪天》十章以品题之。然则稼轩此词所写“唤双成，歌弄玉，舞绿华”句，非泛泛比也。

浣溪沙·赠子文侍人名笑笑

侬是嵚崎可笑人。不妨开口笑时频，有人一笑坐生春。
歌欲颦时还浅笑，醉逢笑处却轻颦。宜颦宜笑越精神。

案：词本滥觞于歌筵舞扇，宋人题赠倡伎之作尤多，且好于词中嵌入女方名字，以见工巧。如东坡赠楚守田待制小鬟，则有《浣溪沙》两阙；赠徐君猷三侍姬，则有《减字木兰花》三阙。又赠君猷家姬懿懿《减字木兰花》云：“柔和性气，雅称佳名呼懿懿。”诸如此类，不可胜数。严格而论，此乃士大夫游戏文章，与当时社会风习相关联，不得谓之文学作品，然上层社会之病态，胥于是有所反映也。

满江红·建康史帅致道席上赋

鹏翼垂空，笑人世，苍然无物。又还向，九重深处，玉阶山立。袖里珍奇光五色，他年要补天西北。且归来，谈笑护长江，波澄碧。
佳丽地，文章伯。金缕唱，红牙拍。看尊前飞下，日边消息。料想宝香黄阁梦，依然画舫青溪笛。待如今，端的约钟山，长相识。

案：史正志致道，《宋史》无传。稼轩所赋《满江红》《念奴娇》《千秋岁》三词，对其人推崇备至，岂不以史为陈康伯所荐、于高宗朝曾上《恢复要览》五篇，稼轩所引为同志者邪？

又，李时珍《本草纲目》谓：宋刘蒙、范成大、史正志皆有《菊谱》（三谱均收入《四库全书》）。又，据《扬州志》载：史别撰《建康志》。是史氏非独为达官，亦学人也。稼轩以“文章伯”许之，诚非虚美之辞。

好事近・西湖

日日过西湖，冷浸一天寒玉。山色虽言如画，想画时难邈。

前弦后管夹歌钟，才断又重续。相次藕花开也，几兰舟飞逐。

案：东坡词："桂魄飞来光射处，冷浸一天秋碧。"秦少游词："微波澄不动，冷浸一天星。"稼轩此词"冷浸一天寒玉"句，盖本此。

声声慢・滁州旅次登楼作和李清宇韵

征埃成阵，行客相逢，都道幻出层楼。指点檐牙高处，浪拥云浮。今年太平万里，罢长淮、千骑临秋。凭栏望，有东南佳气、西北神州。

千古怀嵩人去，还笑我、身在楚尾吴头。看取弓刀，陌上车马如流。从今赏心乐事，剩安排、酒令诗筹。华胥梦，愿年年、人似旧游。

案：崔敦礼《宫教集》有代严子文作《奠枕楼记》。文章开端云："乾道元年，疆陲罢兵，烽火撤警，边民父子，收卷戈甲，归服田垄……"乃从隆兴和议叙起。至乾道八年（1172）稼轩来守滁州，距和议近十年矣。词中有"太平万里，罢长淮、千骑临秋"语，实则作者心中不以和议为然，不以眼前之太平景象为满足，故紧接上文又云："凭栏望，有东南佳气、西北神州。"稼轩词中"西北神州"屡见不一，足觇其念念不忘还我河山也。

菩萨蛮・金陵赏心亭为叶丞相赋

青山欲共高人语，联翩万马来无数。烟雨却低回，望来终不来。

人言头上发，总向愁中白。拍手笑沙鸥，一身都是愁。

案：以"联翩万马"写山势，与《沁园春》"叠嶂西驰，万马回旋"，正自相同。但着一"青山欲共高人语"，便觉我见青山多妖媚矣。

水龙吟·登建康赏心亭

楚天千里清秋，水随天去秋无际。遥岑远目，献愁供恨，玉簪螺髻，落日楼头，断鸿声里，江南游子。把吴钩看了，栏杆拍遍，无人会，登临意。

休说鲈鱼堪脍，尽西风，季鹰归未？求田问舍，怕应羞见，刘郎才气。可惜流年，忧愁风雨，树犹如此！倩何人唤取，红巾翠袖，揾英雄泪？

案：梁任公于1928年草《稼轩年谱》云：“此词年月绝无考，惟词中‘落日楼头，断鸿声里……及倩何人唤取，红巾翠袖，揾英雄泪’等语，确是满腹经纶在羁旅落拓或下僚沉滞中勃郁一吐情状。当为先生词传世者之最初一首，故以冠编年。”得恭三先生考证，知不然。全词以“无人会，登临意”为重心。惟其无人会登临意，故不免思及张季鹰之浩然引归。第国耻未雪，何遑求田问舍，计及个人。所可伤者，树犹如此，人何以堪！至此，安得不一洒英雄之泪乎？

王禹偁《点绛唇》词云：“平生事，此时凝睇，谁会凭阑意？”亦不恶。

菩萨蛮·书江西造口壁

郁孤台下清江水，中间多少行人泪。西北望长安，可怜无数山。

青山遮不住，毕竟东流去。江晚正愁余，山深闻鹧鸪。

案：梁任公《稼轩年谱》定此词作于淳熙二年（1175），恭三先生仍之。沈曾植《稼轩长短句小笺》认为乃稼轩赴闽宪时作。吴则虞极力赞同沈说，并引《异物志》《禽经》《本草》等书论述鹧鸪称为怀南、子规，鸣必向北。稼轩赴闽宪、别瓢泉所作《浣溪沙》有“细听春山杜宇啼”句，又有《添字浣溪沙》三山戏作云：“闲窗学得鹧鸪啼。”联系此词之末句，证明当时稼轩内心之矛盾，从而说明沈说较为可信。至于罗大经《鹤林玉露》所述虏人追隆祐太后至造口事，吴氏亦认为极有可能。而恭三先生则力证罗说之非。鄙意历史记载与民间传说，往往不尽相符。金人追隆祐至造口，罗氏盖采自民间传说。而《宋史》所载，亦未必绝对可靠。故不妨两存其说也。

水调歌头

淳熙丁酉，自江陵移帅隆兴，到官之三月，被召。司马监、赵卿、王漕饯别。司马赋《水调歌头》，席间次韵。时王公明枢密薨，坐客终夕为兴门户之叹，故前章及之。

我饮不须劝，正怕酒樽空。别离亦复何恨，此别恨匆匆！头上貂蝉贵客，苑外麒麟高冢，人世竟谁雄？一笑出门去，千里落花风。

孙刘辈，能使我，不为公。余发种种如是，此事付渠侬。但觉平生湖海，除了醉吟风月，此外百无功。毫发皆帝力，更乞鉴湖东。

案：士大夫门户之竞，英过于赵宋；赵宋之亡，以不亡于门户，而门户与亡国未尝尤关。此读史者所深叹也。

此词“孙刘辈，能使我，不为公”，即《摸鱼儿》之“算只有殷勤画檐蛛网，尽日惹飞絮”也。不想辛毗之后不千载又有辛弃疾。辛门高节如此，真乃烈日秋霜可风也。

今人朱东润所著《陆游传》，述及王炎事，颇可取。略谓王公明为南宋士大夫中一颗彗星。其宣抚四川、说明宋廷犹有图恢复意。而虞允文其人，绝非中兴之材。采石之役，使其侥幸成名耳。王炎与稼轩俱北归，遭临安权臣忌，盖不仅因门户受摈挤也。

念奴娇·书东流村壁

野棠花落，又匆匆过了，清明时节。刬地东风欺客梦，一枕云屏寒怯。曲岸持觞，垂杨系马，此地曾经别。楼空人去，旧游飞燕能说。

闻道绮陌东头，行人曾见，帘底纤纤月。旧恨春江流不断，新恨云山千叠。料得明朝，尊前重见，镜里花难折。也应惊问：近来多少华发？

案：（一）此词《花庵词选》题作《春恨》，当有所依据。梁任公《韵文与情感》一文，似可备一说。

（二）后世论词者，以为稼轩不独善于抚时感事，兼能秾丽绵密，似晏几道、秦少游。往往举《祝英台近》之“宝钗分，桃叶渡”为例。不知此词意境，绝不下于《祝英台近》。又，稼轩集中绝妙之作，几无不与“晚春”相涉。何邪？

（三）龙榆生《东坡乐府笺》云：“弓弯，谓美人足也。稼轩词‘闻道绮陌东头，行人曾见，帘底纤纤月。’凝从坡词脱化。”予以为刘改之《沁园春》咏美人足之“似一钩新月，浅碧笼云”，才是从“帘底纤纤月”脱化而来。

水调歌头·舟次扬州和杨济翁、周显先韵

落日塞尘起，胡骑猎清秋。汉家组练十万，列舰耸层楼。谁道投鞭飞渡，忆昔鸣髇血污，风雨佛狸愁。季子正年少，匹马黑貂裘。

今老矣，搔白首，过扬州。倦游欲去江上，手种橘千头。二客东南名胜，万卷诗书事业，尝试与君谋。莫射南山虎，直觅富民侯。

案：（一）黄庭坚《水调歌头》词云：“落日塞垣路，风劲戛貂裘。翩翩数骑闲猎，深入黑山头。”试与稼轩此词合观，不难觇知南北宋之国势也。夫词人居太平无事之时与苟安江左一隅，处境绝然不同，而个人遭遇亦异。故或微言以见意，或巽言以抒愤懑，读之者皆当求其弦外之音则一。噫，可慨也矣！

（二）李广与田千秋，同为汉武帝时人。广与匈奴大小七十余战，然无尺寸之功以得封邑；田千秋不过一言与皇帝意合，竟封侯，位至丞相。两两对照，宁不发人深思？稼轩信手拈来，岂得谓之无意乎？

西江月·江行采石岸戏作渔父词

千丈悬崖削翠，一川落日镕金。白鸥来往本无心，选甚风波一任。

别浦鱼肥堪脍，前村酒美重斟。千年往事已沈沈，闲管兴亡则甚！

案：宋人词写景多用“熔金”字。廖世美《好事近》云：“落日水熔金，天淡暮烟凝碧。”李清照《永遇乐》云：“落日熔金，暮云合璧，人在何处?”并此而三，殆无不佳。

摸鱼儿

淳熙己亥，自湖北漕移湖南，同官王正之置酒小山亭，为赋。

更能消，几番风雨？匆匆春又归去。惜春长怕花开早，何况落红无数。春且住！见说道，天涯芳草无归路。怨春不语，算只有殷勤、画檐蛛网，尽日惹飞絮。

长门事，准拟佳期又误。蛾眉曾有人妒。千金纵买相如赋，脉脉此情谁诉？君莫舞，君不见、玉环飞燕皆尘土！闲愁最苦。休去倚危栏，斜阳正在，烟柳断肠处。

案：予于此词，莫赞一辞。刘熙载《艺概》云：稼轩此词，盖本之晁无咎同调“买陂塘，旋栽杨柳”一阕。无咎于稼轩为乡先辈，其评论宋乐章之言，与李清照论词之旨，同属宋人词论中之佼佼者。可能于稼轩不无影响。予曩昔曾撰一专文论述之。然谓稼轩“更能消几番风雨”之作，为“买陂塘，旋栽杨柳”之波澜，融斋失之甚矣！

木兰花慢·席上送张仲固帅兴元

汉中开汉业，问此地，是耶非？想剑指三秦，君王得意，一战东归。追亡事，今不见，但山川满目泪沾衣。落日胡尘未断，西风塞马空肥。

一编书是帝王师，小试去征西。更草草离筵，匆匆去路。愁满旌旗。君思我，回首处，正江涵秋影雁初飞。安得车轮四角，不堪带减腰围。

案："追亡事，今不见"，只寥寥六字，却有无穷哀痛。况"落日胡尘未断，西风塞马空肥"乎？下阙笔力稍弱。

祝英台近·晚春

宝钗分，桃叶渡，烟柳暗南浦。怕上层楼，十日九风雨。断肠片片飞红，都无人管，更谁劝、啼莺声住。

鬓边觑，试把花卜归期，才簪又重数。罗帐灯昏，哽咽梦中语。是他春带愁来，春归何处，却不解、带将愁去。

又

祝英台近

绿杨堤，青草渡，花片水流去。百舌声中，唤起海棠睡。断肠几点愁红，啼痕犹在，多应怨，夜来风雨。

别情苦，马蹄踏遍长亭，归期又成误。帘卷青楼，回首在何处？画梁燕子双双，能言能语，不解说、相思一句。

案：世人皆谓"宝钗分，桃叶渡"一阕，善写闲愁；予以为若以闲愁言，似不如"绿杨堤，青草渡"一阕。但恐前词未必是闲愁耳。《贵耳集》载"吕婆有女事辛幼安，因以微事触其怒逐之"云云，终不可信。标题"晚春"两字耐寻味。后阕亦然，均未必是闲愁，却又是闲愁也。

鹧鸪天

一片归心拟乱云，春来谙尽恶黄昏。不堪向晚檐前雨，又待今宵滴梦魂。

炉烬冷，鼎香氛。酒寒谁遣为重温？何人柳外横双笛，客耳那堪不忍闻。

案："恶"字妙。晋人所谓"与亲友别，辄作数日恶"是也。晏几道词；"好意思，曾同明月；恶滋味，最是黄昏。"其为稼轩所本欤？

蝶恋花·继杨济翁韵饯范南伯知县归京口

泪眼送君倾似雨，不折垂杨，只倩愁随去。有底风光留不住，烟波万顷春江舻。

老马临流痴不渡，应惜障泥，忘了寻春路。身在稼轩安稳处，书来不用多行数。

案：身在稼轩则“安稳”，如在长安道上则平地起崔嵬，此乃近两年间之认识也。再过两年，则知“却怕青山，也妨贤路”矣。

六么令

倒冠一笑，华发玉簪折。阳关自来凄断，却怪歌声滑。放浪儿童归舍，莫恼比邻鸭。水连山接。看君归兴，如醉中醒、梦中觉。

江上吴侬问我，一一烦君说。忍使尊酒频空，剩欠珍珠压。手把渔竿未稳，长向沧浪学。问愁谁怯。可堪杨柳，先作东风满城雪。

案：范元实《诗眼》云：“李太白云：吴姬压酒唤客尝。见新酒初熟，江南风物之美。工在压字。”稼轩此词“鸭”“压”诸字皆险韵，却无不工。信矣，大家之难及也。

水龙吟·甲辰岁寿韩南涧尚书

渡江天马南来，几人真是经纶手？长安父老、新亭风景，可怜依旧。夷甫诸人，神州陆沉，几曾回首！算平戎万里、功名本是真儒事，君知否？

况有文章山斗，对桐阴、满庭清昼。当年堕地，而今试看，风云奔走。绿野风烟，平泉草木，东山歌酒。待他年、整顿乾坤事了，为先生寿。

案：辛集中不包括寿韩侂胄及自寿之作在内，计寿词共三十七首，约占全集十六分之一。宋人集中有占百分之五十者。魏了翁且非此不作。反之，集中绝无此种庸俗透顶之应酬文字者极少。殆亦社会风气使然欤？寿词出现于文坛，较诸韩昌黎谀墓之文尤为下乘，可读者如凤毛麟角。稼轩所作可读者约十之一，已属难能可贵。然无出此词之右者矣。鄙意以为即宋代所有之寿词，亦当以此为第一。凡选稼轩词者，乌能以寿词少之！盖文学作品必须有强大之生命力，方能流传于世。稼轩词之生命力为何？曰：爱国主义精神是也。

刘改之《沁园春》寄稼轩词云："中原事，纵匈奴未灭，毕竟男儿。"又云："平生出处天知，算整顿乾坤终有时。"改之以整顿乾坤期稼轩，稼轩以整顿乾坤期南涧，此之谓志同道合。交友可不如是乎？

菩萨蛮·乙巳冬南涧举似前作，因和之

锦书谁寄相思语？天边数遍飞鸿数。一夜梦千回，梅花入梦来。

涨痕纷树发，霜落沙洲白。心事莫惊鸥，人间千万愁。

案：淳熙甲午（1174）稼轩于金陵赏心亭为叶衡赋《菩萨蛮》，距乙巳历时一纪。叶物故亦逾两年。世事变迁，愁肠萦绕，忆"拍手笑沙鸥"时，恍如隔世。举似，犹说与。似、副词。杨万里诗："归来急问有新诗？句句举似君不疑。"树发，树枝久浸水中，长满蔓丝，浑似须发也。今湘赣犹有此语。

丑奴儿·近博山道中效"李易安体"

千峰云起，骤雨一霎儿价。更远树斜阳，风景怎生图画？青旗卖酒，山那畔、别有人家。只消山水光中，无事过这一夏。

午醉醒时，松窗竹户，万千潇洒。野鸟飞来，又是一般闲暇。却怪白鸥，觑着人、欲下未下。旧盟都在，新来莫是，别有说话？

案：李清照，号易安居士。其词特异之处，正如《贵耳集》所云："以寻常语入音律。"陈廷焯《白雨斋词话》谓其"铸语多生造"。邹祗谟《远志斋词衷》亦称其能"用浅俗之语，发清新之思"。试举其代表作《声声慢》为例：如，"乍暖还寒时候，最难将息。""守着窗儿，独自怎

生得黑?”“这次第，怎一个愁字了得!”皆寻常口语也。又《漱玉词》中“绿肥红瘦”“宠柳娇花”，皆所的“自铸”与“生造”也。稼轩发现易安词之独到处，特名之为“李易安体”，且仿效之。（稼轩集中仿效他人之作，凡五家。）

念奴娇·赋雨岩，效“朱希真体”

近来何处有吾愁，何处还知吾乐？一点凄凉千古意，独倚西风寥廓。并竹寻泉，和云种树，唤做真闲客。此心闲处，未应长借丘壑。

休说往事皆非，而今云是，且把清尊酌。醉里不知谁是我，非月非云非鹤。露冷松梢，风高桂子，醉了还醒却。北窗高卧，莫教啼鸟惊著。

案：稼轩发现别人长短句有独到处，即仿效之，是以能集诸家所长。朱敦儒，字希真，有《樵歌》，与李清照同时。其词集中亦有《鹊桥仙》一首标明“效易安体”。其人身世，随宋室南渡而日趋零落，且晚节颓唐。词风亦因之变化甚大。近人如胡适辈盛称其为杰出之白话词人，殆非的论。《绝妙词选》选其《西江月》二首，辞浅意深，颇足以代表朱氏晚年风格。如“世事短如春梦，人情薄似秋云”“日日深杯酒满，朝朝小圃花开。自歌自舞自开怀，且喜无拘无碍”等语，《樵歌》中俯拾即是。盖希真于秦桧卒后废官闲居，能善自排遣也。稼轩此词，似得其精髓。

生查子·独游雨岩

溪边照影行，天在清溪底。天上有行云，人在行云里。

高歌谁和余？空谷清音起。非鬼亦非仙，一曲桃花水。

案：“独行潭底影，数息树边身。”贾阆仙苦吟得之。稼轩“溪边照影行……人在行云里”，乃无意中得之。

蝶恋花·月下醉书雨岩石浪

九畹芳菲兰佩好，空谷无人，白怨蛾眉巧。宝瑟泠泠千古调，朱丝弦断知音少。

冉冉年华吾自老，水满汀洲，何处寻芳草？唤起湘累歌未了，石龙舞罢松风晓。

案：（一）岳飞《小重山》词云，“昨夜寒蛩不住鸣，惊回千里梦，已三更。起来独自绕阶行。人悄悄，帘外月胧明。白首为功名，旧山松竹老，阻归程。欲将心事付瑶琴。知音少，弦断有谁听！”《历代诗余》引陈郁《藏一话腴》谓武穆此词最后三句，盖指和议之非也。

（二）稼轩生平以抗金为志，殊仰武栓。《蝶恋花》一词，为悼岳武穆而作也。“朱丝弦断知音少”，直用武穆《小重山》中句。“湘累”二字，点明题旨。较刘改之《六州歌头》，含蓄多矣。盖一则惟恐人知，一则惟恐人不知也。特识刘词上阕于此：“中兴诸将，谁是万人英？身草莽，人虽死，气填膺，尚如生。年少起河朔，弓两石，剑三尺，定襄汉，开虢洛，洗洞庭。北望帝京。狡兔依然在，良犬先烹。过旧时营垒，荆鄂有遗民。忆故将军，泪如倾！”

八声甘州

夜读《李广传》，不能寐。因念晁楚老、杨民瞻约同居山间，戏用李广事，赋以寄之。

故将军饮罢夜归来，长亭解雕鞍。恨灞陵醉尉，匆匆未识，桃李无言。射虎山横一骑，裂石响惊弦。落魄封侯事，岁晚田园。

谁向桑麻杜曲，要短衣匹马，移住南山。看风流慷慨，谈笑过残年。汉开边，功名万里，甚当时健者也曾闲？纱窗外，斜风细雨，一阵轻寒。

案：“夜读《李广传》，不能寐。”只此八字，便知稼轩平居有多少不平之气，勃郁胸中，时时欲喷薄而出。此词自是稼轩本色。惟结语殊萧瑟，令人千载后读之犹觉心为之寒。“射虎山横一骑”，集中凡两见。

念奴娇·双陆和陈仁和韵

少年横槊，气凭陵，酒圣诗豪余事。袖手旁观初未识，两两三三而已。变化须臾，鸥翻石镜，鹊抵星桥外。捣残秋练，玉砧犹想纤指。

堪笑千古争心，等闲一胜，拼了光阴费。老子忘机浑谩与，鸿鹄飞来天际。武媚宫中，韦娘局上，休把兴亡记。布衣百万，看君一笑沉醉。

案：近人吴瞿庵曰：咏物词须别有寄托，不可直赋。如东坡之‘咏雁’，如白石之咏蟋蟀，斯最善矣。至于史邦卿之咏燕，刘龙洲之咏指甲，纵工摹绘，已落言诠。王静庵曰：“咏物之词，自以东坡《水龙吟·咏杨花》为最工。”又曰：“东坡词和韵而似原唱，章质夫词，原唱而似和韵。才之不可强也如是。”鄙意以为两座所论极是。稼轩集中咏物之作，约五十余首，篇篇皆善。即如此篇，箇中有人，呼之欲出；又句句是写“双陆”。虽未见陈光宗原唱，已知其才力不及此矣。至于刘改之咏美人指甲之类，卑卑无足道。《词综》一书，所收咏龙涎香词特多，亦足征选者之陋矣。

贺新郎·赋水仙

云卧衣裳冷，看萧然风前月下，水边幽影。罗袜生尘凌波去，汤沐烟波万顷。爱一点娇黄成晕。不记相逢曾解佩，甚多情为我香成阵。待和泪，收残粉。

灵均千古《怀沙》恨，记当时、匆匆忘把，此仙题品。烟雨凄迷僝僽损，翠袂摇摇谁整？谩写入、瑶琴《幽愤》。弦断《招魂》无人赋，但金杯、的皪银台润。愁殢酒，又独醒。

案：水仙词当以此为第一。高观国，南宋著名词人，与史达祖同时，生年略后于稼轩。其《竹屋痴语》，论者认为可与周美成、秦少游比。陈慥序其词云：“所作要是不经人道语。”近人尤称其咏物之作。予读其《金人捧露盘·咏水仙》有云：“有谁见罗袜尘生，凌波步弱。”又，“娉娉袅袅，晕娇黄。”“怕解佩、却返瑶京。”此外，尚有《菩萨蛮·咏双心水仙》云：“的皪玉台寒”“翠袖和香拥”造辞用事，皆蹈袭稼轩词中语。何邪？

江神子·和人韵三首

梅梅柳柳斗纤秾，乱山中，为谁容？试著春衫，依旧怯东风。何处踏青人未去，呼女伴，认骄骢。

儿家门户几重重，记相逢，画楼东。明日重来，风雨暗残红。可惜行云春不管，裙带褪，鬓云松。

剩云残日弄阴晴，晚山明，小溪横。枝上绵蛮，休作断肠声。但是青山山下路，春到处，总堪行。

当年彩笔赋《芜城》，忆平生，若为情？试把灵槎归路问君平。花底夜深寒较甚，须拼却，玉山倾。

梨花著雨晚来晴，月胧明，泪纵横。绣阁香浓，深锁凤箫声。未必人知春意思，还独自、绕花行。

酒兵昨夜压愁城，太狂生，转关情。写尽胸中，块磊未全平。却与平章珠玉价，香醉里，锦囊倾。

案：我国历代韵文，自三百篇、楚辞以降，往往好用比兴手法抒写作者难以名状之思想感情。屈灵均之香草美人，张平子之《四愁》，皆寄托良深。至晚唐李义山又有"无题"，以爱情为题材，抒平生之积想，无异为诗人开辟一新领域。长短句兴，此一领域愈见其广阔、幽深。南宋亡国之际，会稽王沂孙，号碧山，所著《花外集》，咏物词占比重相当大，论者以为篇篇皆有寄托。吴瞿安且以此尊其为南宋第一词家。实则未必然也。稼轩《江神子》和人韵三首，所谓"和人韵"，与义山之"无题"相似。不愧为继承国风、楚辞优良传统之作。第恨其"写尽胸中块磊未全平"等语，过于浅露，远逊《摸鱼儿》"更能消几番风雨"之和璧无疵也。

青玉案·元夕

东风夜放花千树，更吹落、星如雨。宝马雕车香满路，凤箫声动，玉壶光转，一夜鱼龙舞。

蛾儿雪柳黄金缕，笑语盈盈暗香去。众里寻他千百度，蓦然回首，那人却在，灯火阑珊处。

案：自《人间词话》问世之后，论述此词者，日多一日。最后数语，有人评为“自怜幽独”；亦有以为作者之目的，在于揭露南宋小朝廷之穷奢极欲者。细玩之，都不似。

小重山·茉莉

倩得薰风染绿衣，国香收不起，透冰肌。略开些个[1]未多时，窗儿外，却早被人知。

越惜越娇痴，一枝云鬓上，寻人宜。莫将他去比荼蘼，分明是，他更韵[2]些儿。

案：卢祖皋《洞仙歌·咏茉莉》云：“玉肌翠袖，较似荼蘼瘦。”是从外貌看；稼轩此词“莫将他去比荼蘼，分明是，他更韵些儿”，是从风度气韵上着眼。词亦以此见高下。

临江仙·探梅

老去惜花心已懒，爱梅犹绕江村。一枝先破玉溪春。更无花态度，全是雪精神。

剩向青山餐秀色，为渠著句清新。竹根流水带溪云。醉中浑不记，归路月黄昏。

案：“更无花态度，全有雪精神。”直是使君自我写照。

蝶恋花·戊申元日立春席间作

谁向椒盘簪彩胜？整整韶华，争上春风鬓。往日不堪重记省，为花常把新春恨。

---

① 些个：一作“些子”。
② 更韵：一作“更的”。

春未来时先借问，晚恨开迟，早又飘零近。今岁花期消息定，只愁风雨无凭准。

案：吴瞿庵谓此词末两句盖言荣辱无定，遭谪无常，言外有多少疑惧哀怨。予以为此词当作别解。戊申，为淳熙十五年（1188）。淳熙十四年（1187）十月，宋高宗赵构病故。朝野莫不仰望孝宗从此将不受牵掣，恢复大计，或能实现。陈亮于《戊申再上孝宗皇帝书》中曾概论天下形势，认为“江南之不必忧，和议之不必守，虏人之不足畏，而书生之论不足凭也”。岂稼轩亦有此希望邪？

予尝检点《东坡乐府》，发现作者创作丰盛时期，为元丰二年（1079）至七年（1084）。即苏轼贬居黄州一段时间。当时东坡年四十二至四十七岁。稼轩作词最多时期分两段：一为淳熙八、九年至绍熙三年（1192）。即废居带湖之十年；一为自庆元至嘉泰，即再度废居瓢泉时期。前段时间，辛氏正当四十四至五十多岁。人到中年，学问阅历，均比较成熟。最适宜于建功立业。然而偏偏遭受外力之打击，不得不迫使闲退。一腔悲愤，莫可言宣。只好借歌词为陶写之具。殆亦欧阳永叔所谓“穷而后工”欤？

虽然，稼轩作品以居带湖为多，但淳熙十五年戊申则属例外。从此词起，至岁杪陈同甫来访、追别赋《贺新郎》止，三百六十日中，总计不过五首。揆其原因：一则多病，即词中所说“我病君来高歌饮”是也；再则猜忌之徒仍继续造谣诬陷，所谓“奏邸忽腾报谓予以病挂冠”是也。此外，极大可能为稼轩忙于图恢复，未暇及此。陈亮于是年特往建康，视察形势。然后上书朝廷，力促孝宗乘时而起。迨时事绝望，又约朱晦庵与稼轩相会于鹅湖。个中消息，固不难探寻得之。往岁，予撰有《鹅湖会》历史短篇小说，意在发掘史实、表明爱国知识分子一番苦心。此事忽忽十年，今读此词，特并志于斯。

破阵子·为陈同甫赋壮词以寄之

醉里挑灯看剑，梦回吹角连营。八百里分麾下炙，五十弦翻塞外声。沙场秋点兵。

马作的卢飞快，弓如霹雳弦惊。了却君王天下事，赢得生前身后名。可怜白发生！

案：夏承焘、唐圭璋两教授先后注释此词，均引《世说》，谓八百里，牛也。鄙意曹孟德《与太尉杨彪书》有“八百里骅骝马一匹”语，在《世说》之前。故曰：八百里，马也。谓八百里为牛，则以牛为炙；若八百里为马，则驰分牛炙，快奏鸣瑟，尤足以形容军威之雄壮。然邪？否邪？姑识于此，以俟高明。

满江红·送徐抚干衡仲之官三山，时马叔会侍郎帅闽

绝代佳人，曾一笑、倾城倾国。休更叹、旧时清镜，而今华发。明日伏波堂上客，老当益壮翁应说。报苦遭邓禹笑人来，长寂寂。

诗酒社，江山笔，松菊径，云烟屐。怕一觞一咏，风流弦绝。我梦横江孤鹤去，觉来却与君相别。记功名、万里要吾身，佳眠食！

案：稼轩词中“邓禹笑人”句，凡两见。不能认为如王融之躁于功名乃有此叹恨。陈亮《念奴娇·至金陵》一词下阕云：“因念旧日山城，个人如画，已作中州想。邓禹笑人无限也，冷落不堪惆怅！”史称：邓禹杖策谒汉光武帝刘秀于邺，陈定天下之大计。其后身率百万之众，以定关中。故亮言及“已作中州想”，而后谓“邓禹笑人无限也”。岂稼轩亦恐邓禹笑其不作中州之想乎？

水调歌头·送杨民瞻

日月如磨蚁，万事且浮休。君看檐外江水，滚滚自东流。风雨瓢泉夜半，花草雪楼春到，老子已菟裘。岁晚问无恙，归计橘千头。

梦连环，歌《弹铗》，赋《登楼》。黄鸡白酒，君去村社一番秋。长剑倚天谁问，夷甫诸人堪笑，西北有神州。此事君自了，千古一扁舟。

案：“夷甫诸人，神州陆沉，几曾回首！”“起望衣冠神州路，白日销残战骨，叹夷甫、诸人清绝！”“夷甫诸人堪笑，西北有神州。”稼轩于“夷南

诸人”何怨望之深？无他，以神州故也。故词中凡提及“夷甫诸人”，无不关联“神州”。以此见稼轩处处以国事为重，平生无有个人儿女恩怨也。

沁园春

期思旧呼奇狮，或云棋师，皆非也。余考之荀卿书云；孙叔敖，期思之鄙人也。期思属弋阳郡。此地旧属弋阳县，虽古之弋阳、期思，见之图记者不同，然有弋阳则有期思也。桥坏复成，父老请余赋，作《沁园春》以证之。

有美人兮，玉佩琼琚，吾梦见之。问斜阳犹照，渔樵故里；长桥谁记，今古期思？物化苍茫，神游仿佛，春与猿吟秋鹤飞。还惊笑，向晴波忽见，千丈虹霓。

觉来西望崔嵬，更上有青枫下有溪。待空山自荐，寒泉秋菊，中流却送，桂棹兰旗。万事长嗟，百年双鬓，吾非斯人谁与归？凭栏久，正清愁未了，醉墨休题。

案：《荀子·非相》云：“楚之孙叔敖，期思之鄙人也。突秃长空，轩校之下，而以楚霸。”期思，楚邑名，在今河南固始。又《史记》曰：楚成王廿二年伐黄国。据《括地志》：黄故城在汉弋阳县，即今河南潢川境内。是信江之弋阳，距古弋阳、期思，均甚远。稼轩不过以弋阳、期思地名偶合，故引荀卿书云云，明知傅会，不妨成此一段美谈。想当时期思父老亦乐闻其说也。

又：经实地考察：铅山，距上饶四十一公里。原铅山县治，在永平，现县治为河口镇。当信江与紫溪交会处。离铅山县治三十二公里为横坂。横坂有稼轩故宅遗址。距遗址三四里为瓢泉，俗名“前后锅”。附近有独户人家，犹饮瓢泉水。距瓢泉约一里即期思渡。此地风景佳丽。从期思渡行十余里，至七都虎头门，即稼轩墓。有墓碑，乾隆间物。辛氏二十五代孙所立。鹅湖、在永平，即今铅山县治。鹅湖寺内尚留有苏轼及稼轩诸人题字。

西江月·夜行黄沙道中

明月别枝惊鹊，清风半夜鸣蝉。稻花香里说丰年，听取蛙声一片。

七八个星天外，两三点雨山前。旧时茅店社林边，路转溪桥忽见。

案：别枝，乃“诗有别裁”之别，亦“相谓别墨”之别。唐方干诗“蝉曳残声过别枝”，为稼轩词所本。

鹧鸪天·用韵赋梅，三山梅开时犹有青叶甚盛，予时病齿

病绕梅花酒不空，齿牙牢在莫欺翁。恨无飞雪青松畔，却放疏花翠叶中。

冰作骨，玉为容，常年宫额鬓云松。直须烂醉烧银烛，横笛难堪一再风。

案：此词《编年》定为绍熙四年（1193）作，是。王致中，字叔权，瑞安人。乾道五年（1169）己丑进士。官从政郎，澧州教授。所著《针灸资生经》，于王氏生前已刊印行世。今日本、朝鲜均流传其书。书中“牙痛”条附后有云：“辛帅旧患伤寒，方愈，食青梅，既而牙疼甚。有道人为之灸，屈手大指本节后陷中，灸三壮。初灸觉病牙痒，再灸觉牙有声，三壮疼止。今二十年矣。恐阳溪穴也。”考王氏《针灸资生经》成于嘉定中，上距绍熙初，约二十年。故此词作年不误。闽中一年四季均有酸梅、青果之属，稼轩嗜食之，致病齿也。

水龙吟

用些语再题瓢泉，歌以饮客，声韵甚谐，客皆为之釂。

听兮清佩琼瑶些，明兮镜秋毫些。君无去此，流昏涨腻，生蓬蒿些。虎豹甘人，渴而饮汝，宁猿猱些。大而流江海，覆舟如芥，君无助，狂涛些。

路险兮，山高些。块余独处无聊些。冬槽春盎，归来为我，制松醪些。其外芳芬，团龙片凤，煮云膏些。古人兮既往，嗟予之乐，乐箪瓢些。

案：稼轩集中仿《楚辞》而作之词，有《沁园春》赋期思一首，《醉翁操》别廓之一首，并此而三，余不足数。然从意境上看，皆不能称为佳什。按集中《水龙吟》共十三首，皆仄韵，起句六字，第二句七字，从第三句起，一连六句，皆四字一句。第五句与第八句用的。结尾三句，由五字一句带起两句四字句。《水龙吟》之通例如是。间有变例，如陆放翁《游摩诃池》一首，首句七字，第二句六字，两相颠倒；又末尾由七字句带起后两句，各三字。此外，略为变通者尚有数例。然从无如稼轩此词之作法。盖去掉“些”字，共十处押韵。且为平韵。所谓“声韵甚谐”者，殆指此邪？是除“福唐独木桥休”外，稼轩又创一格也。

兰陵王·赋一丘一壑

一丘壑，老子风流占却。茅檐上，松月桂云，脉脉石泉逗山脚。寻思前事错，恼杀晨猿夜鹤。终须是邓、禹辈人，锦绣麻霞坐黄阁。

长歌自深酌。看天阔鸢飞，渊静鱼跃，西风黄菊香喷薄。怅日暮云合，佳人何处，纫兰结佩带杜若。入江海曾约。

遇合，事难托。莫击磬门前。荷蒉人过，仰天大笑冠簪落。待说与、穷达不须疑著。古来贤者，进亦乐，退亦乐。

案：“邓、禹辈人”句，疑非“恨苦遭、邓禹笑人，长寂寂”之邓禹。邓似指邓骘，禹乃张禹。汉安帝时，邓太后临朝，骘为大将军，显赫一时。太尉张禹，亦以定策勋为太后所倚重。予不借穿凿贡此说者，以词中提及“邓、禹辈”深有所不满也。不然，稼轩之于邓禹，谁恐其笑人寂寂，安有所不满耶？且辛词中固有此用法，如《水调歌头》“我饮不须劝”一首，云：“孙刘辈，能使我，不为公。”孙刘、指孙资与刘放二人也。

归朝欢

灵山齐庵菖蒲港，皆长松茂林，独野樱花一株山上盛开，照映可爱。不数日，风雨摧残殆尽。意有感，因效“介庵体”为赋，且以“菖蒲绿”名之。丙辰岁三月三日也。

山下千林花太俗，山上一枝看不足。春风正在此花边，菖蒲自蘸清溪绿。与花同草木，问谁风雨飘零速？莫悲歌，夜深岩下，惊动白云宿。

病怯残年频自卜，老爱遗篇难细读。苦无妙手画于菟，人间雕刻真成鹄。梦中人似玉，觉来更忆腰如束。许多愁，问君有酒，何不日丝竹？

案：野樱花，四卷本作野梅花，是。“一枝”句，其明证也。其他各本作野樱花者，乃后人所改。以三月三日，恐已无野梅花，不知野梅花开时往往较迟。又，《吕氏春秋》云：“冬至后五十七日，菖始生。菖者，百草之先生者。”窃以为此词乃别有寄托，作者借风雨摧残山顶花魁以抒怀耳。寄托者何？盖悼念是年正月死于贬窜途中之赵汝愚也。以梅花为喻者，汝愚曾举进士第一，而又除右丞相也。效“介庵体”者，汝愚与赵德庄同属宗族，同居余干，当汝愚高第时，德庄曾勉以“做天下第一等人”。予此论似嫌牵强附会，近于郢书燕说；然反复讽咏全词，或当以予为知言。况稼轩集中凡郑重标明作词年月者，无不有深意乎？

浣溪沙·瓢泉偶作

新葺茅檐次第成，青山恰对小窗横。去年曾共燕经营。

病怯杯盘甘止酒，老依香火苦翻经。夜来依旧管弦声。

案：病怯杯盘，老依香火，分明是写头陀生涯；不料忽然又是依旧管弦声。不如是，使不成其为稼轩也。

水调歌头

将迁新居不成，有感戏作。时以病止酒，且遣去歌者。末章及之。

我亦卜居者，岁晚望三闾。昂昂千里，泛泛不作水中凫。好在书携一束，莫问家徒四壁，往日置锥无。借车载家具，家具少于车。

舞乌有，歌亡是，饮子虚。二三子者爱我，此外故人疏。幽事欲论谁共，白鹤飞来似可，忽去复何如？众鸟欣有托，吾亦爱吾庐。

案：滕子京《临江仙》咏巴陵词，上阕末联用孟浩然“气蒸云梦泽，波撼岳阳城”；下阕末联用钱起“曲终人不见，江上数峰青”。信手拈来，既贴切，又浑成。不谓稼轩此词用孟郊、陶潜两家诗，较之滕作，尤为自然。

临江仙·侍者阿钱将行，赋“钱”字以赠之

一自酒情诗兴嫩，舞裙歌扇阑珊。好天良夜月团团。杜陵真好事，留得一钱看。

岁晚人欺程不识，怎教阿堵留连。杨花榆荚雪漫天。从今花影下，只看绿苔圆。

案：《本事词》云：稼轩有侍姬曰钱钱，甚宠之，晚有杨枝之放，口占《临江仙》赠之。即此词。予谓此可谓“赋得体”。较韦应物《赋得暮雨送李胄》全篇说雨尤切。稼轩有《木兰花慢·中秋饮酒将旦》送月一首，自称为“天问体”。其《沁园春》将止酒、戒酒杯使勿近一首，予名之曰“对话体”。今又有此“赋得体”，是无体不备也。大家变化莫测，于是乎见。

临江仙

冷雁寒云渠有恨，春风自满余怀。更教无日不花开。未须愁菊尽，相次有梅来。

多病近来浑止酒，小槽空压新醅。青山却自要安排。不须连日醉，且进两三杯。

案：“未须愁菊尽，相次有梅来”，自是从“不愁明月尽，自有夜珠来”脱化而来。

蓦山溪·赵昌甫赋一丘一壑，格律高古，因效其体

饭蔬饮水，客莫嘲吾拙。高处看浮云，一丘壑，中间甚乐。功名妙手，壮也不如人，今老矣，尚何堪？堪钓前溪月。

病来止酒，辜负鸬鹚杓。岁晚念平生，待都与邻翁细说。人间万

事，先觉者贤乎？深雪里，一枝开，春事梅先觉。

案：夫诗词能自成一体者，必有特色。稼轩仿效他人词体而作之词，凡五见。皆能呈现其特色。予在《丑奴儿近·博山道中效李易安体》札记中已申述之。赵昌甫所作特色何在？《中兴以来绝妙词选》载赵词二首，可以代表其词风。兹移录《小重山·寄刘叔通》一首于此："何地无溪只欠人，有翁年八十，住其滨。直钩元不事丝缗。优游尔，聊以遂吾身。陶令赋归辰。未尝轻出入，犯风尘。江州太守独情亲。庐山醉，谁主复谁宾。"由此可见赵词中全用散文句。词之散文化趋向，十分明显。稼轩称其"格律高古"，或指此而言。"壮也不如人，今老矣，尚何堪？堪钓前溪月。""人间万事，先觉者贤乎？"与昌甫作，如出一手。

贺新郎

邑中园亭，仆皆为赋此词。一日，独坐停云，水声山色，竞来相娱。意溪山欲援例者。遂作数语，庶几仿佛渊明思亲友之意云。

甚矣吾衰矣，怅平生交游零落，只今余几！白发空垂三千丈，一笑人间万事。问何物能令公喜？我见青山多妩媚，料青山见我应如是。情与貌，略相似。

一尊搔首东窗里，想渊明停云诗就，此时风味。江左沉酣求名者，岂识浊醪妙理。回首叫云飞风起。不恨古人吾不见，恨古人不见吾狂耳。知我者，二三子。

案：此词应置《题傅君用山园》后方合。又岳珂《桯史》谓此词"首尾二腔警语差相似"。其实未必然。以句法结构言，固有如岳说；然词调上、下片声律本如此。至于思想境界，二警语大不相侔。倦翁当时年少未之深辨耳。

沁园春·寿赵茂嘉郎中，时以置兼济仓赈济里中，除直秘阁

甲子相高，亥首曾疑，绛县老人。看长身玉立，鹤般风度；方颐须磔，虎样精神。文烂卿云，诗凌鲍谢，笔势骎骎更右军。浑余事，

美仙都梦觉，金阙名存。

门前父老忻忻，焕奎阁新褒诏语温。记他年帷幄，须依日月，只今剑履，快上星辰。人道阴功，天教多寿，看到貂蝉七叶孙。君家里，是几枝丹桂，几树灵椿？

案："文烂卿云"与"诗凌鲍谢"作对。卿，应为司马长卿；云，应为扬子云。盖从刘孝标《广绝交论》"卿云黼黻河汉"句来。班固《西都赋》"秦、汉之所极观，渊、云之所颂叹"以及江淹《别赋》"虽渊、云之墨妙，严、乐之笔情"，渊，为王褒，字子渊；云，为扬雄，字子云。此种用法，由来已久。

水调歌头・赋傅岩叟悠然阁

岁岁有黄菊，千载一东篱。悠然政须两字，长笑退之诗。自古此山元有，何事当时才见，此意有谁知？君起更斟酒，我醉不须辞。

回首处，云正出，鸟倦飞。重来楼上，一句端的与君期。都把轩窗写遍，更使儿童诵得，《归去来兮辞》。万卷有时用，植杖且耘耔。

案："采菊东篱下，悠然见南山。"千百年来读书人谁不知此？韩退之《南山》诗，读者只是生厌。正如蒋之翘所言："极其铺张山形峻险，叠叠数百言，岂不能一两语道尽？"所以稼轩有"悠然政须两字，长笑退之诗"之诮也。然则蒋氏谓宋人于诗实未尝解，殆不尽然矣。

上西平・送杜叔高

恨如新，新恨了，又重新。看天上多少浮云。江南好景，落花时节又逢君。夜来风雨，春归似欲留人。

尊如海，人如玉，诗如锦，笔如神。更能几字尽殷勤。江天日暮，何时重与细论文？绿杨阴里，听《阳关》门掩黄昏。

案：《四库全书考证》卷一百："此词'夜来风雨春未归，似欲留人'，刊本脱未字。据《词谱》增。"稼轩集中《上西平》仅两首，而七、八句句法各不同。但两句合并共十字。如《考证》所言，则当为十一字矣（《词谱》未见多一“末”字）。

玉楼春·效白乐天体

少年才把笙歌盏，夏日非长秋夜短。因他老病不相饶，把好心情都做懒。

故人别后书来劝，乍可停杯强吃饭。云何相见酒边时，却道达人须引满？

案：赵翼《瓯北诗话》谓：中唐诗以韩、孟、元、白为最……元、白尚坦易，多触景生情，因事起意。眼前景、口头语自能沁人心脾，耐人咀嚼……世徒以轻俗訾之，此不知诗者也。香山自归洛以后，益觉老干无枝，称心而出。稼轩所效之白乐天体，殆指此乎？

夜游客·苦俗客

几个相知可喜，才厮见、说山说水。颠倒烂熟只这是。怎奈何，一回说，一回美。

有个尖新底，说底话、非名即利。说的口干罪过你。且不罪，俺略起，去洗耳。

案：“罪过你”，邓注：“意即咎由自取。”张相《诗词曲语辞汇释》卷6云：“犹云多谢你也。此反语。”予以为即“难为你”。下句“且不罪”之“罪”字，意犹请勿见怪。

鹧鸪天·有客慨然谈功名，因念少年时事，戏作

壮岁旌旗拥万夫，锦襜突骑渡江初。燕兵夜娖银胡䩮，汉箭朝飞金仆姑。

追往事，叹今吾。春风不染白髭须。却将万字平戎策，换得东家种树书。

案：题为“戏作”，结尾两句，实一字一泪，沉痛万分！盖非慨然谈功名已也。吴瞿庵乃谓读之不觉衰飒。何耶？

贺新郎·别茂嘉十二弟 鹈鴂、杜鹃，实两种。见《离骚补注》。

绿树听鹈鴂，更那堪、鹧鸪声住，杜鹃声切。啼到春归无寻处，苦恨芬菲都歇。算未抵、人间离别。马上琵琶关塞黑，更长门、翠辇辞金阙。看燕燕，送归妾。

将军百战声名裂，向河梁、回头万里，故人长绝。易水萧萧西风冷，满坐衣冠似雪。正壮士、悲歌未彻。啼鸟还知如许恨，料不啼清泪长啼血。谁与我，醉明月？

案：陈廷焯《白雨斋词话》云：“稼轩词自以《贺新郎·别茂嘉十二弟》一篇为冠。沉郁苍凉，跳跃动荡，古今无此笔力。”亦峰论词，以清真、少游、白石、碧山为四圣，持论未能突破常州一派老调。然稼轩此篇笔力矫健、沉郁顿挫，音节悲凉，确属词中上乘。与茂嘉弟不过寻常分手，却写到如许男女怨恨事，以昭君出塞、荆轲入秦相比。何等郑重！何等沉痛！文章手段，全从江淹《恨赋》《别赋》中来。意者，非“不是离愁难整顿，被他引惹其他恨”乎？

鹧鸪天·代人赋

陌上柔桑破嫩芽，东邻蚕种已生些。平冈细草鸣黄犊，斜日寒林点暮鸦。

山远近，路横斜。青旗沽酒有人家。城中桃李愁风雨，春在溪头荠菜花。

案；近读夏承焘教授《辛稼轩的农村词》一文云：“城中桃李愁风雨”这两句名句，是“说乡村人的生活比城里人来得坚定。城里人的大部分精神、心力，消耗于名利忧愁，乡村里却少有这些东西。荠菜花是城里人不当作花看的，但它不愁风雨，稳占春光，却胜过了桃李”。鄙意认为城中桃李是用以比喻做官的人，一时荣华，却禁不住风吹雨打，溪头荠菜花则比喻田夫野老，看似无奇，但稳占春光。若说城中桃李是泛指一般城里人，似非作者原意。且唐宋人诗词中的“城”字，绝大多数是指都城、帝城而言。如杜审言“北斗挂城边，南山倚殿前”，杜甫“国破山河在，城春草木深”，又“黄昏胡骑尘满城，欲往城南望城北”，王维“晚钟鸣上苑，疏雨过春城”，白居易“夜来城外一尺雪”“出自城中传四方”，韩翃“春城无处不飞花，寒食东风御柳斜”，姚合“三年赁舍亲仁里，寂寞何曾似在城”，姜夔“传语城中客，功名半是愁”……予尝写有《说城》一文详述之。果如是，则稼轩此处之“城中桃李”，乃是讽刺临安的官老爷们。

朝中错·为人寿

年年金蕊艳西风，人与菊花同。霜鬓经春重绿，仙姿不饮长红。

焚香度日尽从容。笑语调儿童。一岁一杯为寿，从今更数千钟。

案：《四库全书考证》卷一百：“稼轩词《朝中错·为人寿》‘焚香度日，从容笑语，尽调儿童。’刊本‘尽’字讹在‘日’字下。据《词律》改。”然则此词下阕前两句应作三句。考稼轩集中《朝中错》共六首，下阙开头均四字句一连三句，惟此词以七言、五言两句起。证以他人所作《朝中错》亦均为四字句一连三句。故知万树《词律》为不误。

浣溪沙·种梅菊

百世孤芳肯自媒，直须诗句为推排。不然唤近酒边来。

自有渊明方有菊，若无和靖即无梅。只今何处向人开？

案：“自有渊明方有菊，若无和靖即无梅。”最无道理，却又极有道理。

鹧鸪天

自古高人最可嗟，只因疏懒取名多。居山一似庚桑楚，种树真成郭橐驼。

云子饭，水晶瓜，林间携客更烹茶。君归休矣吾忙甚，要看蜂儿趁晚衙。

案：此词与《江神子·博山道中书王氏壁》一首，皆歌、麻通押。想宋人读当如是。予尝用吾乡宁远“平话”音读之，甚谐美。《文选》卷二十八载缪袭挽歌一首，予亦以“平话”音读之，尤合。宁远位九嶷山下，南宋时为仕宦贬谪所。（如稼轩友人赵汝愚即贬为宁远军节度副使，第死于衡阳途中。）又，距粤东甚近，居民中不少客家人。故境内方言极庞杂。全县方言，殆近百种。“平话”为方言中最具代表性之一种。抗日战争时期，予草有《宁远平话》一文，载《宁远时报》。并建议国内语言学者前往调查。惜地处偏僻，交通不便，数十年来从无一人注意及之。

鹧鸪天·戏题村舍

鸡鸭成群晚未收，桑麻长过屋山头。有何不可吾方羡，要底都无饱便休。

新柳树，旧沙洲，去年溪打那边流。自言此地生儿女，不嫁余家即聘周。

案：江山变换，人事依然，看来不合常理，却又确有此事。有此事即有此理。

西江月·遣兴

醉里且贪欢笑，要愁那得工夫。近来始觉古人书，信著全无是处。

昨夜松边醉倒，问松我醉何如？只疑松动要来扶，以手推松曰去！

案：人间世令人忧愁烦闷之事甚多，苦于连环难解，则试向书中寻觅真理；拿书中所说，验之人事，而书又全不可信。如此奈何？惟有醉乡可游乎？正所谓“一杯在手，且容老子陶然”，一切“去他妈的”罢。似此心情，便觉松亦未免多事矣。

原载《中国韵文学刊》1987年6月总第1期

杜甫《晓发公安》赏析

晓发公安

原注：数月憩此县。

北城击柝复欲罢，东方明星亦不迟。
邻鸡野哭如昨日，物色生态能几时？
舟楫眇然自此去，江湖远适无前期。
出门转眄已陈迹，药饵扶吾随所之。

大历三年（768）初，在夔州住了将近两年的杜甫，因连续接到颖、观二弟来书，要迎他一家赴当阳定居，勾起了积年思乡怀弟之情，于是，先退东屯所租公田，又将瀼西果园赠人，买舟出峡。回忆安史乱中入蜀以来，转眼之间，已七八年了。诗人朝夕盼望收复两京，回到故乡，谁知大乱既平，时局依然扰攘不宁，眼前虽已“从巴峡穿巫峡”，出人意料的是，系舟江陵城下，又逢兵乱，战伐不已，看来荆襄并不比蜀中太平哩，因而在李之芳去世后又不得不离开江陵南下公安。

在成都，有严武可依；在姜州，不时得到柏茂琳诸人照顾；来江陵，犹喜有李之芳等在。来公安时，正值“秋露接园葵”，如今已是白雪含冻，红梅绽春。这时杜甫病肺，已是五十七岁，发白耳聋，走路离不开手杖，夜间睡眠很少，真是老病交加。在公安数月，虽也咏怀古迹，可是看了三国故城遗址，对刘备、吕蒙飞腾般的英雄事业，已经没有了兴趣。还是离开公安吧。公安既不足留恋，离去当然也谈不到悲恼。然而，出发的日子已经来到，前路茫茫，去向何方呢？

破晓时，在床上听到击柝[1]声稀疏无力，知是五更将尽。起床见东方启明星放出微弱的光，方觉并不算迟。此时伴着邻家的鸡叫传来的还有野外的隐约哭声。唉！几乎每天早晨如此，听惯了也不觉得什么，可今天临出发听来却倍感惊心，怎能不有长此下去如何了局之感啊！不过，仔细想想，世上万事万物，虽“色”“态”不一、静躁各殊，而俯仰之间，已为“陈迹”，却是逃避不了的规律。即如在公安数月，今当告别，回头一顾，了无可恋，眨眼间就要从此远去，也不过是这么一回事。这次出门，亦无前期[2]，渺然不知何往。但即使有前期又怎样呢？管他的，只要有孤舟可以容身，更有“药饵”可以疗疾，就“随”缘过吧。

这便是杜甫写此诗时的社会背景和诗人思想活动的大体情况。

这首诗，不但当代选本少见选入，历来评议杜诗的人也极少提及。解人难索，不揣固陋，试为解析。

诗，乍看似古体，实则为七律别体。有人称其为拗体，杜甫自谓为“吴体”。拗体与吴体，大同而小异。五七言律诗和绝句，唐人统称之为近体，也就是当时的“新诗”。这种新诗，要求律对整齐，具形式之美。以七律论，一首八句，有规定的格律和韵脚。中间两联必须对偶。平仄必须协调。读起来既要声调和谐，并且要讲究词藻。这种体裁的诗，从杜甫的祖父杜审言时代起，经过了几十年之久，已臻成熟。更是杜甫的拿手好戏，他曾说：“晚节渐于诗律细。”对于七律，他是自视非凡的，特别是寄居夔州两年，是杜甫创作的丰收季节，有些组诗向来脍炙人口，所以后世有些诗评家说：杜诗愈老愈剥落，夔州以后诸作，殆不可及。这话在某种意义上说，有一定的道理。但诗人却认为艺术是无止境的。杜甫七律，达到精妙绝伦的地步后，仍时时想更求精进。怎样才能更上一层楼呢？律诗

① 击柝：俗话叫敲梆，守夜报时用。

② 无前期：无预约之目的地。语出《世说新语·任诞篇》。

受到格律的束缚，精雕细刻，极人工之美，是其所长；而它最大的缺陷是难以达到自然浑成的境界。如何使它既合乎格律、又达到自然浑成？这个问题，杜甫用自己的创作实践作出了回答。这便是由他首创的七律吴体的成功。吴体与一般七律不同之处就是中间两联虽讲对仗，平仄却不协调。拗就拗在当用平声处用了仄声，当用仄声处用了平声。一般的拗句，不过一二字相拗，且须力求补救，例如：第三字当用平声时用了仄声，那么第五字当用仄声时必须用平声补救之。此之谓“拗救”。吴体则不然，拗字甚多，而且不考虑补救，有时让它一拗拗到底。这是作者有意为之，目的是冲破格律的约束。从表面上看来，有如不羁之马，任意驰骋，但实际上比一般七律难做得多。因为尽管平仄不协调、一拗到底，读起来须严格要求音节谐和，对仗也要求工切，最要紧的是随意命笔，气势磅礴，几乎是一气呵成。质言之，吴体最着重于立意、布局，以求得自然浑成，这是伟大诗人杜甫在七律方面的突破。看似作者信手拈来，不烦绳削，实则匠心独运，煞费经营。正因为如此，所以杜甫集内一百五十九首七律中，吴体仅有十九首。可是，就是这不足二十首七律吴体诗，对后世的影响已够大的了。

人们公认江西诗派祖师黄庭坚是学杜诗的，究竟体现在哪些方面呢？可以这样说，黄庭坚一生功力都用在追摹杜甫的七律吴体上。这一点，《瀛奎律髓》作者方回曾经指出：

> 杜七律所以横绝诸家，只是沉著顿挫，恣肆变化，阳开阴合，不可方物，山谷之学，专在此等处。

读者不信，可举黄诗一首为例：

我居北海君南海，寄雁传书谢不能。
桃李春风一杯酒，江湖夜雨十年灯。
持家但有四立壁，治病不蕲三折肱。
想见读书头已白，隔溪猿哭瘴溪藤。

《寄黄几复》

其实，不止黄庭坚如此，宋诗的追随者莫不朝这个方面努力，而且影响所及，还浸润词境，词中不是有许多对仗工切而平仄不协调的名句吗？

《晓发公安》在十九首吴体中，尤以层次分明、真气盘旋、戛然而止，最见特色。读罢此诗使我想起《世说新语·言语篇》王子敬所说：

> 从山阴道上行，山川自相映发，使人应接不暇。若秋冬之际，尤难为怀。

杜诗《秋兴》诸什，亦复“使人应接不暇”。但一读吴体，则“若秋冬之际，尤难为怀”，从而又使人联想到：读老杜一般七律，有如观唐寅仕女图，美不胜收；而吴体恰似李成的寒林烟水，更耐人寻味。张岱《陶庵梦忆》记濮仲谦雕刻无一不佳，“然其自喜者，又必用竹之盘根错节，以不事刀斧为奇。”“不事刀斧”，并不等于不加工，其诀窍所在是“经其手略刮磨之”。

末了，聊学前人以禅说诗：

> 药山惟俨禅师见马祖，祖问：近日作么生？师曰：皮肤脱落尽，唯有一真实。

人，是要有点精神的。诗，也应当如此。惟俨禅师说的“真实”，正是这点精神。我于瘦硬通神的吴体《晓发公安》这首诗，亦作如是观。

原载陶道恕主编《杜甫诗歌赏析集》，巴蜀书社，1993 年版

王闿运与湖湘文学研究

从考古发现说明益阳地区是中国古代文化先驱

近数年中，有一二学术界人士，肆言湖南开发甚晚；湖湘文化直至近代始受江西移民之赐，勃焉兴起。这种论调是不值一驳的。历史记载与考古发现强有力地证明了湖湘文化不独是楚文化的冠冕，同时也是长江流域，甚至包括珠江流域在内，我国南方文化的翘楚，是中华民族文化的又一摇篮。我在《长沙战国楚缯书新论》一书中，已初步阐述了这一见解。

本文所要申述的，是以益阳为中心，纵横数百里内，是中国古代文化较早发达地区之一。换言之，湘水与资水之间的广阔丘陵地带，很早很早以前，物质文明和精神文明就已经达到先进水平。我们这样说，并非标新立异，故作惊人之谈，而是以半个世纪以来考古发现为依据所作出的科学论断。下面试举数例说明之。

1938 年，在湖南宁乡黄材镇月山铺转耳仑的山腰，出土了一件十分珍贵的青铜器，考古学家根据这件青铜器铸造的形制、纹饰，命名为“四羊方尊”。尊，是礼器的一种，用以盛酒，口很大，腹部鼓起，圈足甚高。一般地说尊多为圆形，方形比较少见。“四羊方尊”是因为从尊的四肩沿腹而下，直至圈足，乃用四只卷角山羊所构成。羊的全身还有多种繁复、瑰丽的纹饰。整个形象显得庄严、和谐、肃穆。截至目前，这是国内出土青铜器中极为罕见的珍品之一。

继“四羊方尊”出土之后，宁乡黄材陆续出土了一大批大小不一、形状各异的珍贵青铜器。这些青铜器有一个共同的特点，就是从造型和纹饰来看，与河南安阳殷墟出土的青铜器极为接近。可以断言为殷代后期的产物。也就是说距今已有三千几百年历史了。

这些宁乡黄材出土的大批青铜器，考古学家称其为“宁乡铜器群”。

“宁乡铜器群”的先后出土，使世人为之惊奇。同时也给学术界带来一系列研究课题。比如说，是不是殷周之际殷之贵族仓皇逃走所携带的宗庙之器呢？也许是盘庚迁殷之后，湖湘地带早就有殷之方国存在吧？最有意思的是：“四羊方尊”出土的宁乡黄材附近，还发现了年代与“宁乡铜器群”年代相当的遗址，清楚地表明黄材这块地方远在三千几百年前已有人定居了。

可惜的是，除“四羊方尊”尚保存在北京历史博物馆外，“宁乡铜器群”中绝大多数的珍品，都已流失了海外，给进一步研究增添了重重困难。

距离宁乡黄材不过数十里的安化梅城附近，出土了令人一望即为之惊心动魄的“虎食人卣”。“虎食人卣”出土时期略早于“四羊方尊”，但同属于殷代后期之物，则无疑义。

如果说“四羊方尊”的造型设计，已达到高超工艺水平的话，那么“虎食人卣”的造型设计，真是匪夷所思。卣，也是古代的盛酒礼器，不过是专盛一种古文献中称之为“巨鬯”的特制香酒罢了。“虎食人卣”命名之来由，是因为整个卣的造型，是一个十分凶猛的虎锯坐在那里正在张口吞食一个人，人与虎紧紧贴近，互相抱持，人头伸入虎口，虎的牙齿利如刀锯，人则手扶虎肩，足踏虎爪。整个形象布满岌岌可危的气氛。奇怪的是人的面部表情，安详静穆，丝毫未露恐怖之状。假如说“四羊方尊”的羊，象征着吉祥，含有祈福的意义；那么“虎食人卣”的虎与人，又表示着什么呢？是不是与古代人们的宗教信仰有关，表现在艺术造型上成为一种特殊手法呢？

遗憾的是全世界仅有两件“虎食人卣”，一在日本，一在法国，早已告辞卣的故乡了。

同样是安化境内出土的，还有“人面纹方鼎”，是目前国内所收藏的青铜器中独一无二的稀世之宝。当人们走进湖南省博物馆见到它时，无不有惊讹、庄严、静穆的感觉，最后也像人面所显示的，陷入沉思之中。鼎，呈长方形，高 38. 5 厘米，口长 29. 8 厘米，宽 23. 7 厘米，四足，双耳。鼎的四面，均以人的面部浮雕为主题装饰，其余部分，布满各种纹饰。“人面”五官毕具，布置确当，与现代人的面部无甚差别。最奇特之处，在于四面的人面浮雕有大有小，较宽者为 16. 4 厘米，较窄者为 13. 8 厘米，长则均为 13. 6 厘米。宽窄虽不同，面貌却不一致，好比人的照片有大小之分而已。“人面”的表情也是一致的。庄严、肃穆，不露喜怒哀乐，充分具有感情力量，而又不使人感到阴森、恐怖。

用人面作装饰的青铜器，在殷代早期，就有了，以往发现不止一次。但像这件方鼎四面皆作“人面”者，却绝无仅有。

以上举例虽不多，但足够看出益阳地区，特别是宁乡的黄材与安化的梅城，地下宝藏，确属惊人。可以断言，尚有许许多多未见天日的青铜器及其他宝物有待发掘。就整个益阳地区而言，也是如此。如果把范围再扩大一点，即湘水与资水两大流域，甚至包括湖湘丘陵地带全部在内，都可以说是我国南方古代文化最发达的领域。就先秦而言，有如前述，那么秦汉之后又是怎样呢?

今试以梅城为例，略谈自西汉以来益阳地区所居地位之重要，并带有一定的神秘色彩。梅城，一名梅山，是秦汉之际集结南方各兄弟民族参加铲除暴秦斗争，后来又帮助刘邦打天下的吴芮手下大将梅鋗晚年养息之所。关于吴芮与梅鋗的事迹，司马迁在《史记》中，除了《项羽本纪》《高祖本纪》《黥布传》等偶有所涉及外，未曾分别立传。《汉书》虽有《吴芮传》，但语焉不详。至于梅鋗，则两家书中不但没有正式写过他，甚至在《诸侯年表》中也未有所反映。要知道：吴芮是刘邦建朝后唯一一位“异姓封王”而未被剪除的人。而且他在西楚霸王项羽宰割天下时就封王了。吴芮之所以封王，全在于梅鋗替他立下了汗马功劳。所以西晋文学家陆机的《汉高祖功臣颂》说：“吴芮之王，祚由梅鋗。”不论是项羽和刘邦都知道梅鋗之功甚伟，因此，在封吴芮为王时，封梅鋗为十万户侯。这是极不寻常的事。为什么说这是极不寻常的事呢？当刘邦平定宇内、论功行赏时，以萧何为第一，食邑不过八千户，后来才增至万户。始封张良三万户，良不敢受，后为留侯，食万户。绛侯周勃仅八千二百八十户，其余可以想见。而梅鋗独封十万户，非特殊而何？

我们如果追溯战争年代的史实，进一步了解吴芮、梅鋗所统率的江南各兄弟民族所组成的军旅在历次战役中发挥了什么作用的话，就会知道上述这种特殊现象绝非偶然。

《史记·项羽本纪》有一段有声有色的描写，至今读起来犹令人凛凛有生气。它说：

> 项羽已杀卿子冠军，威震楚国，名闻诸侯，乃遣当阳君、蒲将军将卒二万渡河救巨鹿，战少利，陈馀复请兵。项羽乃悉引兵渡河，皆沉船、破釜甑、烧庐舍，持三日粮，以示士卒必死，无一还心。于是至则围王离，与秦军遇，九战，绝其甬道，大破之。杀苏角，虏王离，涉间不降哭，自烧杀。当是时，楚兵冠诸侯。诸侯军救巨鹿，下者十余壁，莫敢纵兵。及楚击秦，诸将皆从壁上观。楚战士无不一以当十，楚兵呼声动天，诸侯兵无不人人惴恐。于是已破秦军，项羽召见诸侯将，入辕门，无不膝行而前，莫敢仰视。

在与暴秦作战中，楚兵为什么如此勇猛无匹、所向披靡呢？而后来楚汉相争，前一阶段，汉王节节败退，后一阶段却转败为胜，卒使项羽亡于垓下呢？自然其原因是很多的。可是，就战论战，仅仅从用兵打仗这一角度来说的话，那么可以说楚兵所恃以克敌制胜的主力军，亦即在历次战役中起决定性作用的，就是由吴芮所支持、黥布所率领的这支劲旅。不信，请看《史记·黥布传》（《汉书·黥布传》同）是怎么说的吧。

> 项梁涉淮而西，击景驹、秦嘉等，布常冠军……
>
> 项籍使布先渡河击秦，布数有利，籍乃悉引兵涉河从之，遂破秦军，降章邯等。楚兵常胜，功冠诸侯，诸侯兵皆以服属楚者，以布数以少败众也。
>
> 项籍之引兵西至新安，又使布等夜击坑章邯秦卒二十余万人。至

关，不得入，又使布等先从间道破关下军，遂得入。至咸阳，布常为军锋。项王封诸将，立布为九江王，都六。

以上是与暴秦作战的情况。黥布一军，总是充当先锋，立下奇功。楚汉相争中，由于刘邦用计使黥布倒向自己一边，项羽遂败。其过程，以文长，不录。

黥布是安徽六县人。初起兵叛秦时，得到“番君”吴芮的大力支持，始能得志。

吴芮，是秦统治下的鄱阳令，官并不大，可是，因为他深受长江流域两湖、江西、安徽、浙江以及福建广大人民的衷心拥护，具有很高威信，号称“番君”。他除支援黥布一支劲旅外，更直接掌握一支由南方兄弟民族混合组成的精锐部队，即梅鋗所统率的部队。这支部队攻南阳时与刘邦的部队相遇，以后相从入关，最后消灭了秦军。

梅鋗何许人也？他的来历，也与吴芮一样，不知其详。《长沙府志·人物志》以梅鋗为益阳人，是根据《楚志》所载：谓“梅鋗随吴芮之长沙，以益阳为家”。所居梅山。即以梅姓为名，自汉至五代皆称梅山。赵宋始划梅山属安化。屈大均《广东新语》认为梅鋗是越王勾践的后人，楚伐越，大败越军，杀其王无疆，越乃散。越王之族人争立为王，居于滨海。梅鋗于是奉其君走丹阳皋乡，名皋乡为梅里。秦始皇吞并六国，鋗与其君居自皋乡逾零陵至南海，筑城梅水上，诸侯叛秦时，梅鋗为越将，归番君。庾岭本名梅岭，汉初梅鋗将庾胜兄弟宁此，又名大庾岭，后世文人以岭上多梅者，非也。

综合以上所述，梅鋗老家在浈水之上，是比较可信的。浈水出南海龙川，西流入秦。《水经注》：溱水出桂阳临武南。又《汉书·地理志》：桂阳郡有浈阳县。因此，梅鋗早期家在湖南郴桂地区，极有可能，晚年定居长沙国内之梅山，则完全属实。至于他是不是从浙江滨海迁入湖南？或在广东停留较久？尚有待于考证。

司马迁是到过湖南的，《太史公自序》中说：“二十而南游江淮，上会稽，探禹穴，窥九嶷，浮于沅湘”。那么假定他来湖南这一年为汉武帝元朔三年（公元前 126 年）（依王国维《太史公行年考》），上距长沙王国终止之年（汉文帝后七年，公元前 153 年）不过二十六七年而已。他对吴芮、梅鋗的事迹何以不正式写入《史记》呢？

上文说“自西汉以来，益阳地区所居重要地位”，盖指其距离长沙王国国都甚近，地势险要，而又为梅鋗所择居。至于所谓“带有一定的神秘色彩”，则因司马迁实地考察过沅湘一带，熟知长沙王国之事，何以刘邦建朝后对唯一异姓为王而未被剪除的吴芮以及封十万户侯的梅鋗却不在《史记》中立传？其中究竟有何奥秘呢？

好了，二十多年前已经稍稍开始揭发这个“谜”。马王堆汉墓出土文物，引起了举世瞩目。不是透露了一点有关长沙王国的信息吗？可千万别忘记：这些文物瑰宝，不过是长沙国相轪侯利仓亲属的殉葬品罢了，轪侯食邑才七百户咧，比起十万户侯来真正是微不足道。何况还有长沙王呢。吴芮为王虽一年即死去，但其子孙却传至五世。相信有一天地下埋藏的文物瑰室定会大量出现，比以往更加令人惊异。

历史的迷雾一旦廓清，长沙——益阳，以及整个湖湘地区作为古代文化先驱的面貌就会再现人间。

原载《益阳师专学报》1993 年第 14 卷第 2 期

从史学家人物传记到文学家艺术创作

——漫谈萧一山《曾国藩》与唐浩明《曾国藩》

众所周知，曾国藩是一个中国近代史上极有影响力的人物，也是一个极有争议的人物。在曾国藩生前，人们对他就毁誉不一；死后更是众说纷纭，莫衷一是。中国有句古话，叫作“盖棺论定”。也就是说，一个人的一生须等到死后才能作出结论。可是曾国藩直到他身死一百二十有余年，不仅论犹未定，而且随着时代的变迁，分歧越来越大。誉之者称其立德、立言、立功，三并不朽。甚至认为“曾文正公者，盖有史以来不一二睹之大人物，抑亦全世界不一二睹之大人物也”。（梁启超语）毁之者则骂其为“曾屠夫”“伪道学”，甚至认为是历史上罕见的民族蟊贼。诸如此类，书不胜书。

在这里，我得声明一句：关于曾国藩生平为人行事及其在历史上应居何种地位，都不是我所关心和思考的问题。我在阅读曾国藩各种传记时想得最多的是作为中国文化研究者来说，对前前后后产生许许多多形式不同、内容差异甚大而均以曾国藩为题材的作品这一文化现象，应当怎样看待？与此同时，凡是从历史的角度，或从文学的角度撰写某一历史人物，乃至于从不知所云的角度，信手拈来一个历史人物，随心所欲地尽情刻画其故事，对这一系列文化现象，我们又将如何去看待？当然，这些，绝非一篇短文所能够阐述详尽的。无已，姑就一山与浩明所写《曾国藩》，略抒一二。

修史，是中华民族长期以来拥有的无数优良传统中较为突出的一项。每个朝代所发生的事迹及所牵连的人物，都得有所记载。历代中央政府，都设有史官，专司其事。正史之外，又有别史、野史。且方志为史学之支流，族谱、家乘，以及各种碑版文字，尤属史料之渊薮。自司马子长开创以人物传记为中心的“纪传体”以来，后世史家都效法他这样做。然而，像《春秋》那样的“编年体”以及后起的“纪事本末体”，仍然流行不废。著史者除必须具备史才、史识、史学之外，更重史德。这是为社会所公认的。也就是说，史学家的首要任务是尊重历史事实，力求完善、公正，出以客观的态度来写作，来不得半点虚假或歪曲。此之谓“良史”。良史笔下所书，当为“实录”。谁违反了这一原则，或玩点什么花样，势必遭到舆论的制裁，甚至为后世所唾骂。在中国这块土地上，人们普遍看重历史，看重历史学家，这也许是原因之一吧。如果说人们对历史学家的要求是秉笔直书、忠实可靠；那么对文学家的要求却不一样，大家都希望看到美好的文学作品，美好的文学作品不但有丰富的思想内容，而且还有吸引人的艺术魅力。要而言之，史学家必须在“真”字上下工夫，文学家必须在“美”字上下工夫。当然，真、善、美，往往是相互联系，不可割裂的。

萧一山是历史学家，更准确地说，他是清史权威作者。成就可与乃师孟心史、朱希祖媲美。所著《清代通史》，几经修改，益臻成熟。四十岁后，撰写了《曾国藩》与《洪秀全》。

我们若要详细、深入地了解曾国藩其人、其事、其思想深处，我看首先是读《曾国藩全集》，其次才是《清史稿》曾国藩本传以及近百年来中外学人所撰写的曾国藩传记与评论文章。在中外学人所撰写的曾国藩传记中，虽或篇幅有长有短，评论有褒有贬，但就书的性质言，均未超出史学的范围。萧一山所撰写的《曾国藩》一书，曾经被认为是史学界的代表作。全书共十章，第三章“学术背景”、第四章“思想体系”、第九章“改造旧社会与建设新社会”，最引人瞩目。作者著书宗旨，似乎都体现在这些章节中。质言之，是为了说明“曾国藩之所以伟大，就因为他是中国文化的产物”。这是《曾国藩》一书根本的观点。

萧一山这一根本观点之形成，他在书的“引子”中，明白宣称是受了梁启超、章太炎、容闳诸家的影响，尤其是郭斌和于 1932 年 11 月在天津《大公报》发表的《曾文正公与中国文化》一文，可说是构成萧一山《曾国藩》此书根本观点的依据。甚至可以这样说，“郭文”是“萧书”的纲领，“萧书”是“郭文”的扩充。不错，从梁启超、章太炎、容闳到郭斌和，无不认为曾国藩是中国传统教育、中国传统文化的产物。用郭斌和的话来说，曾国藩之所以伟大，是因为他：有道德家之笃实而无其迂腐；有艺术家之文采而无其浮华；有哲学家之深思而无其凿空；有科学家之条理而无其支离；有政治家之手腕而无其权诈；有军事家之韬略而无其残忍。一言以蔽之，曾国藩一生的成就，充分体现了“中国教育之特色，中国文化之特色”。萧一山进一步归纳说：“曾国藩的成就，完全是由学问而来，无关乎命运。”（最后这一句话，似乎是针对曾氏说过“不信书，信运气”而言。）但是，同一位作家，在写《洪秀全》一书时，认为洪秀全乃“承袭天地会之绪余，启发民族革命的伟业，为社会主义作先导”。看来对洪秀全的评价也是很高的。《曾国藩》与《洪秀全》之间，是否有些矛盾？姑置勿论。我们仅仅就《曾国藩》一书的性质来说，绝非史家的人物传记，而是史学范围内一部评论历史人物之作。且以史论而言，亦满一家之言，尚未达成史学界所共识。

（我所据的萧一山原著，系 1944 年胜利出版社印本。书名《曾国藩》，无“传”字。近几年中，大陆有人复印，易书名为《曾国藩传》，未谛。如果要易名的话，不如易为《曾国藩论》更切合实际。）

众所周知：“论”，必须有充分的事实作依据，而且还必须对一切事实进行分析，研究，然后才有可能得出比较正确的结论。如前所述，萧一山的《曾国藩》，实际上是完全接受了郭斌和的观点。可是郭斌和所谓曾国藩“有道德家之笃实而无其迂腐，有艺术家之文采而无其浮华……”是根据什么呢？是研究曾国藩一生事迹、通读曾国藩所有著述所作出的评论吗？我看，恐怕是主观臆断的成分居多，不是经过科学分析后的赞美吧。比如说曾国藩主张治乱世用重刑，还说什么以霹雳手段实现菩萨心肠。算不算是军事家的残忍呢？郭氏所列举的几项，都是不堪一驳的。故云：以郭所说为依据的萧一山对曾国藩的评论，当属一家之言。

事实证明：历史学家的人物传记，或者对历史人物所作的评论，即使臻于至善的境地，其流行范围，也仅仅限于史学界的小圈子内，至多扩展及于知识分子群。倘使要想让历史人物为广大社会所熟知，势必通过文学艺术家的加工，才能实现。中国文化史、中国文学史，是最好的见证。今试以《三国志》发展成为《三国演义》为例，说明历史学家的著述，须得到文学家创作历史小说，进行生发、敷衍、铺张、夸大，乃至虚构，扩大其影响，所造成的势态方可达于无穷无尽的新的境界。

陈寿的《三国志》，素有良史之称。后人把它与《史记》、前后《汉书》，并称“四史”。陈寿死后大约一百三十余年，刘宋裴松之为《三国志》作注。裴作虽名为“注”，实则以补充并考订史实为主。有了裴注之后，《三国志》进一步得到完善。与裴松之同时代，出生在裴之后，而死于裴之前的范晔，所著《后汉书》，使三国时期的史事，更加充实、完备。然而，广大社会人士，又有多少人能知道陈寿、裴松之、范晔三家之书呢？相反地，随便找个人和他谈及曹操、刘备、孙权以及诸葛亮、关云长、周瑜……这些三国时期的历史人物故事，虽目不识丁者，也能谈得头头是道，甚至眉飞色舞，欲罢不能。这是为什么呢？就因为隋唐以后，以历史人物为题材，说书的说书，讲史的讲史，勾栏、瓦子、庙会、书场，比比皆是。随之而来的是将这些人物、故事，编写成各种脚本，然后搬上剧场、舞台，成为了广大人民群众所喜闻乐见的新鲜事物。直到元明之际，终于出现了大文学家罗贯中所编写的《三国演义》。自《三国演义》向世，三国时期的历史人物，遂家喻户晓。

由此可见，史学家的著述，远不如文学家的通俗作品广为人知。但是，没有陈寿、裴松之，范晔三家之书，又哪里会有什么话本、剧本以及罗贯中的《三国演义》呢？

当然，文学家笔下出现的历史人物，不但与史学家的人物传记，难得一致，甚至完全脱离了原型。传真写实，是一回事；艺术塑造，又是一回事。这就要看文学家是怎样驾驭、驱遣史学家所提供的原材料了。换言之，是史学与文学相结合的问题，也是文学创作方面现实主义与浪漫主义交相为用的问题。

文艺家，特别是历史小说的作家，既要深入到史学家的著作中去，切实掌握历史人物的基本事实，又必须不为史学家的著作所局囿，有时甚至要完全脱离史家所提供的原材料，广泛去搜集民间传说以及各种各样的野史、笔记之类，在一定的情况下，还要大胆虚构一些人物和故事。如果不这样做，就不能够把历史人物写得精神饱满、内容丰富、形象生动。

但是，文学作家倘若完完全全背离了历史发展的必然性来虚构人物和故事，让主观愿望操纵笔杆子，如写杨贵妃和大诗人李白恋爱，写洪秀全被一个叫叶苓的女人摆布，等等，就不免流于荒唐。荒唐的结局只能使读者和观众啼笑皆非。

唐浩明所撰小说《曾国藩》在历史的真实与文学的虚构的结合上很有自己的特点。他在《曾国藩》第一部，开卷就从湘乡荷塘曾府大办丧事写起，接着，写曾国藩在赴任做江西主考途中，忽然得知母亲去世的消息，立即从安徽动身起程还湘，及至进入湖南境内，偏偏遇上了造反的长毛，由被“请”到被“俘”，既曲折而又惊险的过程揭示出来。也就是说，作者开门见山地把主人公与中国近代史上特大的历史事件挂上了钩。老实讲，曾国藩的一生，四十一二岁前，由秀才而举人而进士而入翰林，以及官拜侍郎，外放主考，都不足写。因为有清一代这样的人物多的是。但是，当太平天国起义这一历史特大事件和曾国藩联结在一起，他的命运便起了巨大的变化。谁也不能熟视而无睹。写曾国藩，正是为了写太平天国起义这一历史特大事件。因此，写《曾国藩》这部书，难度是很大的。仅以人物论，作者在突出主人公的形象时，必然不可避免地要写他周围的人物形象。如左宗棠、胡林翼、彭玉麟、江忠源、罗泽南、郭嵩焘、李鸿章……都与曾国藩关系十分密切，都参与了与太平天国的斗争，甚至他们每个人在近代史上都占有一席地位，他们的生平，都可以写成一部厚厚的传记。即使是稍微次要一点的，如欧阳兆熊、王闿运、刘蓉、俞樾、李元度……也都各有千秋，不可忽略。操纵曾国藩命运的大清朝廷，上自皇帝、皇太后、军机大臣，下至六部尚书，乃至内阁中书，还有与曾国藩打交道最多的地方官，如张亮基、骆秉章、沈葆桢……尤其重要的是太平天国的著名将领如石达开、陈玉成、李秀成等。总之，这许许多多的人物，都得一一登场。有的须浓墨巨笔，有的须轻描淡写，有的精雕细刻仍嫌不足，有的稍事渲染唯恐过分。直接的，间接的，当肯定的，当否定的，在处理上，既要面面俱到，又要重点突出，至于突出到什么程度，固然以不喧宾夺主为限。想想看，比起《水浒》《红楼梦》《三国演义》来，分量实在不轻啊。

唐浩明的《曾国藩》三大卷中出现的人物，比我想象的还要多。而且其中绝大部分都写得恰如其分。但这并不等于说不存在任何值得商榷的地方了。例如王闿运其人，仔细翻阅一下曾国藩《日记》，尤其是咸丰十年（1860）驻军祁门一段时期，《日记》中经常出现“与壬秋长谈”“壬秋来，久谈约二时许”“与壬秋久谈，夜不成寐”。曾国藩死后，修撰《湘军志》的任务，落在王闿运肩上。书成，遭曾国荃等忌恨。然而曾纪泽却认为：“国语一编新出手，鱼龙喷沫鬼神惊。”与曾国藩如此相知的人物，书中似乎应该详尽反映曾王相交始末，既显示曾国藩与比他年龄少二十余岁、名位悬殊之士相处，始终待以客礼的政治家风度；又袒露王闿运既不入幕，也不称门生，独来独往，不亢不卑，一个有骨气的知识分子的本色。又如鲍超其人，从形貌外表到出身经历，根据清末笔记，说法种种不一。作者所拣择的一种，却不如所摒弃的另一种尤为生动，且接近事实。在较次要的人物中，个人认为第一卷写罗大纲是成功的。从而可以看出作者对太平天国起义这一特大历史事件的根本态度。更可以看出太平天国早期就有了对知识分子的政策。

前面说过：罗贯中的《三国演义》，是以陈寿、裴松之、范晔三家之书为依据，广泛搜集民间传说，说书话本、戏剧脚本等等而成。所以其书六七百年来，不胫而走，备受读者欢迎。唐浩明比起罗贯中来，幸运得多。因为他生长在二十世纪后期的中国，受过完整的教育，也经历了不少事变，拥有罗贯中梦想不到的著书条件。比如《三国演义》《红楼梦》，这些早经论定的古典文学名著，给他的启发一定很大。又如清末民初众多的小说笔记，诸如薛福成的《庸庵笔记》、王韬的《瓮牖余谈》、李伯元的《南亭笔记》、朱克敬的《雨窗消夏录》、李肖聃的《星庐笔记》……

无不载有曾国藩的逸事遗闻。至于吴敏树、郭嵩焘、李元度等的诗文集，更不用说。这些，都是历史小说丰富的材料来源。此外，以擅长写历史上特大事件的世界著名作家的长篇小说，如雨果的《九三年》、列夫·托尔斯泰的《战争与和平》、阿列克塞·托尔斯泰的《苦难的历程》……都是典范之作，可借鉴处不少。事实上唐浩明都这样做了。细心的读者不难从《曾国藩》三大卷中看出中外名著的投影。而当你读了书中所写邹半孔出卖奇计以及《挺经》、如夫人、同进士……这些章节时，就会对作者的阅读之广感到惊异。

在此，我还要特别提一下关于曾国藩在攻破金陵后，恢复中断了十二年之久的江南乡试。这是不可缺少的“题内应有之文章”。有了这篇文章，才算是更好地刻画了曾国藩其人。文学家不是好谈典型环境中的典型性格吗？最好多看看唐浩明是怎样铺叙“甲子科江南乡试”这一热闹场面的：

> ……
>
> 江南贡院有东西两道辕门。东辕门牌坊上写着“明经取士”四个大字，西辕门牌坊上写着“为国求贤”四个大字。安徽籍士子分在东辕门，江苏籍士子分在西辕门。每个辕门左右又各有两道较小点的门。这样，一共有十道入闱的门。
>
> ……
>
> 写榜这一天，是大比之年最热闹的喜庆日子。一大早，贡院外挤满了打听消息和看热闹的人。应试的士子本人一般都不去……贡院内大门有一队乐工，备齐锣鼓唢呐。至公堂大厅里，写榜人每写出一个名字，便有人一声接一声地递了出来，乐工便马上敲响锣鼓、吹起唢呐，以示庆贺。名字传到外面，人群中即刻响起一阵鼓舞欢呼。仆人或伙计便飞马奔向旅店报信领赏。用不着第二天张榜，新举人的名字便已传开了。
>
> 今天，至公堂上布置一新，正中一张宽大发亮的条案，案桌旁边是一把铺着虎皮的大太师椅。五张洒金大红纸上，早有执事人员将今科正榜二百七十三名举人、副榜四十七名副贡每人所占的位置用细墨

画好了，单等曾国藩一一填上。

……

大厅里又忙碌起来，差役搬出十几对大红蜡烛，都把它点燃了。又捧出几十挂万字号鞭炮。乐工们从贡院大门边撤回大厅外坪里。至公堂厢房里走出五名形貌丑陋的人来，他们被化装成大头凸额、眼深颌长的怪样子，脸上一律涂满朱砂，挂上满口红胡须，头上戴着乌纱帽，身穿紫红袍，这是舞台上的魁星装扮。最热闹，最好看的闹五魁就要开始了。

鞭炮响起来了，鼓乐奏起来了，五魁舞起来了，金榜张贴出去了。虽然有点名那天小小的不快，甲子科江南乡试毕竟圆满结束了。

不知为什么，读了上面这些叙述与描写之后，很自然地使我想起《红楼梦》第十八回写元春归省那个场面的铺叙。据说在《红楼梦》研究者中，有人认为曹雪芹没有白费气力，替后世留存了乾隆时代后妃出宫廷的仪注。本来，历史小说总不免要有些考证文章。这，并非炫示作者的功力，而是展现历史风貌和社会风俗画面。不是有人说过吗？巴尔扎克最不可及的地方，就是他在《人间喜剧》里汇集的法国社会的历史画面比任何历史书都深刻得多。我们读《水浒》中写李师师的文字，比读《宣和遗事》中写李师师的文字，觉得意义尤为深邃，大概也是文学作品比其他著述更富有深刻含义的缘故吧。

一个作家不能靠聪明来写书，但聪明的确是作家不可缺少的。当我读了唐浩明《曾国藩》中"一别竟伤春去了"前前后后的文字后，这种感觉更加明确而坚定。

曾国藩这位道学先生，确确实实在咸丰十一年（1861）攻破安庆城不久，居然在国丧期未过，娶了一个小老婆。王闿运写于这年的《七夕词》，就是为讽刺这件事而发：

家国荒荒有祸殃，敢同儿女话愁肠。

谁知谢傅围棋日，已办天钱聘七襄。

诗中只差一点没指出曾国藩的名字了。可是，这件事的内幕详情如何，外人均不得知。曾国藩身边知道这件事的人也没有留下任何文字记载。然而，事有凑巧，曾国藩早年写过一副挽妓女春燕的对联：

未免有情，忆酒绿灯红，一别竟伤春去了；
似曾相识，怅梁空泥落，何时重见燕归来！

就凭这一诗一联，于是作者定曾国藩的小老婆名叫春燕，是个出身贫苦，善于体贴人心的女子，写得活灵活现。最妙的是把春燕引到曾国藩住处来的，竟是一生把爱情看得无比圣洁的彭玉麟。在战火纷飞、硝烟弥漫中，穿插一段风光旖旎的艳事，使小说为之生辉。可事情真真假假，丝毫也没有冤屈曾国藩。读书至此，虽欲不为作者的聪明过人浮一大白，岂可得乎？

诚然，曾国藩是历史上有巨大影响的政治人物。长时期被吹捧为“中兴名臣”“圣相”“完人”。也就是说曾文正公是被“神化”过的。历史上把有巨大影响的政治人物，打扮成“神”的先例，不是绝无仅有，今后也许还会出现。殊不知这样做的结果，最容易把“人”毁了。因为凯撒也是人，当他肚子饿了的时候，一样要吃饭。拿破仑不是不怕死，他的一生都是在死里求生。伟大与平凡，并非遥隔万里。假如说历史学家的使命，是用十分严肃的态度把某些被“神化”过的人物，还他一个本来面目的话，那么文学家的使命是什么呢？依区区的见地，应该是在历史人物的身上披一件艺术之衣，使他的本来面目更加容易被人看得清楚。不但是有血有肉，能哭能笑，而且就像湖南人所常说的：“从棺材里扶起来还可以喝酒吃饭哩。”甚至于好像他就生活在人们身边，永远生活在这个世界上。

末了，让我引用谢无量在早几十年前论明清小说的一首诗来结束本文：

莫言小说异篇章，绝妙罗公久擅场。
一自胡尘收拾后，词人多半软心肠。

原载《曾国藩学刊》1994年第1期

经学家王闿运

封建社会最重视经学。知识分子无不把儒家经典看作一切学问的根本。把儒家必读的书，称之为“经”者，最早是庄周。《庄子·天运篇》说：“孔子谓老聃曰：丘治《诗》《书》《礼》《乐》《易》《春秋》六经，自以为久矣。”那么，把《诗》《书》《礼》《乐》《易》《春秋》称作“六经”，起于春秋（孔子自称）或战国（庄子之言）时期。这样说，谅不会大错。对《诗》《书》《礼》《乐》《易》《春秋》这几部书，进行讲解、注释或研究，就叫做“经学”，似乎也可以说得过去。“六经”又名“六艺”，其中《乐经》后来失传了，只剩下“五经”。东汉时期，在“五经”之上，加了《论语》《孝经》，号为“七经”。唐代又有“九经”之名，那就是把《礼》分为《周礼》《仪礼》《礼记》。宋代则定为“十三经”，包括《诗》《书》《易》《周礼》《仪礼》《礼记》《春秋左传》《春秋公羊传》《春秋谷梁传》《论语》《孝经》《尔雅》《孟子》。

经学的历史，从西汉初年算起，已经是最保守的讲法，也有两千多年了。清末，长沙皮锡瑞写过一部《经学历史》，大体上介绍了历代治经的情况。王闿运的高足马宗霍于1936年写有《中国经学史》，比较系统地叙述了历代的经学。

《四库全书总目》中所著录的经部著作，共达1773部，20427卷。当然，并不包含所有的研究成果在内。这一事实，足够说明经学范围之宽广以及谈起经学来那么不容易。

经学最为盛行的时期是汉代。汉代经学可划分为两个阶段。第一阶段为西汉时期，当时受重视、得到官方大力支持的是今文学派。因为秦始皇焚书坑儒，儒家经典剩下来的极少。汉惠帝四年（前191）始废止“挟书之律”。文、景二世，政权巩固，开始留意文化学术，朝廷派人搜求典籍，渐开献书之路。不过古籍多用口授，学者用汉代通行的隶书记载下来，谓之今文经书。政府设立博士，传授弟子。又由于传授者各以家法，故五经博士共十四，也就是说今文经学中出现了14个派别。

当今文经书列为学官之时，民间已有古文经书流行。所谓古文经书，即用战国时期的蝌蚪文所写的古籍，是秦火中幸存者，最著名的有孔子壁中书。但今文派势力强大，认为古文所写经书出于伪造。一直到东汉中叶，古文经书方逐渐受到重视。

古文派受到重视，为汉代经学发展的第二阶段。回顾两汉经学发展的情况，可以说基本上是今、古文之争。古文经派之所以能取代今文经派的地位，原因固然甚多，但依笔者浅见，一则是今文经派流行日久，最后益趋繁琐。例如：仅解释《尚书·尧典》篇，就用了10多万字。《尧典》开头一句为“粤若稽古帝尧”，释“粤若稽古”四字，足足用了三万字。这样发展下去，岂不教人生厌？再则是古文经派强调治经必先把文字训诂搞清楚，所谓训诂不明，则经义不彰，这是合理的。字义还搞不清楚，如何知道经书的内容呢？只有从扫清语言文字上的障碍着手，才符合实事求是的学习方法。汉儒治经，最重“家法”。何谓“家法”？据范晔《后汉书·儒林传论》曰：开门受徒者，“皆专相传祖，莫或讹杂。至有分争王庭，树朋私里，繁其章条，穿求崖穴，以合一家之说。”故称为家法。马宗霍又说：“师法、家法，名可互施。然学必先有所师，而后能成一家之言”。若论其审，则师法者溯其源，家法者衍其流。其间盖微有不同，今以《汉书·儒林传》证之：“凡言某经有某氏之学者，大抵皆指师法；凡言某家有某氏之学者，大抵皆指家法。如《易》有施、孟、梁丘之学，此为师法；施家有张、彭之学，孟有翟、白之学，梁丘有士孙、邓、衡之学，则家法也。”看来不过各家各派越分越过细罢了。东汉末，郑玄兼治今、古文经书，想打破今、古文派的界限，各取其所长，于是遍注群经，杂用各家各派之说，卒致成为大儒。

东汉桓、灵之世，宦官擅权，生灵涂炭，卒致黄巾起义，天下瓦解。经学今、古文之争，至此告一段落。然“郑学”仍有一定的影响。因为魏兴，实行九品中正之制，用以代替汉代以经术取士。于是，治经与出仕的密切关系，破除无遗。门阀世族用以炫人自重的有力支柱是讲究“礼法”，而礼法所依据者乃儒家的“三礼”——《周礼》《仪礼》《礼记》。郑玄是“三礼”的权威学者，所著三礼注仍被奉为典则。

经学史上最有趣的故事是：著《公羊解诂》的名学者何休，曾经作《公羊墨守》《左氏膏肓》《谷梁废疾》，借以抬高《公羊传》的地位，为难《左传》与《谷梁传》。郑玄则针锋相对地著《发墨守》《箴膏肓》《起废疾》以难之。何休见而叹曰：“康成入吾室，操吾矛，以伐我乎？”不料风靡一时的“郑学”，当曹魏之世竟遇上了一个强有力的敌手王肃，专门和它作对。王肃是王朗之子，尝学于宋忠，好贾（逵）、马（融）之学，而不喜郑玄之说，尝著《证圣论》攻击郑氏学。王肃也兼通今、古文经书，他以今文说攻郑之古文说，又以古文说攻郑之今文说。甚至不惜伪造《孔子家语》和《孔丛子》，用来驳斥郑玄。

正当郑玄、王肃两家在经学领域内互争长短之际，学术界异军突起，出现了以何晏、王弼为首的新学派。何晏注过《论语》、王弼注过《周易》。尤其是王弼的《周易注》，用老庄之理，阐释《周易》，开辟一代新风，为前所未有。他把两汉今、古文派的旧说搁置一边，什么师法、家法，统统被打乱了。事实证明：新起的玄学，不是与儒学分庭抗礼，而是执论坛之牛耳，逼使经学退缩到负隅顽抗的境地。晋室南渡，南北分裂。江左玄风大畅，北土虽重儒学，却无大师，抱残守缺而已。

隋唐统一，经学随之复兴。因隋文帝杨坚、唐高祖李渊，皆久居北方，习闻儒学，故即位之后，杨坚有命议明堂制度，李渊则恢复州、县学，诏立孔庙。唐太宗李世民以儒学多门，章句繁杂，特令国子祭酒孔颖达与诸儒撰定五经义疏，以便纷纭众说归于一致。贞观十六年书成，名为《五经正义》，至今犹流行。《五经正义》颁行全国后，无疑是讲解经书的标准课本，好处是杂说异义得以整齐划一，可是经学的发展从而受到限制，经学本身的生命力显然被严重削弱。

唐代经学，除《正义》一派居绝对优势外，前有陆德明之《经典释文》，后有李鼎祚之《周易集解》，备受后世称赏。学术上的大一统，固然是为政治上的大一统服务的，但学术上的大统往往不像政治上的大一统能够持久。唐代经学从大历以后，反对《正义》的新说不断产生。初则难“疏”，继则难“注”，最后以无意说经者比比皆是。

由唐至宋，中间经历五代，从经学的角度来看，五代与北宋初期，都是沿着唐以来的旧制，以九经取士。但这个时期有值得大书特书的事体出现，即五代时印刷术得到推广，雕版印书，使经书普及社会，促进了经学的研究。

宋代经学最初基本上是继承唐人《正义》一派，及欧阳修出，认为《正义》所载既博，所择不精，上书朝廷，乞删去谶纬之文，使经义纯一。他的建议虽未得到实行，但此后学者解说经义往往置唐人所定注疏于不顾。《中国经学史》引司马光的话说：“近世卿大夫，务为高奇之说，流及新进后生，口传耳剽，读《易》未识卦爻，已谓十翼非孔子之言；读《礼》未知篇数，已谓《周官》为战国之书；读《诗》未尽《周南》《召南》，已谓毛、郑为章句之学；读《春秋》未知十二公，已谓三传可束之高阁。循守注疏者谓之腐儒，穿凿臆说者谓之精义。”这便是当时学术界的实际情形。同时，也是经学研究出现转折点的开端，更是“宋学”崛起之前的必然现象。

所谓“宋学”，又称为“理学”或“道学”。称其为“宋学”者，以其为宋人所开创的一门学术，不同于汉魏六朝隋唐之学也。这门学术以圣人的“性命义理”为研究对象，故名“性理学”或“理学”。这门学术的研究者以继承唐尧、虞舜、夏禹、商汤、周文、武、周公、孔子的道统自居，故又名之曰“道学”。实际上就是抛开一切注疏，直接从经书中去寻找圣人教导后学安身立命、济世救人的大道理。

宋学之产生，与历史环境有密切关系。宋代统治者处在内忧外患的严重关头，感到岌岌可危，迫切需要一种忠君爱国的学说来帮助维系人心，而强调“饿死事小，失节事大”的义理之学恰恰满足这种需要，所以得以发展。与此同时，自魏晋以来，外来的佛教与中国本土产生的道教，在社会上已拥有广大群众，形成了强固的精神力量，迫使儒家不得不起来“应变”。所以宋学可以说是糅合儒、释、道三家之说为一的唯心论哲学，在某种意义上又是经学发展的变种。它在客观上把历史上的所谓经学从繁杂琐碎、众说纷纭的体系中解放出来，却又助长了主观臆断、不读书、空谈义理的不良学风，使经学朝着空疏的趋向发展。

明代是经学衰落时期，不但不能与汉唐比，而且也不如宋元远甚。直到清代，学术才得到复兴。这与明末清初顾炎武等大学者检讨过去亡国亡天下的原因，郑重而不无痛心地提出通经致用的主张固然有关，也与清朝统治者一面大兴文字狱，一面有意提倡钻研学术、笼络知识分子政策不可分割。乾隆一朝，清代学术臻于全盛时期。尤以考据学著称于世，大家辈出，成绩斐然。

清代经学有一突出之特点，即继承汉代古文经派而来，故自称“汉学”，以示与“宋学”不同。如前所述，汉代古文经学派主张治经须先明训诂，所谓训诂不明则经义不彰。这种把文字、音韵、训诂之学当作治经途径的传统，清代学者无不谨守。因之，清代经学家，几乎无不精通“小学”，即对文字、音韵、训诂有深湛的造诣。如戴震有《声韵考》《方言疏证》；段玉裁有《说文解字注》《六书音韵表》；钱大昕有《声类》；王念孙有《广雅疏证》，其子王引之有《经义述闻》《经传释词》。段玉裁与桂馥、朱骏声、王筠且并称为“说文四大家”。驯至附庸蔚为大国，“小学”不断发展形成各个独立的学科。研究愈进步，分枝愈多。张之洞《书目答问》一书小学类就有“说文之属”“古文篆隶各体书之属”“音韵之属”“训诂之属”，比起《四库全书总目》来更增多了。

在这里，要特别提到今文学派的复活。为方便计，先移录梁启超《清代学术概论》一节于此：“今文学之中心在《公羊》。而公羊家言，则真所谓其中有非常异议可怪之论，（何休《公羊注・自序》）。自魏晋以还，莫敢道焉。今十三经注疏本《公羊传》虽用何注，而唐徐彦为之疏，于何义一无发明。《公羊》之成为绝学，垂二千年矣。清儒既遍治古经，戴震弟子孔广森始著《公羊通义》，然不明家法，治今文学者不宗之。今文学启蒙大师则武进庄存与也。存与著《春秋正义》，刊落训诂名物之末，专求其所谓‘微言大义’者，与戴、段一派所取途径全然不同。其同县后进刘逢禄继之，著《春秋公羊经传何氏释例》，凡何氏所谓非常异义可怪之论，如‘张三世’‘通三统’‘绌周王鲁’‘受命改制’诸义，次第发明。其书亦用科学的归纳研究法，有条贯、有断制，在清人著述中实最有价值之创作。段玉裁外孙龚自珍，既受训诂于段，而好今文。说经宗庄、刘……往往引《公羊》义讥切时政，诋诽专制。”

《清代学术概论》又说：“道光末，魏源著《诗古微》，始大攻《毛传》及《大小序》，谓为晚出伪作，其言博辩，比于阎氏之《书疏证》（按阎若璩《古文尚书疏证》），且亦时有新理解。其论《诗》不为美刺而作，谓美刺固毛氏一家之例。……源又著《书古微》，谓不惟东晋晚出之《古文尚书》为伪也。……今文之健者，必推龚、魏。龚、魏之时，清政既渐陵夷衰微矣。举国方沉酣太平，而彼辈若不胜其忧危，恒相与指天画地，规天下大计。考证之学，本非其所好也，而因众所共习，则亦能之。能之而颇欲用以别辟国土，固虽言经学而其精神与正统派之为经学而治经学者，则既有以异……故后之治今文学者，喜以经术作政论，则龚、魏之遗风也。”以上是从汉初至清末两千年来经学发展的一个轮廓，甚至是一个很不像样的轮廓。但是如果不了解历史上经学的概貌，特别是对清代道光之后龚自珍、魏源以说经作政论开风气之先一无所知的话，就不可能对王闿运治经的本末及其在这方面的造就，有较多的认识。

下面再看王闿运治经的经过。据《年谱》：

二十四岁　在武冈　始治“三礼”。（不过分章节、正句读而已）

二十五岁　仍在武冈　始治今、古文《尚书》。

二十八岁　客山东　始治《诗经》，并作《诗演》。

三十八岁　居衡阳石门　始治《公羊春秋》，又作《谷梁申义》，同时，为儿女讲《尚书》，始笺《尚书》。又为儿子讲《周易》，作《周易燕说》。

四十岁　在山东德州　得《尚书大传》，成《尚书大传注》四篇。十一月还石门，始笺《礼记》。

四十一岁　居石门　作《今古文尚书笺》成。

四十二岁　居衡州　作《诗补笺》。又检《春秋义例》。

四十四岁　在衡阳　作《诗补笺》成。

四十五岁　在长沙　抄《春秋条例》。校《公羊》释文，作《公羊春秋笺》成。

四十六岁　在长沙　抄《礼记》。是年冬入川。

四十七至五十岁　多次校《礼记》。

五十一岁　在成都　改《春秋笺》。

五十四岁　《礼记笺》刻成。

从上面所摘记的来看，王闿运对五经是用过功的。尤其是对《礼记》《春秋》《尚书》，用力较深。《春秋》三传中的《公羊传》，他从38岁起进行研究，到45岁方写成《春秋公羊笺》。《清史稿》王闿运本传说他年“二十八（疑为三十八之误）而达《春秋》微言，张《公羊》，申何学”，看来是可信的。《清史稿》又说：王闿运“所著书，以经学为多”。费行简《近代名人小传》以王闿运居“儒林”之处，且在弁言中称：“弗通六艺者，弗敢以儒奉之。”可见王闿运身后学者咸以经师相待。然而，当王才到尊经书院时，廖平以己作《公羊论》示闿运，“闿运赏之曰：睹君此作，吾愧弗如。而平则哂闿运经学为半路出家。”何耶？我们认为从王闿运生平为学及其治经无所师承来看，他是不肯暖暖姝姝、守一先生之言的。因此，若用传统的眼光衡量王闿运的经学，不止是“半路出家”，甚至还不知师法、家法呢。加之以乾嘉学者视小学为治经的不二法，王闿运于文字音韵、训诂不甚留意，更要为正统派所哂了。廖平少年盛气，但知乃师弱冠流转兵间，所如辄不得志，始退而与诸生讲学，遂以为其经学乃“半路出家”。殊不知王闿运于今文经《公羊传》实是与龚自珍、魏源一脉相承的。而且他对五经皆有著述，非一般可比。往年，支伟成撰《清代朴学大师列传》，初拟将王闿运列于“常州派今文学家”中，与庄存与、刘逢禄、宋翔凤、戴望、邵懿辰诸家为一系。章太炎以为不可，其理由是王闿运治经兼采古、今文，且笺有《周官》，与邵懿辰等攻击古文者有区别。于是支氏遂遵从太炎之意，把王闿运独立于戴、惠二派之外，列为“湖南派古今兼采经学家”，与邹汉勋、皮锡瑞放在一起。但是，其后王闿运入室弟子马宗霍著《中国经学史》，叙及“清之经学”时，仍以其师归属“常州今文学派”。其言曰：

> 戴、惠末流之弊，英华既竭，枝叶是穷，义鲜宗极，语乏归宿。诚有如焦循所讥为“拾骨学”“本子学”者。（《理堂家训》以摭拾之学为“拾骨学”；以校勘之学为“本子学”。排斥甚力。）于是常州今文之学乃乘之而起。初，武进庄存与博通六艺。而善于别择，诸经皆有撰述，尤喜《公羊》家言，为《春秋正义》然犹杂治古文（撰《毛诗说》《周官记》《周官说》），不执守今文之说。其从子述祖，亦遍治群经。……故常州学者说经必宗西汉，解字必宗籀文，自庄氏始。述祖之甥有武进刘逢禄，长洲宋翔凤，皆传其学。逢禄作《公羊何氏释例解诂笺答难》，又推原谷梁氏、左氏之得失，为申何难郑……翔凤之学，略次于刘（述祖有“刘甥可师”“宋甥可友”之语），而饰说过之。……至是今文之说，遂以大明。刘氏弟子有仁和龚自珍，宋氏弟子有德清戴望，并治《公羊》。……由是浙中有今文学。邵阳魏源，素善自珍，作《两汉经师今古文家法考》，谓西汉之学胜于东汉，东汉之学兴，而西汉博士之家法亡，大旨与宋氏同。……湘潭王先生继之，各经皆有笺注，亦折衷于《公羊》之义，自为眇通。……由是湘中有今文之学。王氏弟子井研廖平，初作《今古学考》，谨守汉法，已乃自名其学，闳大不经。而南海康有为乃窃其绪，作《新学伪经考》《孔子改制考》。由是蜀中、粤中亦有今文学。

我们认为把王闿运归属常州今文学派，并且直接继承于魏源，是很有道理的。因为这一派最大的特点便是突出《公羊》学，有如梁启超所言“今文学之中心在《公羊》”。而《公羊》之要旨又在于“其中多非常异义可怪之论”。自魏晋以来，《公羊》已成为绝学，庄存与的贡献便在于他重新提倡何休的学说，探寻《公羊》的微言大义。龚自珍、魏源，乃至王闿运，进一步把《公羊》学的学说理论与当前的政治实际结合在一起。无怪乎谭嗣同要说：“千年暗室任喧豗，汪（中）魏（源）龚（自珍）王（闿运）始是才”了。

随着时代的不断前进，龚自珍、魏源“往往引《公羊》义讥切时政”于前，王闿运则“专注《春秋》说民主”于后。这些新时代启蒙人物，怎么可以用传统的经学家来衡量他们的价值呢？

既如上述，王闿运的经学造就突出表现在今文《公羊》学上，在此，我们还须对《公羊》学作一番简略介绍。

我们已知五经中包括有《春秋》，其实，《春秋》为鲁国的史书。严格地说，它是按年代编写的大事记。当时，各国都有自己的“编年史”，不过名目不同。晋史叫作《乘》，楚史叫作《梼杌》，鲁史叫作《春秋》。孔子是鲁国人，据说，孔子讲学时，曾经用鲁史《春秋》作为教材，教育他的弟子，当然，他对这部教材要进行适当整理。由于经过他亲手整理，所以有人说孔子“作”《春秋》。其实，他是“述而不作”的。《春秋》这部编年史所记载的内容，从鲁隐公元年起，至鲁哀公十四年止，相当于公元前722年至公元前481年，共242年。中间经过12个朝代，又称“十二公”，即隐公、桓公、庄公、闵公、僖公、文公、宣公、成公、襄公、昭公、定公、哀公。据司马迁《史记·孔子世家》：“鲁襄公二十二年（公元前551年）而孔子生”“孔子年七十三，以鲁哀公十六年（公元前479年）四月己丑卒。”那么，《春秋》所记之事，在孔子的时代，是属于“近现代范围”。孔子15岁有志于学，应该是懂事的时候了。所以从鲁昭公七、八年到鲁哀公这一段，大约60年内所发生的事，都是他和他父亲同辈人亲自见闻的。从鲁文公到鲁襄公这一段历史，大约80年之久，所发生的事，相当于他祖父那一代，他只是听人所说。至于从鲁隐公到鲁僖公，这将近百年内所发生之事，那是他高祖、曾祖时期的事了，他不过得之于传闻。我们想，这种说法是比较合情合理的。因此，孔子在整理这部教材时，略远详近，自属当然。再者，孔子是鲁人，对鲁国或与鲁国有关的各国之事，更为关心和熟悉。别国，尤其是那些距离鲁国很远的国家，甚至夷狄之邦所发生的事情，比较生疏，也是可想而知的。

至于孔子拿鲁国历史书作教材，讲述“近现代范围”内的大事，学生听讲，必然牢记在心，有的甚至还用种种方法帮助记忆，也可能作些简单的笔记。由于听讲者的兴趣，目的要求、接受能力、领会程度，种种不一，所以后来传授给下一代，就出现了很大的差异。下一代传给再下一代，更加有所不同。这也是理所必至，势所必然。《春秋》三传（汉时为五传，《汉书·艺文志》载有《邹氏传》《夹氏传》，其书已亡。）就是对《春秋》所传授的内容，具有代表性的三种不同类型。《春秋》是经，传是解经的。《左传》《公羊传》《谷梁传》对经的解说各有不同。《左传》以叙事为主，其他二传叙事很少，主要是解说经为什么要这样写。我们知道，《春秋》经文每条仅有几个字，它相当于今天报纸上的“新闻标题”。《左传》作者就把新闻内容详细介绍，间或也把“标题”顺便解释一下。《公羊》与《谷梁》却与此相反，只解释“标题”的涵义，为什么要这样写？用经学家所使用的专门术语来说，《公羊》与《谷梁》只讲《春秋》“书法”（又叫“笔法”）。认为孔子采用《春秋》作教材，就是因为《春秋》“书法”含有微言大义。

《左传》成书最早，大约战国时期就写定了。《公羊》与《谷梁》则一直用口授，到汉时才“著于竹帛”。《左传》是用战国时的蝌蚪文写的，故称其为“古文”。《公羊》与《谷梁》自然是用汉隶写的，故称其为“今文”。

据说，最早传《公羊传》的是孔子的学生卜子夏。孔子死后，子夏居西河（位于今山西汾州）教授，他把《春秋》讲解传与他的学生公羊高（谷梁赤之学也传自子夏）。高传与其子平，平传与其子地，地传与其子敢，敢传与其子寿。到公羊寿这代，已历五世，代代皆口授。汉景帝时，公羊寿与其弟子齐人胡母子都始“著于竹帛”。与公羊寿同时代的董仲舒，也治《春秋》，所著《春秋繁露》一书，与公羊之说，互相发明，可能是出自同一个学派。不过，董氏把战国时期“五德终始”之说也引进了他的著作中去。相传任城何休为董仲舒四传弟子，因此，《公羊解诂》中许多见解与《春秋繁露》一致。

汉文帝、景帝时期，诸侯割据，地方势力强大，威胁中央集权。所以当时向皇帝献策的人，从贾谊到晁错，都强调强干弱枝。归纳一句，就是要强化中央集权。汉武帝也好公羊学，他即位后，董仲舒上策请罢黜百家、独尊一孔，甚合其意。后来公孙弘治公羊学，竟以布衣跻丞相，最主要的就是因为《公羊传》开始就提出“尊王”“大一统”。所谓“尊王”“大一统”，不就是强调中央集权吗？所以西汉时《公羊传》为显学。事情很明显：学术风气是以政治形势的需要为转移的。魏晋以后，天下割裂，《公羊》自然被冷落了。

可是，问题也正在这里。为什么主张“尊王”“大一统”的公羊学，到了清代后期，龚自珍、魏源之徒竟引用其义“讥切时政，诋诽专制”呢？这就非把“公羊三科”略为讲述不可了。

所谓“公羊三科”，是指《公羊传》中有“张三世”“存三统”“异内外”的说法。首先这样讲的是董仲舒，他在《春秋繁露》中写道：“《春秋》分十二世，以为三等；有见、有闻、有传闻。有见三世，有闻四世，有传闻五世。故哀、定、昭，君子之所见也；襄、成、宣、文，君子之所闻也；僖、闵、庄、桓、隐，君子之所传闻也。所见六十一年，所闻八十五年，所传闻九十六年。于所见微其辞，于所闻痛其祸，于所传闻杀其恩，与情俱也。”这正如上文所提到的，不难理解，在《春秋》“书法”上，譬如写某人死，有的写死于某日，有的不写日子，写日子和不写日子，是时间距离远近有关，同时也与情亲疏密联系在一起。何休在《公羊解诂》中讲得尤为具体：“异辞者，见恩有厚薄，义有深浅。时恩衰义缺，将以理人伦、序人类，因制治乱之法。”我们从这里可以看出：时间的远近，关系的亲疏，恩情的深浅，是《春秋》记事详略的几个原则。《解诂》又说：“于所传闻之世，见治起于衰乱之中，用心尚麄觕（音粗促，粗略之意。）故内其国而外诸夏，先详内而后治外，录大略小。内，小恶书；外，小恶不书。大国有大夫，小国略称人。内，离会书；外，离会不书是也。于所闻之世，见治升平，内诸夏而外夷狄。书外离会，小国有大夫。宣十一年秋，恶侯会狄于攒函，襄二十三年‘邾娄劓我来奔’是也。至所见之世，著治太平，夷狄进至于爵，天下远近大小若一，用心尤深而详，故崇仁义，讥二名。‘晋魏曼多、仲孙何忌’是也。”这里分别指出：

所传闻之世是“衰乱世”，所闻之世是“升平世”，所见之世是“太平世”。衰乱世书国内之事，宜详；书别国之事，宜略。此之谓内、外有别。升平世把中国各国都看作“内部”，惟夷狄之邦属“外部”。太平世则不分远近大小，虽夷狄之邦也视作一体，真是天下一家。惟崇仁义、别善恶而已。

以上这些说法，谓之“张三世”“异内外”。值得注意的是从衰乱世进而为升平世，最后进入太平世，“内”与“外”的圈子越划越大。“内其国而外诸夏”“内诸夏而外夷狄”，一直到“夷狄进至于爵”，理想多么完满。

什么叫“存三统”呢？依董仲舒的说法，王者莫不受命于天。受命于天谓之“统”。统者，治也，治天下也。统分为三：天统，地统，人统。如果以颜色来象征的话，天、地、人三统分别为“黑统”“白统”“赤统”。夏、商、周三代，夏为黑统，商为白统，周为赤统。三者循环，周而复始。儒者不承认秦之有天下，乃受命于天。因之，谓周之后当为黑统。王者既受天命，必改正朔，易服色。董仲舒这种说法，为治公羊学者所共认。

如果说“张三世”“存三统”“异内外”的说法，也有一点进步因素的话，那就是这种学说承认历史是不断向前发展的。由衰乱而升平而太平，社会一步比一步前进。倘若统治者违背了这个规律，甚至反其道而行之，那么就会导致“易统”。世界不会永远由一家一姓统治下去的，而这些正是孔子没有明白讲出来的“微言大义”。公羊学者一一阐发，使天下后世知圣人之用心。

正因为《公羊传》中有这种“非常异义可怪之论”，所以今文学派就假借说经来表达自己的政治思想。借他人之酒杯，浇自己胸中的垒块。龚自珍、魏源继庄存与、刘逢禄之后这样做了。在庄、刘原是研究学问，而龚、魏却借学问干预时务。

本来就以“纵横”自许的王闿运，当满腹经纶得不到施展、退而讲学的时候，自然而然地要借公羊学来发抒其怀抱了。

廖平在未受业于王闿运之前，所著《公羊论》，以治经言，或不无可取；及其听王闿运说《公羊》之后，不能不深有所启发。

王闿运是怎样笺《公羊传》的呢？稍举一二以说明王氏不过申何休之说有所发明而已。

例如《春秋公羊传》开头一段，闿运所笺如下：

● 元年春王正月

笺曰：以下书三月，故知当有公即位，以为五始起例，公即位例月。

● 君之始年也。

笺曰：二王之后得改元，自用周朔。成王绌杞广鲁，鲁、宋俱有元年，故可托，王者法也。诸侯无元年，故不曰公之始年。

● 王者孰谓？

笺曰：以经有天王，而鲁称公。以为天王，则非元年；以为鲁公，又无王号也。

● 谓文王也。

笺曰：受命之王为文王。《论语》曰：文王既没，文不在兹乎？正谓此也。

言此托王，不为鲁作，尤不为周作，假王名耳。主人问其传？则王自为正出，未尝改周统，故为奉文王之正。

● 王正月也。

笺曰：惧学者诚以为周王，因以王正相直。鲁、周异正，则托王显矣。鲁不用周正、用殷正者，文王初用殷正，周公摄王，未尝改正，故假而用之。《尚书》记时月不系王，系王自《春秋》始。于文为不词，以示非记事之书。

● 大一统也。

笺曰：大，谓推而大之也。书春三月皆有王，存三统也。不先自正，则不是治人，故以王正月，见一统之义，而三统乃存矣。

忆50年代之初，马宗霍教授自湖南大学两次入城，主其乡人萧亮如（骧）家，皆与予不期而遇，相见甚欢。予以湘绮假《公羊》说民主求教于马，他说：如湘绮师提及“上不正则不足以治人”，往往放言时政之乱莫不自上始。并谓清末为“据乱世”，有待于拨乱反正。凡此，皆见之于言说，而不见之于文字。

又，往年予读董作宾《殷历谱》（此书假之杨遇夫先生，为董氏所持赠），见上编卷3云：“武丁时有多妇，而入祀典者三，盖即孝已、祖庚、祖甲之生母矣。”遇夫先生手批：“此母以子贵之始。”又《殷历谱》上编卷4第5章《殷周之际年历考》云：“以上文王二十三祀，三十五祀，武王元祀，所载正二月，皆殷正。此可见终文王之世，以至武王元年，盖皆奉殷之正朔。殷代王朝之尊严，可以想见。及武王潜蓄伐殷之志，至三祀乃改用周正，行于其国矣。”在这儿，遇夫先生又手批：“此犹汉初用秦历耳，日不暇给，与尊严无涉。”抗日战争胜利后，在长沙与遇夫先生谈及时，他说，这些都是他早年间接得之于王湘绮先生。湘绮认为鲁国所奉行的是殷历。孔子是殷之遗民，故假托之。

以上这些是湘绮讲说《公羊传》时的大概。特不嫌词费，以见一斑。

廖平，字季平，四川井研人，治今文经，长于《春秋》。王闿运是光绪四年（1878）冬末入川的，其时廖平已27岁，早入尊经书院肄业，次年考中举人。光绪十三年（1887）作《今古学考》。十四年（1888）夏将《今古学考》分为两篇：述今学者为《知圣篇》；述古学者为《辟刘篇》。他认为今文学派与古文学派之区别，不在于今文、古文，而在于制度与师说，并且说，古文经皆出于刘歆诸人所伪造。他的著作刊布之后，光绪十六年（1890），他到了广州，并与康有为见面，对这方面的问题，与康有为谈论过。

谁知康有为竟以廖平的学术观点为基础，于光绪十七年（1891）出版了《新学伪经考》。“新”是王莽篡汉的国号，“新学”指新莽之学。“伪经”是说《周礼》《逸礼》《左传》等王莽当国时刘歆请立学官的古文经书。这都是刘歆及其同伙伪造的。他这种立说站不站得住脚姑置勿论，但他的书面世之后，影响极大。对一切古人流传下来的书，学术界许多人都持怀疑态度了。

继《新学伪经考》之后，康氏又出版了《孔子改制考》，认为六经皆孔子所作，孔子著书的目的是要改变政治制度、社会制度。这也是从廖平那里“剽窃”来的。不久，康有为又发表其《大同书》。康有为这三部书在当时来说，震动了整个思想界。梁启超说：“若以《新学伪经考》比飓风，则此二书（按指《孔子改制考》及《大同书》）其火山大喷火也，其大地震也。”

对康有为的著作与廖平所著书的关系，梁启超在《清代学术概论》中毫不隐讳地说：“有为早年酷好《周礼》，尝贯穴之著《政学通论》。后见廖平所著书，乃尽弃其旧说。”但是，不管康有为的著作来历如何，康有为依靠《新学伪经考》与《孔子改制考》成为了维新运动的领袖人物却是千真万确的。

若认真考究“两考”的思想渊源，应当说王闿运从中起过一些启蒙作用。我们这样说该不算武断罢。

廖平生平治学，以“善变”著闻于时。马宗霍说：“廖氏之学凡六变。三变以前尚有指归，至四变、五变……益流于怪迂。”其人晚节受张之洞摆布，尤不足取。不过，他在四川学术界威信极高。王闿运对“蜀学”造成一种新的学风，正是廖平、岳森、刘子雄、胡从简、戴光这些大弟子辗转传授之功。流风所至，郭沫若也毫不掩饰地说他是王湘绮三传弟子。不信，请看郭氏自述：1905 年，郭沫若进乐山县高等小学读书，叙述学校教师情况时说：“一位是帅平均，他是本县的廪生，是以本县的官费最初送出东洋的。……帅先生的授课，比较有趣味的还是他的读经讲经。第一学期中，他整整地教了一篇《王制》，这是使我和旧学接近的一个因数。《礼记》中的《王制》是饤饾不可卒读的，但他把它分成经、传、注、笺四项，以为经是仲尼的微言，传是孔门的大义，注、笺是后儒的附说。就这样把它分拆开来，也就勉强可以寻出条理了。帅先生说，这不是他的发明，是得自他的‘吾师廖井研’的传授。这‘吾师廖井研’五个字，在一点钟里面，他怕要说上一二十遍。……廖井研就是四川井研县的廖季平先生了。他是清朝末年我们中国的一位有名的经学家。他是张之洞、王壬秋的门下生。听说张之洞有些学说是剽窃他的。譬如：《公》《谷》《左》‘三传一家说’，便本是廖季平的创道。他的根据是公、谷双声，羊、梁迭韵，同为卜商的音变。《论语》孔子有‘启予者商也’的一句话，‘启予’就是‘左邱’，子夏丧子失明，‘左邱失明，厥有《国语》’，所以左邱明就是卜商。廖先生的经学，多半就是这样新异的创见。他以离经叛道的罪名两次由进士革成白丁。就是宣统年间清廷快要灭亡的时候，他还受过当时四川提学使赵炳麟斥革，把他逐出成都学界，永远不准他回到成都。他在新旧过渡的时代，可以说是具有革命性的一位学者。康有为的《新学伪经考》，听说也是采取了他的意见。廖先生大约现在也还健在吧？他的著作极多，他的弟子可以说普遍于四川。帅先生是他的一位高足，帅先生很尊敬他。”笔者早两年客游西蜀，接触一些学术界人士，听说四川前辈学人尊敬王闿运，也像帅平均尊敬廖井研，往往在言谈中不自觉地流露出来。成都杜甫草堂悬挂着王闿运手书一联，能保存至今，真不容易。王闿运在尊经书院的门徒中，还有一些杰出人物，表现极为可敬，如杨锐、刘光第、宋育仁，都属近代史上不可多得的佼佼者。

综王闿运一生，欲做鲁仲连、陈汤而不可得，最后只好隐居讲学如申屠蟠。无怪乎他在晚年时常叨念着王摩诘的两句诗：“一生几许伤心事，不向空门何处消！”

原载王继平、王澧华、王立新主编：《湘学》第 1 辑，湖南人民出版社，1997 年版

关于《论近代湖湘文化》一文的商榷

《文史拾遗》创刊号第一篇论文，即林增平教授的《论近代湖湘文化》（以下简称林文）。其所论列，鄙意以为有值得商榷之处。

林文劈头两句是这样写的："1840 年鸦片战争前的漫长的古代，在湖南没有出现过几桩足以影响全国局势的大事，属于湖南籍的名人，寥若晨星。"

这两句是林文立论的基本点，也是全文关键所在。然而，我们平心静气地权之历史事实，并非如此。1840 年鸦片战争前的漫长的古代，洞庭青草之南，水清岳峙，人物贞廉，或超然玄著，或磊落英多。

距今大约一千八九百年前"纸"的发明制造者，举世皆知的蔡伦，便是湖南耒阳人。为诸葛亮亲自所选中的接班人蒋琬，便是零陵郡湘乡人。为刘表、曹操、刘备争相罗致的刘巴，也是零陵蒸阳人。还有，在赤壁之战中，首先向周瑜建策用火攻取胜的黄盖，祖籍亦隶零陵泉陵。至于弱冠受学于当时著名学者宋衷，先后被刘表、刘备、孙权所重用的潘浚，则籍隶武陵汉寿。这些，都是东汉末年三国分立前后纷纷涌现的湖湘精英。由三国进入两晋，湖南籍的名人可更多了。仅以《晋书》所记载而言：论"忠义"则有长沙桓雄、虞悝、韩阶、浏阳易雄；数"良吏"则有汉寿潘京；言"文苑"则有朱阳罗含；语"隐逸"有汉寿伍朝、龚玄之；谈到"著作"，可与干宝、孙盛、习凿齿、司马彪并列的则有邓粲。说到文学家罗含其人，挺有意思了。他在桓温手下做事，一天，桓温宴集僚属，罗含晚来了一步，桓温对同座的人说：“你们看，这是一位怎样的人?”座中有人说：“这是荆楚之材。”桓温颇不以为然地说：“这是江左之秀啊，岂徒为荆楚之材而已吗?”东晋时所谓江左，即指全国范围而言。可见桓温对罗含是以“国士”相待的。当然，魏晋之际，湖南籍像罗含这样的知名人物，绝不止此。譬如龚玄之之父龚登，做过长沙相，以散骑常侍终；罗含之祖名彦，做过临海太守，含父名绥，做过荥阳太守，均有令誉。这，姑且置而不论，甚至连姓氏列入《唐书·儒林》传，“书名远播夷狄”，其与别人合撰之《艺文类聚》一百卷，至今犹存的望城欧阳询；湖南第一个状元，与刘蕡同时直声震于天下，其所著《骰子彩选格》，成为后世骨牌之祖的延唐（今宁远）李郃；乃至诗与方干、郑谷齐名，在《全唐诗》中独占十卷之多的益阳齐己和尚；南宋时官居礼部尚书，写过《周易总义》的宁乡易祓及与易祓同时代、宁远又一位状元乐雷发（他的著作《雪矶丛稿》，与易祓的《周易总义》同被收入《四库全书》）；甚至有明一代、唯一以宰臣居文学领袖地位的茶陵李东阳，等等，都不必在此一一标榜。现在我们只谈谈从公元 11 世纪以来成为中国儒家哲学思想主流的宋明理学。谁也不会否认，宋明理学关系中国学术文化至深且巨。不谈中国文化则已，否则不能置宋明理学于不顾。那么宋明理学有哪些重要人物呢？从胡瑗、邵雍、张载、程颢、程颐到朱熹、张栻、陆九渊……至少可以一口气数得出二三十位。就在这二三十位著名理学家的言论著作中，无不公认理学的奠基者为周敦颐。周敦颐（1017—1073）字茂叔，学者称为濂溪先生，集理学之大成的朱熹在其所作《濂溪先生像赞》中写道：“道丧千载，圣远言湮，不有先觉，孰开我人。”朱氏所编的《近思录》一书，是理学家们必读的课本。开卷便是“濂溪先生曰”。可以想见朱熹心目中认定周敦颐为此学的开山。周敦颐不独是宋明理学的开山，而且文学修养也非常醇厚深透。举个例说，他的《爱莲说》，宋以后读书人未曾读过的，恐怕为数不多吧。这样一位中国文化思想史上的哲人，他的祖籍为湖南道县。

再就林文所谓于 1840 年前“在湖南没有出现过几桩足以影响全国局势的大事”，略抒一二。上文既已提及宋明理学，就从理学方面的大事说起吧。南宋乾道初年，著名理学家张栻侍亲来湘，就自己的住宅辟为城南书院，进行讲学。不久，朱熹也来了。这两位同道好友，于是相互在岳麓、城南两书院轮番讲学，各地读书人闻讯争先恐后来听讲者络绎不绝。但两书院一在湘水之西，一在湘水之东，当时尚没有横跨湘江的桥梁，因此莘莘学子熙熙攘攘，争着渡江，忙个不停。一时渡口显得分外热闹，于是大家称它为“朱张渡”，成为学术文化史上的佳话，与后来朱熹和陆九渊在江西鹅湖寺争辩学术上的问题同样为后世所艳称。而岳麓书院列为全国四大书院之一，与湖湘学术文化的发展殆不可分割，未尝不肇端于此。

从两宋逆溯到五代，是个军阀割据、战乱不已的动荡时期。从朱温称帝到南唐亡国，前后不过六十余年。天下分裂，十国称雄，十国中以成都蜀王王建、杭州越王钱镠、长沙楚王马殷及金陵李氏辖境内相对比较安稳，因而经济和文化都有一定的发展。马殷采用高郁的建策，大力从事茶叶生产、贸易，遂使湖南臻于富强。虽然随着历史的变革，沧海变为桑田，芳园鞠为茂草。作为楚王国都城的长沙，如今仅仅留下“马王街”“马王堆”“会春园”几个地名罢了。但今之湖南仍为国内茶叶重要产区，却不能不追溯到10世纪初叶的漫山遍野广植茶林。我想中国茶业史专家、茶文化探索者，是不会忘记这件大事的。

再由五代追溯至隋唐之际，隋大业末年，农民起义，风起云涌，从北到南，起义首领有姓名可考者无虑六十余家。势力之强大足以与窦建德、刘武周、李密、王世充相颉颃者，厥为萧铣。萧铣起兵岳阳，建国号为梁，及迁都江陵，改元鸣凤。未一年占有整个长江中游。据《通鉴》卷一百八十五所载：“东自九江，西抵三峡，南尽交趾，北距汉川，铣皆有之，胜兵四十余万。”唐武德四年（621），萧铣为体念民瘼，归降李孝恭。“降后数日，江南救兵十余万，时大至。”这能说不是“足以影响全国局势”的一桩大事吗？

孙子曰：“兵者，国之大事，死生之地，存亡之道，不可不察也。”作为历史文化的研究工作者，又焉能轻易放过历代战役熟视而无睹？因此，我们还要谈几桩出现在湖南、足以影响全国局势的大事，而且确确实实是在1840年鸦片战争前漫长的古代发生的。

回顾三国时期，湖南属于荆州，乃用武之地，不少英雄豪杰，驰骋于衡岳潇湘境内，转战于零陵郴桂地区。如鲁肃关羽鏖兵益阳，黄忠坚守攸县，步骘坐镇临湘，其事甚繁，不必缕述。惟《后汉书·光武帝本纪》载：建武二十三年（47）十二月，武陵蛮反。朝廷遣武威将军刘尚征讨，大战沅水，结果政府军被消灭。第二年七月，再遣李嵩、马成率师讨伐，仍以战败告终。因此，不得不派伏波将军马援率领中郎将马武、耿舒、刘匡、孙永等，发动十二郡所招募的士卒及囚徒共组成数万人的大军出征。直到建武二十五年（49）十月，才平息动乱。而一代名将马援也在这次战役中病殁。

如果说用兵三年，兴师四万，还算不了什么大事的话，那就请看看西汉时期武帝征服南粤的事迹吧。

西汉初年，足以威胁汉王朝安全的敌对势力，北有匈奴，南有赵佗。由于中原纷争，历时甚久，迫切需要休甲息兵。因此，从汉高祖至文、景二帝，对胡与粤分别采取亲善与绥抚政策。等到汉武帝即位，国力已臻雄厚，开始改变国策，实行武力讨伐。对北方的胡人，经过多次出兵，终于击败匈奴，在河西走廊建立了武威、张掖、酒泉、敦煌四郡，汉威直达祁连山下。与此同时，在南方所采取的措施，先是于长沙王国与南粤接壤的边防地区，即今零陵、郴州一带，强化地方政权，布置大量兵力，以巩固边陲、集结进攻力量为主，一俟时机成熟，就挥师南下。我们这样说，是有充分物证的。1973 年，长沙马王堆三号汉墓出土的西汉初期“长沙国深平防区图”及“驻军图”，明确而具体地说明了新建立的汉王朝继秦始皇之后十分重视西南边疆的开发经营。因而在湘粤桂边区以九嶷山区为中心的地带，竟然设置了营浦、春陵、泠道、南平、龁道、桃阳、观阳、桂阳八个县治。这种行政区划的建制，一则是为了开发边境，再则含有更为重要的意义，即保证聚积在这一地带的重兵供应无虞，随时可以出击负隅岭南之敌。

正因其如此，汉武帝元鼎五年（公元前 112）秋兴师南伐时，就牢牢控制住九嶷山区咽喉要地，然后分四路进军。据《汉书》卷 95《南粤传》载：（一）以卫尉路博德为伏波将军，出桂阳（即“边防图”上的桂阳县)，下湟水（《史记》作汇水，湟溪关作汇浦关)。这是说，由征匈奴立过大功的宿将路博德带兵从桂阳出发，沿湟水而下，直攻湟溪关。（二）以主爵都尉杨仆为楼船将军，出豫章，下横浦（横浦，关名，在粤赣交界)。（三）以故归义粤侯二人（即从南粤投奔过来的两位将军）为戈船、下濑（《史记》作下厉）将军，出零陵（指在今广西全州与兴安之间的零陵县)。或下漓水，或抵苍梧。（四）使驰义侯（也是从南粤投奔过来的将军，汉封他为驰义侯。《史记集解》说其人名遗）因想窃罪人，发夜郎兵，下牂柯江。结果，于元鼎六年（公元前 111）冬，在第三、第四两路人马未到达前，南粤已经平定，分置了儋耳、珠崖、南海、苍梧、玉林、合浦、交趾、九真、日南九郡（其中九真、日南均在今越南境内。)。从赵伦称南粤王起，凡五世，历时九十三年，至此灭亡，全国遂告统一。

为什么只用了一年多的时间，就把立国近百年之久，“东西南北数千万里，甲兵百万有余”的南粤一举灭亡了呢？原因是多方面的，比如说南粤内部分裂，存心与汉王朝作对的仅丞相吕嘉一伙；又如当时正值武帝全盛时期，国力无比，强兵猛将如云，等等。然而最主要的还是军事上事先做了充分的准备，路博德早就屯兵桂阳待命了，从而汉兵在形势上居于绝对有利地位。我们知道：在没有飞机、铁路、汽车、兵舰前，陆地行军作战，全靠马匹，水上则依恃船舶。一般说来，北方骑马，以骑兵制胜；南方乘船，需水师克敌。在向两粤进军时，只要控制了险要，水陆并进，便稳操胜算。远在秦始皇时期，就根据自然环境的条件，考虑及此。因之命御史监禄“自零陵（指今广西全州与兴安间的原零陵县）凿渠至桂林”。这便是至今仍存在的广西兴安境内全长六十余里的灵渠。凿渠的目的在于沟通湘水与漓水，使通舟楫。西汉初年，陆贾奉命至番禺，即取道于此。这样，一旦对南粤用兵，或出桂阳，或出零陵，或下湟水，或指苍梧，不是可以乘势长趋，指挥若定吗？汉武帝征南粤之役，从其遣将以“伏波”“楼船”“戈船”“下濑”为号，则知其假水道以经师，咸会番禺，绝非偶然也。而这些决策，都与前面所说西汉初年的“深平防区图”“驻军图”以及归义诸将所提供的湘粤地区的具体形势、地理条件等等不可分割。那么湖南九嶷山区在汉武帝征服南粤，实现全国统一，开辟岭南九郡的过程中所起的巨大作用，可想而知。既如是，能说湖南在古代史上没有出现过足以影响全国局势的大事吗?

林文在肯定了“1840 年鸦片战争前的漫长的古代，湖南没有出现过几桩足以影响全国局势的大事，属于湖南籍的名人，寥若晨星”之后，接着便写道：

> 湖南从古代“碌碌无所轻重于天下”，到近代一跃而成为“功业之盛，举世无出其右者”的省份，原因何在呢?
>
> 在古代史上，湖南开发较晚，又长期被人们称作瘴疠卑湿之地，故文教远逊中原和东南地区，不能不令人产生“湖南人物、罕见史传”的浩叹。经历元末明初、明末清初两度大移民，湖南居民实行了历史性的全面更新，从而导致湖南人口的新组合，形成了与清代前居民不同素质、不同性格的新居民。近代湖南赢得“功业之盛，举世无出其右”的声誉，就主要是清初起进入湖南的移民，经数代的繁衍生息致使湖南的经济和文教获得发展的结果。(引文重点符号是本文作者所加)

这些在湖南境内“实行了历史性的全面更新”“与清代前居民不同素质、不同性格的新居民”，是从哪里迁徙来的呢?林文引述了醴陵、湘潭、湘阴、邵阳等县的方志以及其他材料，作出结论说：“这些移民，十之八九，来自江西。质言之，清代以前湖南的‘土著’，由于开发较晚，非常落后，素质之低，无以复加，只有在江西移民来了之后，才大为改观。‘近代湖南赢得功业之盛，举世无出其右’者，江西移民之功也。”对此实有稍加剖析的必要。下面特就几个问题谈谈。

首先，“在古代史上湖南开发较晚”的问题。诚然，比起中原地区来，湖南确实开发较晚。但晚到什么时期?湖南也和江西一样，早在春秋战国之前，就接受了夏商文化的沾溉，并突出地形成了自己的特色。特别是近四十多年来定居长沙的人，一定会知道，甚至亲身见闻过 20 世纪 50 年代之初，长沙郊区无数次发掘过一座又一座楚墓，出土文物之多，至为惊人。在 1954 年在北京举办的全国基建工程出土文物展览会上，观众无不为之赞叹。以长沙左家公山的战国木椁墓而言，出土了陶鼎、陶壶、陶盘、木俑、木盾、木戟、漆耳杯、漆奁、铜镜、铜剑、毛笔、丝织品，等等。其中毛笔是考古学上第一次发现，打破了自古以来“蒙恬造笔”的成说。尤其是还发现了天平与砝码，天平的杠杆还完整无缺，砝码大小共九枚，重量各差一倍。用郑振铎的话来说：“人类对于数字的计算，向来是发展得不太早的……英国人以十二两为一磅，自称是最文明的计算法。因为‘十二’是可以用‘二’‘三’‘四’‘六’这四个数字除净的。不像‘十’，只能用‘二’‘五’两个数字除净。但我们在长沙出土的战国时代的天平上用的砖码，却是以二十四铢为一两、十六两为一斤的。这个发现很重要，至少在两千三四百年前，我们的老祖宗已经在计算法上迈进了一大步。”[①] 也就是说，至少在两千三四百年前，居住在楚国的湖南“土著”，已经懂得使用这种计算法了。（从解放以来湖南境内共清理发掘了三千座以上楚墓，其中有上百座出现天平与砝码。）再以 1953 年长沙仰天湖楚墓出土的四十三支竹简为例，简上字迹还很清晰，所书写的事物，据考证有殉葬的锦衣、绣帛、羽觞、铜鉴以及簪饰之类。[②] 这同样说明至少在两千多年前，湖南物质文明已经达到的程度。还有，也是距今大约两千年之久的长沙马王堆一号、二号、三号汉墓发掘出土的各种文物，其中有彩绘髹漆、律管、莞席、竹扇、罗绮……简直叫人眼花缭乱。而最珍贵，也是含义最深，体现楚文化最突出的要算着色帛画以及帛书《老子》、帛书《周易》、帛书《黄帝四经》等。难道这许许多多中国文化史上值得大书特书的第一手材料，还不足够证明湖南步入文明社会为时较早吗？何况更有在历史上早于上述文物的“缯书”存在。1942 年出土于长沙南郊子弹库的“缯书”，是件举世罕见的无价之宝，目前还陈列在美国博物馆。实物虽很少有人得见，不过根据“缯书”上所书写的文字摹本来看，乃春秋战国之际的产物。凡此种种，早已传遍了全球。事实证明湖南的开发不是较晚，而是较早。

---

① 《文物参考资料》，1954 年第 9 期。

② 见史树青：《长沙仰天湖楚简研究》。

其次，谈谈湖南人口组合是否存在过“历史性的全面更新”的问题。每当历史上发生战乱，整个社会大动荡时期，广大人民群众或惨遭杀害，或流离失所，从而导致人口的锐减或大量流动，打破了原来的状况。这种人口异动的变化，也往往出现不同种族的融合，加强文化的交流。中国古代史上动乱之大，灾难之深，莫过于东汉末年及魏晋南北朝时期。以后，宋末元初、明末清初，国家亡于异族，生民陷入涂炭，为祸之烈，较之五胡之乱，或有甚焉。然而，从来没有听说在纵横二十余万平方公里境内“居民实行了全面更新”，从外地迁入的移民，与以往生长在这块土地上的“土著”，基本上没有任何联系的事情。如果真的出现这种情况，岂不是社会曾经“断裂”，历史无从继续吗？我们知道：《书》有“漂杵”之文，《诗》载“孑遗”之语。前人早就提出过疑问。孟轲氏有云：“尽信书，不如无书。吾于《武成》，取其二三策而已矣。”那么，林文引用方志所载，可信，但不可全信。必须进行分析，而且要与其他文献相互参证，然后获知真相。如今年纪上了六七十岁的人，大约都有这个经验：纵使兵荒马乱，劫难临头，人民总是杀不尽、斩不绝的。远的不说，日本侵略军在我国北方沦陷区实行灭绝人性的“三光”政策，可谓残酷极矣。可是，结果是我敌后武工队越变越强大。东汉末年，战伐不已，老百姓是怎样度过来的呢？《三国志·田畴传》透露了一点消息：“（畴）遂入徐无山中，营深险平敞地而居，躬耕以养父母，百姓归之，数年间至五千余家。”人民入山屯聚，耕种自保，不失为“苟全性命于乱世”的好办法。时至两晋，被迫寻找深险之地筑障而居的贫苦老百姓，几乎处处皆是。所筑城障，名之曰“坞”。西晋亡国，黄河流域变成一片血海。人民逃散四方，渡江南下的，不计其数。实在不能离开本土远走他乡的，为了活命，只好纠合宗族乡党，屯聚坞堡，据险自守。因此，坞之出现，一天比一天多。仅《水经注·洛水》篇所见，就有：“柽山坞”“金门坞”“一合坞”“云中坞”“合水坞”“零星坞”“白马坞”“袁公坞”“盘谷坞”“杨志坞”，其他地方，可想而知。

北宋亡国之后，山东、河南、河北等地区，人民为了逃避敌寇杀掠，只有仿效前人，结伙入山，据险自保。不过这时所筑的城障，不叫做

"坞"，而叫作"砦"。《宋史》所载的"忠义军"蜂起敌占区，这种"忠义军"，大多数就是联络这些"砦主"组成的。

多灾多难的中国人民，每遇兵祸，便上山逃命，已经成为传统的自求生存的唯一途径。也全靠有这条唯一的途径，人民才没有被斩尽杀绝。史册及方志所书大兵之后，剩下者寥寥无几，大都是指城镇而言。当强寇压境，能走的都走了，只有那些无法脱身或来不及逃走就被陷在围城中的人，十之九成了刀下之鬼。林文引了醴陵等县方志及氏族志，说明该地在当时几乎已无人烟；我们在此也不妨稍引方志或氏族志所载事实，证明大兵之后，并非无"孑遗"。

清光绪十四年（1888）所修纂之《湘潭县志》事纪门载：

> 顺治六年，大兵（指清兵）至湘潭，明督师大学士定兴侯何腾蛟死之。……大兵以余"贼"（指受何腾蛟指挥的李自成旧部）未靖，下令屠城。自二十六日至二十九日方止（足足杀了四天）。罢知县闫安邦，以李璘代之。璘募资掩胔（埋葬已经腐烂的死尸），为粥以食饥民（屠城后剩下的老百姓）。
>
> 康熙十三年，吴三桂兵犯湖南，破湘潭，设伪官。销西禅寺铜佛以铸炮子。康熙十五年，吴三桂由湘潭入衡阳，僭尊号。

《湘潭县志》对于清朝初年户籍册上丁口减少而且多年未见增多的缘由，也有所论列：

> 国初编册存了三千一百九十六，岂地当冲衢，易代之际，凋敝逃散至此乎？抑近代役法疏，欺上不以户盛衰课吏，吏公谩也？编审（编查户籍）十一次，滋生二百二十二丁（从顺治到雍正近百年内仅仅增加了二百余丁）。无税而犹匿丁（不征人头税尚且隐瞒丁口），奉行故事，不肯破例故也。自雍正七年通饬丁银摊入地粮，益无问丁增减者。高宗（乾隆皇帝）知其弊，通诏永停编审。

再来看看从有关民族谱牒中钩稽出来的事实：

唐李郃，大和元年进士第一，又登大和二年贤良方正直言极谏科，初为河南参军，嗣出为岭南西路副使、贺州刺史，开成二年迁通政司左司政，转吏部侍郎，咸通十四年卒。郃始祖李道辨，原籍甘肃林洮，南齐时以荡寇将军带兵征蛮入湘，尔后遂留居延唐。今宁远下灌李姓有数千户人家，皆其后裔。清末在长沙创办明德学堂的湘潭胡子靖，名元倓，他的祖先也是从北宋由福建崇安迁湘的。即理学家胡安国之后也。湘乡黄田乡章晓潭一族，乃北宋初期从福建迁入湖南。至今章姓子孙还散居在湘乡、长沙、湘潭等地。[①]

王船山殁于康熙三十一年，他一生经历了明清之际战争年代，而他的家乡衡阳又是“三藩之乱”，首当其冲之地，但他藏傜[②]洞，终免于难。而且他所著五十余种、三百数十余卷的遗书，完完整整地保全下来，直到他身后约一个半世纪的道光十九年，才由他的六世孙王世佺交邓显鹤雕版刊印。船山后人至今仍在衡阳聚族而居。

像这样从各地迁入，成为湖南“土著”的氏族，不知若干。这里所提到的不过是千万分之一而已。如果明末清初湖南居民十之八九已不复存在，那么这些定居湖湘多则千年以上，少亦达六七百年或二三百年的氏族，又是怎样保全下来的呢？而且以上所举各例，无一是明末清初由江西来的移民。

再其次，谈谈江西移民和湖南“土著”的素质问题。众所周知，江西和湖南是两个土壤相连接的兄弟省。上自天文气象，下至山川地形以及物产、风俗，都十分接近。湘赣两省人民开化的程度，不至悬殊。当然，这样说，并不意味着两省没有任何差异性及其居民之各具特质。事实上这种差异性及居民的特质，即使同一个省内也因地区不同而客观存在。比如说，江西人擅长做生意，湖南人勇于当兵，世人莫不知之。但这不等于做生意的人的素质比当兵的人优越；反过来不能说当兵的人的素质强过做生意的人。这里不存在人的素质的问题。林文说：“迁往他方的移民，一般

---

① 《曾国藩文集·黄田章氏谱序》。

② “傜”又作“瑶”，瑶族。

都具有不同程度的开拓意识，自立自强和勤奋创业的精神。”这是可以理解的。社会上一个普普通通的人，出过几趟远门，增加了阅历，开阔了视野，比起那些株守田园、足不出里巷的人来，尚且高明；何况是移民，到了新的环境，接触新的事物，自然会激发其奋斗的热情。不过，还要看他的“原型”如何？以刻画“国民性”见称的鲁迅先生的《阿Q正传》，不是说阿Q进了几次城，未庄的人对他都另眼相看吗？可是事后事实证明阿Q还是阿Q，因为人的素质并非决定于某一种因素，而是多方面的、极为复杂的问题。倘如林文所说，具有开拓意识和创业精神的江西居民都迁入湖南成为新的移民，当上了“种子选手”，那么留在江西的，不都是一些“秉性庸懦、游惰懒散，无所作为的人”了吗？移民强过“土著”这种说法，必须通过对许许多多具体条件进行充分调查和详细分析，不宜过分强调。

附带说一句，在明代后期，江西不如湖南富庶，这也是江西移民湖南的原因之一。明万历进士，官至兵部郎中的长乐谢肇淛，在其所著《五杂俎》一书中说：当时官场中流行一句话：“命运低，得三西”。意思是山西、陕西、江西三省较为贫穷，做官的不愿意去那里。

又其次，林文提到汉苗通婚与湖南近代人才之盛的关系问题。恩格斯在《家庭、私有制和国家的起源》中，引用摩尔根的话说：“非血缘氏族的成员间的婚姻，产生了在肉体上及智力上更强健的人种。”这是举世所公认的。我国在周代就知道“男女同姓，其生不蕃”。[①] 且很早以前，如秦晋诸国，与戎狄杂处，异族通婚，并不算一回稀罕之事。南北朝时期，我国北方汉人与其他少数民族联姻，比比皆是。南方也司空见惯。社会不断发展，历史不断前进，中国这个多民族国家，各个兄弟民族之间，交往频繁，彼此通婚，乃势所必然。最明显的例子是：八旗入关，爱新觉罗氏成为了全国最高统治者，最初把满汉通婚悬为厉禁，后来却不得不下诏允许满汉通婚是合法的。伟大的中华民族这个大家庭正是经过长时期的曲折道路融合而成的。

① 《左传》僖公二十三年。

有关不同血缘的族类由异趋同的过程，说明湖南人的素质和性格的形成，绝不是什么近代汉苗通婚才出现的奇迹。而汉苗通婚，在湘西南一带也和云南、贵州一样，自古有之，并非始自近代。

又其次，关于王船山学说给湘人的影响问题。林文在“明末清初”之前，又添加了“元末明初”。这样就把王船山包括在内。王船山虽属移民，但既非“明末清初”迁入，亦非“元末明初”迁入，更不是来自江西。他的祖籍是江苏高邮，在明建文帝时，他的祖先参加了“靖难军”，立了功劳，永乐初被委派衡州做官，以后子孙就定居衡州。到王船山已是第九代，算得是湖南“土著”了。我们在这里所要说的是就林文所谈到的王船山的学说对清末谭嗣同等人的影响问题。我们知道：王船山的学术成就，包括甚广，最主要的，他是一位在中国思想史上有独创性的思想家。“六经责我开生面”，他确是别开生面的划时代学者。因此，最近二三十年来，中外不少学人称其为“中国的黑格尔”。他与黄宗羲、顾炎武并称为“清初三大儒”，其实无论是哲学、史学、社会政治等方面，王船山研究的深度与广度，都在黄宗羲、顾炎武之上。可是，王船山的“家学”，是从他父亲王朝聘那里接受的“春秋学”。他对湖湘后学影响甚深的也是“春秋学”。《春秋》明华夷之辨，《公羊传》今文派所谓微言大义，均为魏源、王闿运所乐道。谭嗣同诗云：“千年暗室任喧豗，汪（中）、魏（源）、龚（自珍）、王（闿运）始是才。万物昭苏天地曙，要凭南岳一声雷。”绝非泛泛之辞。既是如是，怎么可以用“经世致用”之学笼统地概括言之呢？

还有，林文说：“稽查各种典籍，从清初至乾隆年间，湖南除王夫之、曾静二位学者为后人所熟知……其他载诸经传的名人，实属罕见。”这是不真实的。我们不必“稽查各种典籍”，只需稍稍留意清人著述，就不会一笔抹煞地否定“从清初到乾隆年间”湖南的名人。故举数例：（一）陈鹏年，字沧州，湘潭人。七岁能文，九岁作《蜻蜓赋》，传播三湘。康熙三十年（1691）进士及第。四十三年（1704）迁江宁知府。以为官清廉，深受百姓爱戴，口碑载道。康熙南巡，驻跸曹寅江宁织造府。偶在庭院闲步，见一小孩，因问：“你知道江南有什么好官吗？”小孩毫不踌躇地回答说：“知府陈鹏年是好官。”可是，这样的好官，却被上司妒忌、陷害。当陈鹏年被诬下狱时，南京城的老百姓莫不相聚痛哭，为之罢市。后来，康熙调陈鹏年入京任职，做到武英殿总裁官。（二）余廷灿，字雯，号存吾，长沙人。乾隆二十六年（1761）进士，官检讨。尝充三礼纂修，著有《存吾文稿》传世。廷灿是第一个撰写《王船山传》的作者。（三）谢振定，字一斋，号萝泉，湘乡人。乾隆四十五年（1780）进士，由翰林官京畿道监察御史。他在御史任内，不畏强暴，敢于与权相和珅斗争。有一次，和珅爱妾的老弟及其家奴，仗着和珅的势力，在北京城大街坐着马车，横冲直撞，威风十足。市民无不为之侧目。适值谢御史巡视东城，竟毫不客气地把这般家伙抓起来，并当街把马车烧掉。市民围观者上千人，一齐鼓掌欢呼，称振定为“焚车御史”。谢有文才，广交游，当时学人如段玉裁、王文治、翁方纲、赵怀玉、法式善等，均与他友善。著作有《知耻斋文集》，由其同乡后学陶澎所编次。

读者至此，也许会提出这样一个问题：湖南在近代史上从鸦片战争之后一直到当代，人才辈出，有如风起云涌，究竟是何缘故呢？难道真的是气数使然吗？当然不是的。首先，我们得承认，所谓人才是从群众中产生的。古人早就有“何地无才，何时无才”的说法。孔子有句话很对：“十室之邑，必有忠信，如丘者焉，不如丘之好学也。”不过，人才处在群众中，如珠藏于渊，玉韫在石，不容易被发现罢了。每当历史进程到达一个转折点的时候，就会出现这样或那样的大事件。这时，人才便脱颖而出。中国人曾经用一句简单而确当不移的话总结这种历史经验，叫作“时势造英雄”。同时，人才出世，登上历史舞台，发挥其能量，必然起到个人在历史上一定的作用。中国人又有一句话，叫作“英雄造时势”

如本文前面所说，湖南人才之盛，始自东汉之末年，盖因黄巾起义失败之后，全国出现军阀割据局面。曹操先收拾了北方，然后率兵南下。这时，长江流域存在三个势力集团，互相斗争。在斗争过程中，荆州适为斗争焦点。因而湖南人介入了这场斗争，施展其才能。假使不是刘备被曹操驱赶，到了走投无路的地步，决不会托庇于刘表治下，屯寄新野，三顾茅庐，求教于躬耕南阳的诸葛亮。诸葛亮不是为了酬答知己，也不会“受任于败军之际，奉命于危难之间”，终至鞠躬尽瘁，死而后已。那么高卧隆中的诸葛亮充其量不过与司马德操一样，以隐居终其身罢了。同样，耕于徐无山中的田畴，如果不是曹操北征乌丸，遣使辟他为掾，他也不会有立功封侯，闻名于后世的机遇。

鸦片战争后，清政府腐败无能，更加暴露在国人面前。位居在我国南部滨海、得风气之先的两广，有洪秀全、杨秀清这般杰出人物，假宗教为名，组织群众，掀起义师。当轰轰烈烈的太平军离开大湟江挥师北上时，湖南适当其冲。于是不久遂有曾国藩等兴办团练之事，后来变而为“湘军”与太平军角逐江南，奋战千里。假使没有爆发金田起义这次历史上特大事件，曾国藩定将由翰林、主考、侍郎，磨勘至老。最后也像他的同乡前辈唐鉴那样，致仕南归，徒然赢得一个理学家的虚名而已。至于罗泽南辈，本以诸生，“假馆四方，穷年汲汲。”当他跟随曾氏办团练，带兵打仗时，早已年过四十好几了，更不会有发迹之日。

这些，都说明“世”与“才”相需，个人与社会息息相关。个人的命运，决定于社会的发展。问题之所在，是个人成就怎样，应该用促进社会进步和造福于人民的尺度来衡量。再者，人才是不拘一格的。凡是能够为人类社会物质文明或精神文明作出贡献的人，不论其人的荣悴及其事业的显晦，都应该属于人才之列，不要以成败利钝来评价人才。近两千年前的我国大史学家司马子长所著《史记》一书，曾经为扁鹊、仓公立传，为游侠、刺客、日者……立传，把清寡妇等都写进了《货殖列传》。我们不可把目光死死地盯在所谓建功立业的一些政治人物身上，而不及其他。

综观林文，自始至终都是以近代湖湘所谓建功立业的政治人物为中心来进行论述的。是的，人物的兴衰与文化的发展，有着较密切的关系。可是两者之间同时也有着严格的区别。归根到底，是不同范畴的事物。比如：赵宋王朝时期，江西人物鼎盛，远非湖南所能企及，但这并不等于当时江西的文化高过湖南；同样，近代湖南人物之盛，全国无出其右，却也不等于近代湖南文化之发展，居全国之冠。什么叫文化？《辞海》对“文化”一词的解释是：“从广义来说，指人类社会历史实践过程中所创造的物质财富和精神财富的总和。从狭义来说，指社会的意识形态，以及与之相适应的制度和组织机构。文化是一种历史现象，每一个社会都有与其相适应的文化，并随着社会物质生产的发展而发展。”说得更明白一点，文化不外乎指人们的生活方式，个人从社会集体中所获致的种种心理的反映以及千百年来所积累的学问、思维方式、宗教信仰和对道德、伦理的价值观等。作为意识形态的文化，既是历史积淀的产物，又随着社会发展而嬗变，并且不断吸收异己文化。文化具有时代性和连续性，又往往用民族形式表现出来，也往往带有浓郁的地方色彩。因此，我们在探索或考察某一地区某一时代的文化状况时，必须把特定时期的区域文化放在整个历史文化的背景中进行思考。历史是不能割断的，外来文化的影响是不可避免的。

所谓“近代湖湘文化”，应该是指中国历史文化在湖湘这个区域内在最近一两百年中所表现出来的带有时代特点和地方特点的文化。更确切地说，近代湖湘文化是楚文化在最近两百年来的新发展，而楚文化又是中国历史文化一个重要组成部分。比如说，林文认为湖南人“劲直勇悍、好胜尚气、不信邪”的性格，源于江西移民及汉苗通婚的结果；我们则认为这不但是“亦余心之所善兮，虽九死其犹未悔”以及“楚虽三户，亡秦必楚”这种楚文化精神的继承和发展，而且未尝不受到“荆襄十三家”在湖南境内进行多年反清斗争以及太平天国革命运动种种直接或间接的影响。单就湖南人的性格而言，必须从多方面、多角度去考察和了解。由此可见，论述湖湘近代文化，谈何容易！至少得首先从楚文化中去探测其渊源，继而又得从其发展的过程中，去理清它那结构层次，然后论述它在不同领域、不同阶段反映的意识形态。尤其是“近代”二字，是大有文章可做的。试想想，它能不牵涉到中国传统文化与西方文化的关系吗？无论如何，是不能用论述近代湖湘人物来替代论述湖湘文化的。

原载湖南省文史馆编：《湖湘文史丛谈》第一集，湖南大学出版社，2008年版

王国维研究

试论《人间词》及《人间词话》

按：这是作者最近脱稿的《王国维评传》中的一个章节。在《王国维评传》出版之前，特选登此篇以飨读者。题目略有改动。

王国维二十八九岁开始填词。起初也和作诗一样，为了消愁而填词，为了从文学中得到“直接的慰藉”。他一面填词，一面研究词学。在研究的基础上有了心得，即见之于创作；通过创作实践，有了亲切体会，对词的认识更加深邃。就这样，在词学上终于形成了自己的看法，作出了贡献。同时，词作也自信取得了成功。

词，即歌词，又叫曲子词。起源于唐代，来自民间的曲子，与外族音乐移植中国有密切关系。从五代至宋，盛行全国。文学史上出现众多著名词家。历来唐诗、宋词、元曲并称，是我国古典文学中珍贵的遗产。王国维的兴趣由哲学转移到文学方面，首先是填词，接着又写了词话。他的词集和词话，都以“人间”命名，有其深刻含义。[①] 现在，就来讨论《人间词》及《人间词话》。

王国维对词的看法与创作实践是一致的。他认为唐、五代的词是最好的作品，宋次之，北宋欧阳修、苏轼、秦观、周邦彦算得大词人，南宋仅辛弃疾一人而已。因此，他填词力追五代、北宋。“体裁亦与五代、北宋

---

① 赵万里在《王静安先生年谱》中说：先生词中“人间”二字数见，遂以名之。笑枫同志虽采用赵氏之说，但进一步作了阐述，说服力较强。见南京师范学院《文教资料简报》第107、108期。

为近。”

《人间词·甲稿》发表于1906年。次年10月，《人间词·乙稿》赓续出版。两次刊行词集，均有樊志厚序文。据赵万里说：并无樊志厚其人，序皆出于王国维之手。我想：即使是小说中虚构的人物，也有模特儿。樊志厚可能就是樊炳清。炳清，字少泉，山阴人，笃爱诗词，王国维就读东文学社时同窗好友。1916年，王国维从日本回到上海，登岸后就寓居樊家。序文中对《人间词》的评价极高。也许王国维觉得出诸作者之口，难以取信于人而托名于樊氏吧。可是，他为什么此后在其三十《自序》中也一再自称其词“自南宋以后，除一二人外，尚未有能及余者”呢？看看他在《人间词》序中是怎么说的吧：

> ……及读君自所为词，则诚往复幽咽，动摇人心，快而沉，直而能曲，不屑屑于言词之事，而名句间出，殆往往度越前人。至其言近而旨远，意决而辞婉，自永叔以后，殆未有工如君者也。君始为词时，亦不自意其至此，而卒至此者，天也，非人之所能为也。
>
> ——《人间词·甲稿》序

> ……静安之词，大抵意深于欧而境次于秦，至其合作，如《甲稿·浣溪沙》之“天末同云”、《蝶恋花》之“昨夜梦中”、《乙稿·蝶恋花》之“百尺朱楼”等阙，皆意境两忘、物我一体，高蹈乎八荒之表，而抗心乎千秋之间，骎骎乎两汉之疆域，广于三代；贞观之政治，隆于武德矣。方之侍卫，岂徒伯仲！此固君所得于天者独深，抑非致力于意境之效也？
>
> ——《人间词·乙稿》序

王国维对自己的词作，如此自命非凡，以天才自许，的确在古今文坛也不多见。他的词到底是不是最佳的作品呢？当然，我们得承认他的词是有一定成就的。托辞深婉，意境独厚，是其长处。特别是在晚清作者拼命追求雕辞琢句的颓废词风下，他的词尤属难能可贵。然而，决不如他所说为六百年来所未有。历史是最公正的裁判，时至今日，从读者中来的赞美，赞《人间词》者，尚不及赞《人间词话》的百分之一。这难道不是最好的说明吗？为了让读者自行鉴赏，姑把王国维自认为十分了不起的代表作选录于此：

浣溪沙

天末同云黯四垂，失行孤雁逆风飞，江湖寥落尔安归？
陌上金丸看落羽，闺中素手试调醢，今宵欢宴胜平时。

蝶恋花

昨夜梦中多少恨，细马香车，两两行相近。对面似怜人瘦损，众中不惜搴帷问。陌上轻雷听隐辚，梦里难从，觉后那堪讯。蜡泪窗前堆一寸，人间只有相思分。

百尺朱楼临大道，楼外轻雷，不间昏和晓。独倚阑干人窈窕，闲中数尽行人小。一霎车尘生树杪，陌上楼头，都向尘中老。薄晚西风吹雨到，明朝又是伤流潦。

喜迁莺

秋雨霁，晚烟拖，宫阙与云摩。片云流月入明河，鳷鹊散金波。
宜春院，披香殿，雾里梧桐一片，华灯簇处动笙歌，复道属车过。

我认为：王国维之所以勇于自信，主要原因在于他对当时词坛上一味崇仰梦窗、玉田，“并不求诸气体，而惟文字是务”的词风非常不满。他平日痛诋“梦窗砌字，玉田垒句，一雕琢，一敷衍，其病不同，而同归于浅薄”。可是，能有几人听得进他的话呢？——他结识词坛领袖人物况周颐、朱孝臧辈，是此后十年的事了。在清末腐烂的社会里，论功名，王国维不过是一名秀才；新学吗？几个月留日学生；门第更不用提；著作吗？在《教育世界》杂志上发表几篇文章外，什么也没有。就以文章来说，《红楼梦评论》仅仅是近三十余年才引起人们重视。所以当时的王国维确属人微言轻，或许这就是他多方自我表现，甚至不惜失之矜夸的缘故吧。

《人间词话》据作者于篇末自署："宣统庚戌九月脱稿于京师定武城南寓庐"，即公元1910年。可能是事后追记错了。王国维一生中常有这样的事情。事实上早在1908年11月就开始在上海出版，由邓实主编的《国粹学报》上发表了第一部分，接着于1909年1月和2月先后发表了二、三部分，共64则。1926年作者还在世的时候，俞平伯录付"朴社"印单行本，并作短序，推崇备至，今手稿保存在北京图书馆。据见过手稿的刘煊同志介绍：手稿共有120则，《国粹学报》发表的64则，经过作者精心挑选，在各则先后顺序安排上也是缜密考虑了的。从手稿的某些迹象，还可以看出作者对《词话》系以意境说为中心内容进行阐述，写成后字斟句酌，反复修改，尔后作者又自选了其中21则关于论述意境方面的剪报，弥见作者对这本寥寥四千余言的小书一直是钟爱的，书中精粹部分更是这样。[1]至于坊间流行的《人间词话》三卷本，则是王氏门人从手稿中增选一部分并拼凑其他王氏论词片段而成。

我们还可以从作者的《文学小言》中看到如下几段文字：

古今之成大事业大学问者，不可不历三种之阶级："昨夜西风凋碧树，独上高楼，望尽天涯路"，此第一阶级也；"衣带渐宽终不悔，为伊消得人憔悴"，此第二阶级也；"众里寻他千百度，蓦然回首，那人却在灯火阑珊处"，此第三阶级也。未有不阅第一第二阶级而能遽跻第三阶级者。文学亦然。此有文学上之天才者所以又需莫大之修养也。

诗至唐中叶以后殆为羔雁之具矣，故五季北宋之诗（除一二大家外）无可观者。而词则独为其全盛时代，其诗词兼擅如永叔少游者，皆诗不如词远甚。以其写之于诗者，不若写之于词者之真也。至南宋以后，词亦为羔雁之具，而词亦替矣（除稼轩一人外）。观此足以知文学盛衰之故矣。

……

① 刘煊：《王国维人间词话的手稿》，载《读书》1980年第7期。

这，与出现在《人间词话》上的基本上相同。说明作者早就有了这些见地。同时，优美与壮美的说法，也早见于《红楼梦评论》。而在1912年发表的《宋元戏曲考》中，解释何以谓之有意境，尤为透彻。据此，足以知道王国维在《人间词话》中所论述的文学见解，是一贯的，有系统的，经过长时期的思虑而后逐步发展完成的。

关于意境，历来说法纷纭，这是一个涉及美学范畴的重要问题。它不仅在文艺欣赏、文艺批评中经常为人们所谈论，而且作家进行文艺创作时，也在用心探索这个问题。

我国古代文论中，谈意的甚多，谈境的亦复不少。晚近百多年才把意境联系在一起来谈。例如生年略早于王国维的陈延焯，在他所写的《白雨斋词话》中意境一词，触目皆是：

> 王碧山词，品最高，味最厚，意境最深。
>
> 其年，竹垞，才力雄矣，而意境未厚。
>
> 周、秦词以理法胜，姜、张词以骨韵胜，碧山词以意境胜。
>
> 熟读温、韦词，则意境自厚；熟读周、秦词，则韵味自深；熟读苏、辛词，则才气自旺；熟读姜、张词，则格调自高。

陈氏把意境和韵味、格调相对来提，与过去论者所说的兴趣、神韵相近；与王国维在《人间词话》中所说的意境有根本不同之处。《人间词话》曾说：

> 沧浪所谓兴趣，阮亭所谓神韵，犹不过道其面目，不若鄙人拈出境界二字为探其本也。这里所说的境界，即意境。

王国维把意境作为新的学语加以阐述，不仅以意境论词，而且认为意境是“文学的本质”，衡量作品的标准，作品的高下，全视意境的有无深浅而定。《人间词话》这本书，就是以意境作为中心写成的，简直可以题作“王氏意境论”。意境问题，对王国维来说，在胸中酝酿已久。1907年在《人间词·乙稿》托名为樊志厚所写的序文中终于酝酿成熟，慨乎言之，大畅厥旨。前此在《文学小言》中仅露端倪而已，但对情与景一为主观的，一为客观的，已经明白标举了，他说：

> 文学中有二原素焉，曰景曰情。前者以描写自然及人生之事实为主，后者则吾人对此种事实之精神的态度也。故前者客观的，后者主观的也。

这段话，实际上揭示了意与境的关系。作者还有《论新学语之输入》一文，论及语言代表思想，新学语意味着新思想。自西方学术传入中国，随之而来的是出现了大量新的学术用语。这种新学语很快影响了中国的文学。其时，好奇者滥用这种新学语，泥古者唾弃这种新学语。在王氏看来两者都不对，应当很好地运用这种新学语论述中国文学，推动中国文学向前发展。因此，王国维采取词话的形式，建立意境说，创造性地阐明只有当主观方面诗人的思想感情（意）与客观方面诗人所接触的事物（境）融合为一体的时候，作品才有可能达到优美的艺术境界。

下面试看看《人间词话》是怎样说的吧：

> 词以境界为上，有境界则自成高格，自有名句，五代、北宋之词所以独绝者在此。
>
> 有造境，有写境，此理想与写实二派之所由分，然二者颇难分别，因大诗人所造之境必合乎自然，所写之境亦必邻于理想也。
>
> 有有我之境，有无我之境，“泪眼问花花不语，乱红飞过秋千去。”“可堪孤馆闭春寒，杜鹃声里斜阳暮。”有我之境也。“采菊东篱下，悠然见南山。”“寒波淡淡起，白鸟悠悠下。”无我之境也。有我之境，以我观物，故物皆著我之色彩；无我之境，以物观物，故不知何者为我，何者为物。古人为词，写有我之境者为多，然未始不能写无我之境，此在豪杰之士能自树立耳。
>
> 无我之境，人惟于静中得之；有我之境，于由动之静时得之。故一优美，一宏壮也。
>
> 自然中之物，互相关系，互相限制。然其写之于文学及美术中也，必遗其关系，限制之处，故虽写实家，亦理想家也。又虽如何虚

构之境，其材料必求之于自然，而其构造，亦必从自然之法则，故虽理想家，亦写实家也。

境非独谓景物也，喜怒哀乐亦人心中之一境界。故能写真景物，真感情者，谓之有境界，否则谓之无境界。

“红杏枝头春意闹”，着一“闹”字而境界全出；“云破月来花弄影”，着一“弄”字而境界全出。

境界有大小，不以是而分优劣。“细雨鱼儿出，微风燕子斜”，何遽不若“落日照大旗，马鸣风萧萧”；“宝帘闲挂小银钩”何遽不若“雾失楼台，月迷津渡”也。

问隔与不隔之别？曰：陶、谢之诗不隔，延年则稍隔矣；东坡之诗不隔，山谷则稍隔矣。“池塘生春草”“空梁落燕泥”等二句，妙处惟在不隔。词亦如是。即以一人一词论，如欧阳公《少年游》咏春草上半阕云：“阑干十二独凭春，晴碧远连云，千里万里，二月三月，行色苦愁人。”语语都在眼前，便是不隔。至云：“谢家池上，江淹浦畔”则隔矣。白石《翠楼吟》：“此地宜有词仙，拥素云黄鹤，与君游戏。玉梯凝望之，叹芳草萋萋千里。”便是不隔。至“酒祓清愁，花消英气”则隔矣。然南宋词虽不隔处，此之前人自有浅深厚薄之别。

王国维意境说的最大特点，是能够就审美过程中物我关系的变化，进行具体深入的分析，用以说明意境之不同于风格的特色。他说的“无我之境，人惟于静中得之；有我之境，于由动之静时得之，故一优美，一宏壮也”，正指出了诗人主观上的感情与客观自然之间的变化所产生的美的境界。

由于王国维运用西方的美学思想论述了中国文学，遂使《人间词话》别开生面，引人入胜。长期以来，以立论新颖、警辟，赢得了广大读者。把我国自宋以来多至不可胜数的诗、词话之类的著作统统被甩在一边，望尘莫及。

但是，任何作家不可能不受到时代的限制。尤其是像王国维接受唯心主义哲学的影响是很深的，因此，使得《人间词话》这本深受欢迎的名著，无论是提法上，还是内容上都存在着缺点，值得商榷。事实上书中所涉及的某些问题，很早就引起了争议。现在就个人所见到的，提出如下几点意见：

一、王氏把诗人强分成主观的诗人和客观的诗人，说什么“客观的诗人，不可不多阅世，阅世愈深，则材料愈丰富、愈变化。《水浒传》《红楼梦》之作者也。主观之诗人，不必多阅世，阅世愈浅，则性情愈真，李后主是也。”这样立论，是错误的。没有生活，就没有作品。一切文学，都是社会现实生活的反映。世界上哪里有不阅世的诗人！李后主亲身经历亡国破家的剧痛，是阅世浅吗？

二、王氏又认为“词人观物，须用诗人之眼，不可用政治家之眼”。以为“政治家之眼，域于一人一事；诗人之眼，则通古今而观之”。没有具体地深入观察和分析，就不会发现事物发展的一般规律。局部和整体是不可分割的。“政治家之眼”，正是词人观物的入手处。

三、《词话》说：“诗有题而诗亡，词有题而词亡。”这也是不恰当的提法。唐、五代词，多缘题所赋，词调即题，例如：《临江仙》则言水仙，《女冠子》则述道情。后来，词向前发展了。进入北宋时期，苏轼把词的题材扩大，扩大到“无意不可入，无事不可言”。于是，自然而然地产生了词题。随着更进而出现词序。词之有题和序，是词发展到了黄金时代必然不可避免的产物。宋人词集中，题与序之多，无过于苏轼、辛弃疾、姜夔三家。苏辛的词题和序成了词的组成部分（关于这个问题，本文作者另有专文载于《词学研究》一书），苏辛词既为王氏所称许，为什么说“词有题而词亡”呢？

四、王氏对某些词家的评价，也前后矛盾，如对周邦彦，初谓“美成深远不及欧秦……创调之才多，创意之才少”。又谓“词之雅郑，在神不在貌。永叔少游虽作艳语，终有品格；方之美成，便有淑女与娼妓之别”。但序中却说“于北宋喜永叔、子瞻、少游、美成”。甚至在《清真先生遗事》中竟认为“词中老杜，非先生不可”。

此外，如说李后主、冯正中词不收入《花间集》，乃词派不同受排斥的缘故，未免疏于考证。这一点近人早就指出①；王氏谓谢灵运诗为不隔，所举“池塘生春草”，固然如此，但不能以点代面。谢诗从整个来说，并非不隔。

以上这些，都属于次要的。《人间词话》最大的贡献在于意境说。而其最显著的错处，也出在意境说。为什么这样讲呢？诚如王氏所言，好的文学作品，必有意境。但是，有的文学作品，虽有意境，却不能说它是好的。就拿为王国维所极力称赞的唐、五代词为例，他认为“唐、五代之词所以独绝者在此”。我们能承认唐、五代词都是好的吗？事实恰恰相反，唐、五代词中思想境界高的犹如凤毛麟角。因此，我们认为：意境之有无深浅，用以品评文艺作品的艺术性则可，作为衡量文艺作品的标尺，作为“文学之本”，殊成问题。真正的好作品，总是思想性与艺术性达到高度统一的作品。王国维对作品的思想境界避而不谈，反复着重论述作品的艺术表现，提倡用意境决定作品的高下，正是他所崇信的叔本华唯美主义思想的暴露。

不过，总的说来，《人间词话》出现在当时的文坛，是不可多得的创新之作，直到今天仍具有一定的启发意义。

最后，我们要谈谈为什么王国维自认为成功的《人间词》，除少数几个词家称赏外，并没有受到普遍重视，而《人间词话》尽管存在缺点错误，却自问世以来，直至今日，始终脍炙人口，甚至流传海外，产生了不可估量的影响呢？这，使我想到鲁迅在《趋时与复古》中所说的一段话：

> 广东举人多得很，为什么康有为独独那么有名呢？因为他是公车上书的头儿，戊戌政变的主角，趋时；留英学生也不希罕，严复的姓名还没消失，就在他生前认真的译过几部鬼子书，趋时；清末治朴学的不止章太炎先生一个人，而他的名声远在孙诒让之上者，其实是为了他提倡种族革命，趋时，而且造反。

① 《花间集》是我国最早的歌词选集，据欧阳炯所撰序言，知成书于后蜀广政三年，即公元940年，李煜出生于公元937年，即南唐建国的一年，冯正中虽年龄较大，但活动在江南，他的作品，传布蜀中的可能性不大，因此，《花间》编者非有意排斥李后主和冯正中，近人龙沐勋曾提到这个问题。

鲁迅在这里所说的趋时，绝不是赶时髦，随大流，投世俗之所好，而是抛弃旧的传统的那一套，走向新的道路，开辟未来。趋时者，含有站在时代前面的意思。自信所作所为，在一定的范围内，将会对历史发展起或多或少的促进作用。在清末民初这个历史时期，除鲁迅所提到的康有为、严复、章太炎之外，我们还可以添进一列长长的名字。比如在《民报》上提出三民主义的孙中山，在上海办爱国学社的蔡元培，撰写《马氏文通》的马建忠，创作新小说的鲁迅……只因为他们所干的是前人所未干的独创性的事业，所以他们的名字长远留在人们的记忆里。《人间词话》是最先用西方新思想、新观点来论述我国文学的一本书，它之出现于清末，是属于文学史上的新事物，富有独创意义；而《人间词》力追五代、北宋之词，复古的倾向很明显。既然五代、北宋之词俱在，谁又会酷喜《人间词》呢？通过对王国维所作《人间词》及《人间词话》的考察和分析，使我们更加深刻地体会到：无论是从事文学或其他事业，都必须站在时代的前面，力求创新。

原载《岳阳师专学报》1981 年第 4 期

关于王国维的功过

很早以前，有一些朋友对我说：日本各地逢王国维忌辰，不少知名学者为他举行各种纪念活动。我相信这是真的。日本京都大学名誉教授贝冢茂树在其1979年出版的《中国古代的再发现》一书中，就十分服膺王国维的治史方法。贝冢常把自己看作王国维的学生。他于1928年第一次来我国访问时，曾经到过昆明湖凭吊王国维。

最近还听说，西欧各国的汉学家，在20世纪70至80年代正起劲地研究《人间词话》。

这些生动的事例，足以说明王国维在国外至今尚有不小的影响。

但是在国内也有人不大了解王国维。1980年初，复旦大学有一位教授到海宁讲学，他第一句话说“我很荣幸来到王国维先生的家乡……”当时年轻的听众，皆相顾愕然，不知王国维何许人也。

我结识一位海宁籍的朋友，是翻译家，他多年来立志要在业余对王国维研究一番；可是，访遍海宁，仅发现一部《静庵文集》。连《观堂集林》也得到杭州或上海的图书馆去借阅。

青年一代，听到王国维的名字，感到陌生，是情有可原的。在王国维的故乡，不重视王国维的著作，亦不足为奇。最使人惊讶的是：打开1978年出版的《辞海》一看，在《王国维》条目下，一则说：“所著《殷周制度论》等，为清朝复辟制造舆论”；再则说：“在其著作中，比较系统地宣扬了资产阶级唯心主义观点和封建思想，为胡适派所重视，在当时起过颇为恶劣的影响。”而对王国维在学术上的“划时代的工作”和“惊人的成绩”，却只字不提。（引号内的话，是郭沫若所说。）显然，这有失公允。这两年，这种极端不利民族文化发展的坏学风，开始有了转变。例如，李泽厚同志在其新著《中国近代思想史论》中，大胆地指出“梁启超、王国维都是中国近代史上应予肯定的人物，功大于过。”

像王国维这样的人，和他同时代的人物相比，是一个具有典型性的复杂体。断不能根据他所写的某篇论文，就肆言其思想如何；即使是他在读者中反应较大的某些作品，也不能据以评定其人。例如，他的《红楼梦评论》是《红楼梦》研究史上第一篇比较系统的专论；《人间词话》更是具有独创性的文学名著，早赢得了国内外众口一辞的赞赏；而《宋元戏曲史》向来被认为与鲁迅的《中国小说史略》同属前无古人之作。不过，从王国维的一生看，这些，只能代表其人的一个方面。具体地说，这是三十岁左右作为文学家的王国维。如众所周知，三十六岁是王国维治学的分水岭。在中国近代史上，王国维是以史学家的形象出现的。国外学者对王国维推崇备至的也是他把历史文献与出土资料密切参证的治史方法。而王国维在史学上最突出的成就，又是与他艰苦卓绝地钻研甲骨文、金文、木简、封泥、唐人写本残卷以及其他古器物分不开的。他写下的数以百篇计的各种各样的著述，则是自乾隆嘉庆以来朴学的新发展。从 20 世纪初到现在，国内外对“甲骨学”和“敦煌学”的研究兴趣，大有与日俱增之势，而这两门学问的奠基者正是王国维。由此可见，我们必须在这些学术领域进行适当的考察，才能充分认识王国维在近代史上的地位。此外，王国维主编过《教育世界杂志》，又是国内最早的师范学校——通州师范的教习，他的教育见解，也值得探讨。最有意义而又最易为人忘记的是他晚年主讲清华国学研究院，甚受研究院学生的爱戴。我国当代在文史方面赫赫有名的大家，如王力、徐中舒、谢国祯、高亨……还有已去世的吴其昌、刘盼遂、姚名达……全是王国维的及门弟子。语云：百年树人。王国维用自己的心血为祖国浇灌的新苗开花结果了。他的贡献，确是历久而弥新。

以上简单地说了几件“功”之大者。再从“过”的一面来看看。假如只看到王国维拖着长辫、以当宣统皇帝的五品官为荣，只是皮相而已。还得进一步剖视他的内心世界，方为得之。例如，他自称平生较满意之作的《颐和园词》及《隆裕皇太后挽歌辞》，就值得过细研究。他为什么要写这些诗？是处在什么环境写的？又是怎样写的？再看他的行止：1919 年北京大学聘他当文科教授，他坚决不干，后来经友人马衡一再劝说，1922 年他才勉强答应做一名通信导师。而他在接到宣统的诏书后，很快就离沪北上。这是出于什么样的感情呢？接着要问的是，假如不是“南书房行走”的职务，可以借此鉴赏内府藏器的话，他又会不会如此热衷？这些都是要认真考虑的。诸如此类，不评论王国维则已，要评论，就得在他的著作中和著作外去多方发掘。绝不是粗知一二所能完成任务的。

郭沫若同志曾经做过鲁迅与王国维的比较研究。发现这两位大师有许多惊人的相似之处。但“鲁迅随着时代进展而进展，并且领导时代前进；而王国维却中止在一个阶段上，竟成了时代的牺牲”。这是为什么呢？郭沫若认为“王国维之所以划然止步，甚至遭到牺牲，主要的也是朋友害了他。而鲁迅之所以始终前进，一直在时代的前头，也未始不是得到朋友的帮助”。这样说，当然有他的依据和一定的道理；但决不能以此为压倒的理由。郭沫若自己也知道，如果过分强调朋友关系，很不合适。所以接着又说：“然而单靠这种关系，也不一定收获到如愿的成就。例如岂明老人的环境和社会关系，应该和鲁迅的是大同小异的吧，然而成就却相反。”最后，他也承认主观努力的重要性。可惜他对这一点说得非常不够。

马克思主义教导我们：事物发展的根本原因，不是在事物的外部，而是在事物的内部。内因是主要的，是起决定性作用的。这个很普通的道理，正是我们评论任何人物时不能离开的原则。

其实，我们把同时代的人物，做些比较研究，是有益处的。但得多拿些人相比，而且要从各个方面去比，不要限于一对人物，更不要局限于比那几个方面。比如拿孙中山与章太炎比，拿孙中山与黄兴比，拿谭嗣同与梁启超比，拿梁启超与章太炎比，拿鲁迅与胡适比。如果是以研究王国维为主，就拿王国维与这些人比。比他们的家庭出身，比他们所受教育及其经历，比他们的社会关系和宗教信仰，甚至还比他们在国外住过多长时间，他们本身拥有的财产收入，乃至其家庭成员等等，都可以作为比较研究的内容。比来比去，就会有意想不到的发现。往往由此可以看出人物的成就大小，还可以窥见人物的精神活动。姑且举个例子吧。美籍学者薛君度在其所著《黄兴与中国革命》一书中，提及孙中山从小进教会学校，早期接触的人，大都是华侨中的商人、手工业者、雇员或会党分子，没有一个接受过传统的儒家教育。直到他结识了科举出身的黄兴，才在留学生中建立了广泛的联系。同书又提到章太炎、吴稚晖、朱和中等人，原先都以为孙中山目不识丁。的确，在1905年前，孙中山在知识界的声望远不及黄兴、章太炎，主要是由于他自己没受过传统的儒家教育。在一定的历史条件下，很可能这是孙中山的短处。但是，反过来看看，黄兴一生中往往在革命的关键时刻与旧势力妥协而受到责难；章太炎后来脱离民众、渐入颓唐，由一个拉车前进的好身手，倒退为拉车倒退。而孙中山却始终是一个革命者，晚年提出联俄、联共、扶助农工的政策，不愧为顺乎潮流的先驱。这，是不是与接受传统的儒家教育与否有关系呢？又，梁启超在《清代学术概论》中说："晚清所谓新学家者，殆无一不与佛学有关系。"他认为"社会既屡更丧乱，厌世思想，不期而自生。对此恶浊世界，生种种烦懑悲哀，欲求一安身立命之所，稍有根器者，则必遁逃而入于佛"。他自己就是这样的。章太炎曾经要披剃入山当和尚，这是人人皆知的事。我粗略地屈指算过，这一时期的杰出人物，绝不受佛学影响的，惟孙中山与鲁迅。王国维潜修内典，为时甚早。由"黑海西头望大秦"变而为"早知世界由心造"，佛学对他的影响，可谓深矣。此外，还有老庄哲学对旧时代知识分子产生魅力，确实存在。这里就不一一讲了。这些，归根到底，可以让我们看出中国近代史上知识界代表人物的世界观、人生观是怎样形成的。而这种世界观、人生观一经形成，就决定着这些人物在生活道路上所采取的态度。我们如果要评论王国维，又怎么能回避这些问题呢？

历来对王国维之死，都认为是一个难解之谜。如果不从王国维的世界观、人生观去寻找问题的答案，其结果自然要产生各种不同的死因说。

王国维为什么自杀呢？大约有四种说法：第一种说法是殉清。最早持此说的，当数清华学校校长。他在当天晚上当众公布："顷闻同乡王静安先生自沉颐和园昆明池。盖先生与清室关系甚深也。”① 王国维的助手、《王静安先生年谱》作者赵万里也是主张这一说的。人们还可以拿宣统的诏书和当时人的挽联等证实此说。但，郭沫若在《历史人物》中把这一说法批驳得无立足之地，这里不必重复。

最近又出现了第二种说法。加拿大籍学者叶嘉莹提出王之自沉，并非殉的清王朝，乃殉的王氏当时自以为已然来临的中华传统文化的总崩溃。②我认为此说并不能成立。王国维为什么会自以为中华传统文化行将总崩溃呢？这是不可能的。在王国维出生之前十余年方告结束的太平天国革命战争，要是站在反动统治者的立场来看，应该算得是很不利于中华传统文化的吧，但历史证明：中华传统文化，并未因太平天国起义而导致崩溃。这是作为史学家的王国维所不能否认的。甲午中日之战、庚子八国联军侵占北京，这两次历史上的大变故，是王国维身经目睹的。他也并未因此得出结论说中华传统文化已经濒于崩溃了。辛亥革命推翻清朝封建政府，建立“中华民国”，这是中国历史上从未有的事。虽然王氏当时偕罗振玉逃亡日本，但数年之后，他回到祖国，也未曾发现中华传统文化已告崩溃。为什么屡经世变，都未曾崩溃的、具有数千年历史的中华传统文化，一听说北伐军就要打到北京的消息，王国维就自以为总崩溃已然来临呢？无论如何这是说不过去的。

第三种说法，以郭沫若为代表。他说：王之死“实际上是受了罗振玉的逼迫。详细的情形，虽然不十分知道，大体的经过是这样的。罗在天津开书店，王氏之子参预其事，大折其本，罗竟大不满于王。王之媳乃罗之女，竟因而大归。这很伤了王国维的情谊。所以逼得走上了自杀的路”。女婿不善于做生意而亏本，迁怒亲家，说法本身颇有点滑稽。事实真相并非如此。王国维的大儿子王潜明，于 1918 年与罗振玉的次女结婚，不幸在婚后将近十年，于 1926 年 8 月，王潜明竟以病卒。作为至亲骨肉的罗振玉，在女婿身死、女儿万分沉痛的日子里，把她从上海接回天津娘家住一

① 《国学论丛》第 1 卷第 3 号《记王静安先生自沉始末》。

② 周汝昌：《美红散记》。

段时期，自是人之常情。绝不是什么“大归”。更谈不上伤了王国维的情谊。1926年10月29日，也就是王潜明死后两个多月之久，是王国维五十岁生日。当时，他在北京的亲戚、朋友、学生替他祝寿。在天津定居的罗振玉，虽不像王国维在一年之前亲往天津为罗祝贺六十大寿，却也命家人送礼，尽到了戚谊。罗、王之间的感情，并未陷于破裂可知。

第四种说法，是溥仪在《我的前半生》中所写的：“不知是由于一件什么事情引的头，罗振玉竟向他追起债来。后来不知又用了什么手段，再三地去逼迫王国维，逼得这位又穷又要面子的王国维，在走投无路的情况下……跳进昆明湖自尽了。”左一个“不知”，右一个“不知”，哪能断定王国维是被罗振玉逼死的呢？关于王国维的死因，溥仪在书中还有一个附注，说：“据说绍英曾托王国维替我卖一点字画，罗振玉知道了，从王手里要了去，说是他可以办。罗振玉卖完字画，把所得的款项一千多元，作为王国维归还他的债款，全部扣下。王国维向他索要，他反而算起旧账，王国维还要补给他不足之款。王国维气愤已极，对绍英的催促无法答复，因此跳水自尽。据说，王遗书上“义无再辱”四字，即指此而言。”破绽也出在这个附注上。溥仪身边几个内务府大臣，无论绍英、耆龄、宝熙，替溥仪变卖字画或其他古玩之类，绝不自溥仪避居张园之日起。内务府大臣干这种勾当，门路可多啦。当时北京的报纸揭载还少吗？换句话说，他们要找经手人，也不会找到王国维名下。罗振玉近在天津，且在大连开古玩店，专做外国人的生意，难道绍英还怕罗振玉捣鬼吗？一千多元款项，相当于王国维两个月工薪，说少，诚然不算少；说多，也不算多。我们要知道，罗振玉把《澄清堂帖》卖给日本大西限侯时，卖价是一万元。他不会因区区一千多元，破坏与王国维积三十年久的友谊。王国维也不会因两个月工薪之微而跳水。这分明是背后攻击罗振玉的人，如郑孝胥之流编造出来的流言，完全不足为信。

既然以上四种说法，都站不住脚，那么王国维到底为何自杀呢？如前所述，必须从王国维的世界观、人生观去寻找答案。封建的儒家学说、老庄哲学、佛学、叔本华与尼采，一切消极悲观的东西，统统集中在王国维身上。早在1904年他写《红楼梦评论》时，就满脑子厌世思想。这种把

“人间”视同“大梦”的观点，随着饱经忧患的不幸身世，不断地得到发展，终于形成了牢不可拔的人生观。我们可以从王国维各个时期的作品找到证明。再，就是王国维由于四岁丧母，家境又不富裕，从小多病，健康状况极差。他的脚气病，使他在“东文书社”和在日本留学的活动不得不中断，以后也一直未愈。根据医书，这种病长期不愈，病人有肌肉萎缩、步态失常的症状。又严重影响视神经。这些都与晚年的王国维的形态符合。在脚气病给他带来的痛苦日益加重的情况下，肺结核又侵袭了他。他死之前几个月，严重咳血。健全的思想寓于健全的体格，这话是对的。疾病的折磨，给王国维本来就厌世的思想更加涂上一层灰暗之色。过去从来没有人把他的健康状况和死因联系起来，不能不说是一种不应当有的疏忽。世界上自杀的人，往往是精神和肉体上的痛苦达到极点而然。退一万步说，时局的震荡，爱子的早亡，知己的龃龉，生计的煎迫，纵使与自尽有关，也不过是促使他的悲观厌世思想变成现实的若干因素而已。

总之，我们评论王国维，首先是要以唯物主义作指导，清除宁左毋右的坏学风在头脑中的残余，同时还要不为权威人士的成说所囿。既要了解王国维学术上的成就，肯定其功绩；又要充分看到他身上过多的落后堆积层。除了分析大量的文字资料之外，更要出门调查、访问，用各种方式向直接、间接与王国维有较多接触的人请教。这样做，对王国维作出的评价才能达到既不溢美，又不贬低。笔者在写作中的《王国维评传》，正朝着这一目标努力。深信这是中外学者所希望的。

本文最后还有一个小小呼吁：王国维出生的海宁故宅，在今浙江海宁县盐官镇。地处钱塘江畔，距离海塘很近，是观潮胜地。故宅旁原有三株参天古木，早几年已被砍伐。围墙也倾圮了。但老屋仍保存百年前旧样。这里目前正在兴建，打算辟为旅游区。深盼当局对王氏故居加以保护，不要迳予拆毁。那么，未来的旅游者于观潮之余，也可顺便参观这一代学人的出生地，岂非胜事。

1981 年初于秀峰湖畔

原载《读书》1981 年第 8 期

中国最早在著作中介绍歌德的是王国维

贵刊1982年第3期刊出之《歌德在中国》一文，称："中国人在自己的著作中最早论及歌德的，恐怕仍要推鲁迅先生。"随即举出鲁迅于1907年写的《人之历史》及《摩罗诗力说》为证。其实不确！王国维于1904年夏天所写的《红楼梦评论》，早已把曹雪芹的《红楼梦》和歌德的《浮士德》称之为"宇宙之大著作"。他说："在欧洲近世之文学中，所以推格代（歌德）之《法斯特》（《浮士德》）为第一者，以其描写博士法斯特之苦痛及其解脱之途径最为精切故也。若《红楼梦》之写宝玉，又岂有以异于彼乎?"为此，特函更正。敬礼！

原载《社会科学战线》1983年第2期

王国维与骈体文

王国维三十岁那年，写了一篇《自序》，介绍自己的读书经过，他说：

> 十六岁见友人读《汉书》而悦之，乃以幼时所储蓄之岁朝钱万，购前四史于杭州，是为平生读书之始。时方治举子业，又以其间学骈文、散文，用力不专，略能形似而已。

由此可见，他在少年时期便开始练习写作骈文。

1912年，旅居日本京都的王国维，行年三十又六，撰写了《宋元戏曲史》。在《宋元戏曲史·序》中写道：

> 凡一代有一代之文学：楚之骚，汉之赋，六代之骈语，唐之诗，宋之词，元之曲，皆所谓一代之文学，而后世莫能继焉者也。

从此，“一代有一代之文学”这一著名论点，不胫而走，影响国内外文学界，至为深远。

但是，把魏晋六朝时期的骈体文列为这个时期文学之代表，把六朝骈文与楚骚、汉赋、唐诗、宋词、元曲同样看作我国民族优秀的文学遗产这种提法，并未引起普遍注意。尤其是谈论王国维在文学事业方面作出的贡献时，几乎人人能举出《红楼梦评论》《人间词话》《宋元戏曲史》以及王氏所作之诗词，言之娓娓动听。至于对王国维一生，自少至老，不独喜爱之，而且频频优为之的骈体文，却鲜为人知。这，也许是与“五四”以来把骈文视作“贵族化”的文学加以摒弃有关。可是，当我们论述王国维的文学造就和美学观点的时候，如果置骈体文于不闻不问，似乎并无其事的话，那么，显然是一大缺陷，甚至是在一定程度上对不起死去的王国维。

骈体文上继楚骚、汉赋，下启唐诗、宋词，出现于我国文学摆脱政治、伦理、道德附庸地位，走向独立自觉发展道路的魏晋六朝，绝非偶然，何况它在我国历史上流行近两千年之久，为历代聪明才智之士所称道、所实践，这一切都说明骈体文的价值不容低估。因此它受到王国维的无比推崇。

王国维在撰写《宋元戏曲史》的1912年，对中国文学已形成系统的整体的看法，所以提出了“一代有一代之文学”的新论点。这个新论点的获致，与他学习西方文化，接受外来观念是分不开的。正因为他受了西方近代文学和美学观念的启示，所以敢于把数百年来深为学士大夫所鄙弃的宋元戏曲提到极为高尚的地位。他说：

> 胡元瑞谓：韩苑洛以关汉卿比司马子长，大是词场猛诨。余谓：汉卿诚不足道，然谓戏曲之体卑于史传，则不敢言。意大利人之视唐旦（但丁）、英人之视狭士丕尔（莎士比亚）、德人之视格代（歌德），较吾国人之视司马子长，抑且过之。之数人曷尝非戏曲家耶？①

他之所以把骈体文当作魏晋南北朝时期文学的最高成就，除了接受西方近代文学和美学观念的启示外，还与他对中国思想发展史的看法联系在一起。他讲过：

> 自周之衰，文王、周公势力之瓦解也，国民之智力成熟于内，政治之纷乱乘之于外，上无统一之制度，下迫于社会之要求，于是诸子九流各创其学说，于道德、政治、文学上，灿然放万丈之光焰。此为中国思想之能动时代。自汉以后，天下太平，武帝复以孔子之说统一之。其时新遭秦火，儒家惟以抱残守缺为事，其为诸子之学者，亦但守其师说，无创作之思想，学界稍稍停滞矣。佛教之东，适值吾国思

① 王国维：《录曲余说》。

> 想凋敝之后。当此之时，学者见之，如饥者之得食，渴者之得饮。担簦访道者，接武于葱岭之道；翻经译论者，云集于南化之都。自六朝至于唐室，而佛陀之教，极千古之盛矣。此为吾国思想受动之时代。然当是时，吾国固有之思想，与印度之思想，互相并行而不相化合，至宋儒出而一调和之。此又由受动之时代出而稍带能动之性质者也。自宋以后，以至本朝，思想之停滞，略同于两汉。至今日而第二之佛教又见告矣，西洋之思想是也。①

质言之，王国维认为中国历史上有三个时期思想最为活跃：即战国百家争鸣时期、东汉末年迄于魏晋南北朝佛教盛行时期，以及清末西学东渐时期。东汉末年迄于魏晋南北朝，人们从儒家思想的长期禁锢中解放出来，抬头四望，适值佛教进入东土，乃知天外有天，因而无不追求一种遥远的理想，追求新的精神境界。这种思想上的巨大变迁，必然反映到文学领域中来。于是随之而至的是文学摆脱政治、伦理、道德的附庸地位，走向独立自觉发展的道路，终于出现了汉魏之际文学上的巨大变迁。这种汉魏之际文学上的巨大变迁表现在哪些方面呢？刘师培在《论文杂记》中说得非常明白：

> 东汉以降，论辩诸作，往往以单行之语，运排偶之词，而奇偶相生，致文体迥异于西汉。建安之世，七子继兴，偶有撰著，悉以排偶易单行，即非有韵之文，亦用偶文之体，而华靡之作，遂开四六之先。而文体复殊于东汉。……东汉之文，渐尚对偶，若魏代之体，则又以声色相矜，以藻绘相饰，靡曼纤冶，致失本真。

其实，自魏至晋，以迄宋齐梁陈，才更加“以声色相矜，以藻绘相饰”，也就是说，从汉魏之际开始，文学不断朝着美文方向发展，于是产生了从审美观出发的绚丽多姿的骈体文。刘师培一面说：“靡曼纤冶，致失本真”；另一方面却又说：“非偶词俪语，弗足言文。”②

---

① 王国维：《论近年之学术界》。

② 刘师培：《中古文学史》。

继刘师培之后，对汉魏之际文学上的巨大变迁认识最为充分的是鲁迅先生。鲁迅先生在《魏晋风度及文章与药及酒的关系》这篇著名的论文中大书特书："用近代的文学眼光看来，曹丕的一个时代，可说是文学的自觉的时代，或如近代所说是为艺术而艺术。"

由是可知，有敏捷头脑、犀利眼光的王国维，既接触了西方近代文学美学观念，又清楚地看到中国历史进程，从而把骈体文作为六朝文学的代表，倍加赞扬，而且时时执笔为之，确是出于心之所善，欲罢不能。

我们知道：王国维一生，治学曾经多次变化。首先是治哲学，及至发现"哲学上之说，大都可爱者不可信，而可信者不可爱"①。于是遂与哲学分手，转而研究文学。自认为填词取得了成功，又有志于戏曲。1911 年东渡日本后，竟又抛弃了文学，废寝忘食地从事他所说的"最近二三十年中中国新发见之学问"，即殷墟甲骨文字、敦煌塞上及西域各地汉晋木简、莫高窟六朝及唐人写本乃至齐鲁封泥等等。此外，还有赵宋一代已经开端、至清代勃焉中兴的古器物学，也耗费他不少精力、时间，从而取得惊人的成绩。其间，校勘古籍、修撰方志，虽非专攻，终属学业。再看看他的文学生涯：二十二三岁起，写下了不少诗篇。二十七八岁，开始填词。填词不过两三年，基本上便搁下笔来。诗则从未中辍，盖希冀从中得到"直接的慰藉"也，最可异者，骈体文的写作，贯穿在各个时期中，不断有所表露。如果不是在感情上与骈体文结下了不解之缘，又复从史的角度认定其为"一代之文学"，是不可能存在如此情况的。

充分说明王国维喜爱骈体文的事实，不仅在于他多次用骈体文的形式撰写了专门篇章，更在于他在一般散文中有意无意地安排了一些骈词偶语或长长的一段。最罕见的是他在 1904 年引进德国哲学时所写《叔本华与尼采》一文，居然也这样做了。1907 年在《自序》中，他写道：

> 岁月不居，时节如流。……夫怀旧之感，恒笃于暮年；进取之方，不容于反顾。余年甫壮，而学未成。冀一篑以为山，行百里而未半……

① 王国维：《自序二》。

这节文字，使人读来是那么自然不露痕迹，过后往往忘记其为骈偶句。

同样，1907 年他在所写《清真先生遗事》中也是如此：

强焕政事之目，或属谀词；攻愧委顺之言，殆为笃论。……壮彩飞腾，奇文绮错。二刘博奥，乏此波澜；两苏汪洋，逊其典则，至令同时硕学，只诵偏旁；异世通儒，或穷音释。

而 1908 年代罗振玉作的《中国名画二集序》及 1914 年的《国学丛刊序》，在近代骈文中，实属罕见。前者北京大学出版的《中国文艺思想史论丛》第一集已收入，作为研究王国维美学思想的重要参考文献。后者叙述学术源流，详而不芜，其中涉及近代出土文物部分，“多昔儒所未见”，尤富于研究价值。特转录于此：

国学丛刊序

宣统辛亥，某始创《国学丛刊》于京师，遭遇国变，中道而辍。今年春，海上友人乞赓续之，亟允其请，编类既竟，乃书其端曰：秦汉以还，迄于近世，学术兴替，可得而言。自九流之学，并起衰周，六艺之传，独出孔氏。战国以为迂阔，强秦燔其《诗》《书》，而诸儒偃蹇戎马之间，崛强刀锯之下。鲋、腾父子，藏其家书。高、赤师弟，嬗其口说。犹闻制氏之乐，不废徐生之容。偶语之诛不能加，挟书之律无所用。暨乎中阳受命，王路小亨，柱下御史，独明律历；咸阳博士，还定朝仪，乃孝武之表章，兼河间之好古，古文间出，绝学方兴。山岩甫出之书，遽登秘府；太常未立之学，或在民间；旋校中秘之文，并增博士之数。此一盛也。建武以降，群籍颇具。子春笃老，始通《周官》之读；康成晚出，爰综六艺之文。赵、张问难于生前，孙、王辨证于身后。此又一盛也。黄初君臣，雅擅词翰；正始贵胄，颇尚清谈。洎于六朝，此风犹盛。竭神思于五言，罄辩论于二氏，然而崔、皇特起于江南，徐、熊并驰于河北，二刘金声于隋代，孔、贾玉振于唐初，综七经而定正义，历两朝而著功令。此又一盛也。先秦学术，萃于六经，炎汉以还，爰始分道，则有若子长述史，成一家之言；叔重考文，发六书之旨。善长山川之说，君卿制度之书，并自附庸，蔚为大国。义兼于述作，体绝于古今，此又旷世之鸿裁，难语一时之风会者矣。爰逮晚唐，兹音不嗣。天水肇建，文物鼎兴。原父小传，别启说经之途；次道二书，聿新方志之体。长睿余论，存中笔谈，并示考古之准绳，穷格物之能事。至于欧、赵之集金石，宣和之图彝器，南仲释吉金之文，鄱阳录汉碑之字，旨趣既博，扃途大开。洎于元明，流风稍坠，天道剥复，钟美本朝。顾、阎浚其源，江、戴拓其宇。小学之奥，启于金坛；名物之赜，理于通艺。根柢既固，枝叶遂繁。爰自乾嘉以还，迄于同光之际，大师间出，余裔方滋。专门若西京之师，博综继东都之业，规模跨唐代之大，派别衍宋人之多，伊古以来，斯为极盛矣。畇畇先畴，巍巍遗构，高曾之所耕获，祖父之所经营，绵延不替，施于今日。保世滋大，责在后人。自顷孟陬失纪，海水横流；大道多歧，小雅尽废。番番良士，劣免儒硎；莘莘胄子，翻从城阙。或乃舍我熊掌，食彼马肝，土苴百王，秕糠三古。闵父知其将落，宣圣谓之不祥。非无道尽之悲，弥切天崩之惧。然而问诸故府，方策如新；瞻彼前修，典型未沫。重以地不爱宝，天启之心。殷官太卜之所藏，周礼盟府之所载，两汉塞上之牍，有唐壁中之书，并出尘埃，丽诸日月。芒洛古冢，齐秦故墟，丝竹如闻，器车踵出，上世礼器之制，殊异乎叔孙；中古衣冠之奇，具存于明器。并昔儒所未见，幸后死之与闻。非徒兴起之资，弥见钻求之亟。至于先人底法，仅就椎轮；历代开疆：尚多瓯脱。作室俟堂构之饰，析薪资负荷之劳，功有相因，道无中止。譬诸注坡之马，造父不能制其势；建瓴之水，神禹不能回其流。观往昔之隆污，抚今兹之际会，盛衰之数，盖可知类。某爰始志学，颇识前闻，暨乎遁荒，益多暇日。思欲标艺林以寸草，助学海以涓流，乃因同气之求，重续春明之梦。尽发敝箧，聿求友声。聊供研悦之新知，并刊散亡之故籍。先民有作，同惊风雨之晨；来者方多，终冀昌明之日。甲寅五月。

这是一篇不易着笔的文章。因为它所阐述的内容，为历代学术兴替之事，不像抒情写景，可以任意发挥，曲尽描绘。但同时它又要求对偶工切，辞藻焕发，而且还要避免枯燥、板滞。所以非满腹学问而又精通骈文者不能作。王国维当然是能胜任愉快的。他还有一篇《殷虚书契考释序》，也是用骈体写的，与《国学丛刊序》有异曲同工之妙，可谓集学者文人于一身矣。我们在清代及民国的骈体文中，仅知有阮元的《四六丛话序》、孔广森的《戴氏遗书序》与刘师培的《谶纬论》，可与王作媲美。为什么要特别指出这一点？是想说明王国维采用骈体的形式来写学术性论文，足见他对骈体文的偏爱，并不亚于宋词、元曲。

他对元曲最欣赏的是文章之美。若以文章论，在他的骈体文作品中，当以晚年所写《罗君楚妻汪孺人墓碣铭》为胜，罗君楚为罗振玉之子，对法文、德文、日文，造诣甚深，并通西夏文，突厥文及梵文。卒年二十六。其妻汪氏，为振玉甥女。夫死后寻亦卒。其文略曰：

> 孺人生而徇通，幼而淑慎，毁齿之岁，丧其怙恃。……舅氏……闵其孤露，迎致京邸。别肥泉而永叹，见渭阳而如存。……参虚之出，仍俪晋襄；刘氏之孤，言归温峤。中表为婚，从故俗也。君楚博究方言，溺苦旧籍，劝学几死，贞疾弥年。孺人服勤无方，积忧成痗。……昊穹不仁，琴瑟告彻。昼哭无时，水浆久绝。舅姑谕以礼制，勉从饘粥。犹躬朝夕之奠，不甘草木之滋。藐是孤生，终于灭性。皦日之信，匪石不回。指西海以为期，皋北辰而弗复。……夫思亲有《竹竿》之美，宜家备《桃夭》之德，事生迈《芣苢》之仁，之死同《柏舟》之节。风人所叹，异世同辙。宣刊玄石，式扬芳烈。

以上我们所移录的，不是王国维所作骈文的全部。移录的目的，也不是为了欣赏其骈文，而是为了进一步认识和探索他的文学和美学思想。

严格地说，本文开篇所引“一代有一代之文学”的论点，并非王国维的创见。他在《宋元戏曲史·元剧之文章》一节文字中这样写道：

> 三百年来，学者文人大抵屏元剧不观。其见元剧者，无不加以倾

倒。如焦理堂《易余籥录》之说，可谓具眼矣。焦氏谓一代有一代之所胜，欲自楚骚以下，撰为一集。汉则专取其赋；魏晋六朝至隋，则专录其五言诗；唐则专录其律诗；宋专录其词，元专录其曲。余谓律诗与词固莫盛于唐宋，然此二者果为二代文学中最佳之作否？尚属疑问。

那么，为什么早于王国维一百多年的焦循，这种极有见地的说法，长期沉没不为人知，直到王国维说出后始风靡一时呢？固然焦氏之后戏曲仍不为人所重视与此有关，却也因为焦氏所说尚有值得商榷的缘故。王国维不是对它提出了修正意见吗？不过修正的主要点并未写进《元剧之文章》里。那就是以骈文作为六朝文学的代表。王国维之所以要以骈文作为六朝文学的代表，正如我们前面所说的，是基于他接受西方近代文学与美学的观念，对中国古代文学形成了系统的整体的看法，也基于他审视了中国思想发展史、认定魏晋六朝是中国文学随着思想界发生巨大变迁而摆脱政治伦理附庸地位、走向独立自觉道路的时期。而骈文就是这一时期所带来的新果实。既如此，所以我们认为深入研究王国维的文学和美学思想，更有必要考察他与骈文的关系。

骈文虽然在我国文学史上，曾居重要地位，堪称“一代之文学”。但是骈文流行的时代一去不复返，这是可以断言的。骈文也和楚骚、汉赋、唐诗、宋词、元曲一样，一方面同属我国民族的瑰宝，将永远引为我国民族的骄傲；而另一方面都又是历史的陈迹。当时代的车轮滚滚向前的时候，它与我们的距离将越来越远。不过，构成骈文之美的那些基本因素，也会和其他优秀的文学遗产中的宝贵东西一样，会被新的甚至未来的文学作品吸收，化为养料，发挥应有的作用。这也许就是我们为什么要探究王国维的文学和美学思想的理由之一吧。

1986 年夏初稿

原载《湘潭大学学报增刊·中国古典文学论集》1986 年第 S1 期

新史学的开山——王国维

辛苦钱塘江上水。日日西流，日日东趋海。终古越山澒洞里。可能消得英雄气？

说与江潮应不至。潮落潮生，几换人间世。千载荒台麋鹿死。灵胥抱愤终何是！

——蝶恋花

这是王国维咏海宁潮词。提起海宁潮，古今中外，无不知之。如今每年农历八月中旬，来自国内外观潮的游客，往往达十万以上，八月十八日这天，海塘上人山人海，也和潮水一样汹涌奔腾。

离海塘不过半里之遥，便是我国近代杰出的学者王国维的故居。

于维新时学习西学

王氏家族定居海宁，已有八百多年的历史。据赵万里《王静安先生年谱》："王氏先世籍开封。远祖禀，宋靖康中以总管守太原，城陷死之，赠安化郡王。孙沆，随高宗南渡，赐第监官，遂为海宁人焉。"王禀于靖康元年（1126）九月，在太原殉国，是一位勋绩卓著的民族英雄。然《宋史》未曾为他立传。王国维多方考证其事迹，撰写了《补家谱忠壮公传》，认为北宋亡国，延迟一年，实王禀坚守太原之力；同时，还说：他之所以补写这篇传记，不仅是为了"家门之光"。是的，像王禀这样为国牺牲的人物，应当说是炎黄子孙的骄傲。

王国维原名德桢，字静安，又字伯隅，晚号观堂。清光绪三年十月廿九日，即公元1877年12月3日，出生于海宁城内双仁巷私宅。曾祖溶，祖嗣铎，皆国学生。父乃誉，字与言，号莼斋，原亦读书，值太平天国起义，天下兵荒马乱。遂弃儒经商。但他在贸易之暇，仍用功于诗文及书画、篆刻。据近年发现：王乃誉在文学艺术方面，还有著作遗留。这，对王国维早期的影响是很大的。

王国维四岁时，母亲凌夫人去世。他和姊姊蕴玉，赖祖姑母及叔祖母抚养，方得成人。七岁，入塾。九岁，父亲再娶。十岁，移居周家兜新屋，即今海塘附近故居。

十六岁考中秀才，入杭州敷文书院肄业。① 在此以前，王国维所学习的，都是八股、试帖：为求取功名而读书。到杭州后，眼界始开，他在三十《自序》中追写道：

> 余家在海宁，故中人产也。一岁所入，略足以给衣食。家有书五六箧，除《十三经注疏》为儿时所不喜外，其余晚塾归，每泛览焉。十六岁见友人读《汉书》而悦之，乃以幼时所储蓄之岁朝钱万，购四史于杭州，是为平生读书之始。时方治举子业，又以其间学骈文、散文，用力不专，略能形似而已。

王国维十八岁，值中日战争爆发。不久以中国失败宣告结束，李鸿章代表清政府签订丧权辱国的《马关条约》。这一历史事件，一方面把清政府腐败无能的本来面目暴露无遗，另一方面唤醒了全国人民，特别是激发了青年知识分子的爱国热忱。最具体的表现是以康有为、梁启超为首的“公车上书”。所谓公车上书，用今天的话来说，就是全国青年学子集体请愿。上书者的口号是：救亡必须维新，维新才能救国。大家都认识到：中国再不能循祖宗的成法，走原来的老路了。如何才能变法图强呢？一句话，是要向西方学习，以日本明治维新为榜样。就这样，国内出现了“家

① 樊少泉：《王静安先生事略》。

家言时务，人人谈西学”的新情况。接着，知识界产生了“留学热”。

1896年8月，《时务报》在上海创刊，成为变法维新的言论中心。可是，随着戊戌政变的到来，维新派深受挫折。《时务报》遂于1898年8月改为《昌言报》。

王国维也是甲午中日之战青年中觉醒的一员。他向往西学，因“家贫不能以资供游学”，只好“居恒怏怏”。幸而于1989年2月，终于离开海宁，到达上海，代同学许同蔺充当《时务报》校对兼司书。

上海是我国最大的都市，《时务报》又是得风气之先者。王国维克服了生活上的种种困难，除担负过重的工作外，还在罗振玉创办的东文学社学习日文。此外，更如饥似渴地吸收外来的新思想、新知识，例如：严复翻译的《天演论》，甫出版，即为王氏所购读、所援引。[①] 凡此，其目的不外乎是争取进步，不甘居时代的落伍者。我们看他在《时务报》的几个月中写给许同蔺的信，几乎每次都谈到时事。其中3月1日的信是这样写的：

> 此日英俄各报均言无意于瓜分中国，然俄在吉林边界之兵日增，又放一头等铁舰东来；英人亦派一舰。各国兵船云集于太平洋，其意实为叵测。……常谓此刻欲望在上变法，万万不能。惟有百姓竭力做去，做得到一分就算一分。[②]

在这里，我们既可看到王国维的一片爱国心，而且不得不佩服他对戊戌政变、维新运动失败的预见。显而易见，拙著《王国维评传》中所说“王国维是一个不问时务的《时务报》小书记”，是错误的。

王国维6月间因足疾“寸步难以行走”而离开上海，回到海宁，等到8月足疾痊愈，重返上海时，时局已经大变。《昌言报》虽有意留他做日文翻译，但因负责人汪康年忙于应付未暇顾及而搁置。正在他彷徨无计的时候，罗振玉向他伸出了援助之手。

---

① 萧艾：《王国维诗词笺校》“读史二十首”笺辞。

② 《王国维全集·书信》第2—3页。

罗振玉，字叔蕴，号雪堂，上虞人。从曾祖起，寄居淮安。光绪二十三年（1897）与友人蒋斧来上海创办学农社，并刊行《农学报》。同时，还翻译、出版各种农业书籍。社中延聘日本藤田丰八为日文翻译，后来认为有自行培养翻译人才的必要，又开办了东文学社。仍由藤田任教习。

东文学社是1898年5月开办的。最初，只教日文，后又扩大学习数理等课程。王国维商得《时务报》同意，每日午后到东文学社学习三小时。由于报馆事务繁忙，无多空暇复习功课，他的学业成绩不佳，本应退学，偶因罗振玉在一位同窗的扇面上得见王国维所写咏史诗，罗振玉特别欣赏其中两句：

千秋壮观君知否？黑海西头望大秦。

认为青年有此抱负，将来一定大有出息，不但不让王国维退学，而且当《时务报》停办，王国维栖身无地、生活有困难的时候，让王国维在东文学社管理庶务，继续半工半读。

这是他们一生友谊的开始。罗振玉对王国维的影响是极大的。我们看最近出版的王国维书信集，其中百分之九十的信，是写给罗振玉的。便可想见他们之间关系密切的程度了。

1899年，义和团运动如火如荼，帝国主义侵略者害怕得要命，终于露出了狰狞的面貌，派遣所谓“八国联军”，侵犯北京。在上海的东文学社，只好再度停办。王国维提前毕业，重返家乡海宁。这时，他已结婚，有了第一个男孩。

不久，再至上海，辗转随罗振玉到武昌湖北农学校担任译员。

罗振玉应张之洞之邀，出任农学校监督为时甚短，当他离鄂返沪后，决定资助王国维东渡留学日本。王国维多年来的夙愿总算实现了。

在此，我们要补叙一下王国维在东文学社与藤田丰八及另一名教习田岗佐代治的交谊。这两位日本人，是王国维的日文教师，并指导他课余学习英文。他们相处得很好。王国维后来醉心于康德、叔本华哲学，便是因为在田岗的文集中得见其引用康德、叔本华著作之故。这次，王国维留学日本，当然也得到这两人的帮助。甚至王国维在东京进物理学校，也是出于藤田的建议。

王国维在日本不过半年，竟因病辍学归国。

归国后又随罗振玉在南洋公学东文部工作了一段。他的精力主要用于襄办《农学报》及主编《教育世界》杂志。第二年，由罗振玉介绍到张謇主办的通州师范任教。通州师范是我国最早的民办师范学校，当时名声甚大。入学的人一般为举人、拔贡、以及秀才中的佼佼者。王国维所教的课程为心理学、伦理学、社会学。一年后，又由南通转到苏州，在江苏师范任教，所教仍为心理、伦理等学科。

近代文艺理论的先驱

1902 年，二十六岁的王国维，从日本留学归国，在主编《教育世界》的同时，开始研究哲学。

他之所以从事哲学研究，目的在于解决人生问题。据其《自序》所说：

> 体素羸弱，性复忧郁，人生之问题，日往复于吾前，自是始决从事于哲学。

这时，指导他读书的，仍然是藤田丰八。关于他的学习过程，他在《自序》中有较详细的记载：

> 次岁春，始读翻尔彭之《社会学》、器文之《名学》、海甫定之《心理学》之半，而所购哲学之书亦至。于是暂辍心理学，而读巴尔善之《哲学概论》，特尔彭之《哲学史》……既卒《哲学概论》与《哲学史》，至次年始得汗德之《纯理批评》，至《先天分析论》，几全不可解，更辍不读；而读叔本华之《意志及表象之世界》一书。叔氏之书，思精而笔锐，是岁前后读二过，次及其《充足理由之原则论》《自然中之意志论》及其文集等。尤以其《意志及表象之世界》中汗德哲学之批评一篇，为通汗德哲学关键。至二十九岁，更返而读汗德之书，则非复前日之窒碍矣。嗣是于汗德之《纯理批评》外，兼

及其伦理学及美学。至今年从事第四次之研究，则室碍更少。……此外，如洛克休蒙之书，亦时涉猎及之。近数年来为学之大略如此。

由此可见，王国维之于康德哲学是下了很多工夫的，从二十六岁到三十岁，足足有四五年，专心致志于此。1906 年 7 月出版的第 129 号《教育世界》杂志刊有他的肖像，标明为“哲学专攻者社员王国维君”。正好说明这个时期的王国维的确沉浸在德国康德派哲学的海洋中了。

王国维不独研究康德、叔本华以及尼采的哲学，成为他们的信徒，而且还“兼及其伦理学及美学”。同时，又把这些向国内知识界推荐，从而成为我国近代史上引进叔本华与尼采的第一人。

在此数年内，他先后撰述了一系列论文：

《论性》；

《释理》；

《原命》；

《叔本华之哲学及教育学论》；

《书叔本华遗传说后》；

《叔本华与尼采》；

《论哲学家及美术家之天职》；

《古雅之在美学上之位置》；

……

在这些论文中，宣扬其美学及文学之思想。我们知道：以历史文化悠久著称于世的我国，在汗牛充栋的古代文献中，有非常丰富的美学思想及学说。但是，美学作为一门独立的学科，是西方国家近代才有的事。最早把西方美学理论系统地介绍来我国的，就是王国维。与此同时，大力宣传纯文学，反对文以载道论的也是他。他把叔本华与尼采推荐给国人时，特别强调其文学上的非凡才能。着重指出这“二大伟人”的学说目的在于“破坏旧文化，创造新文化”。他认为叔本华的《杂作》、尼采的《扎拉图斯特如是说》，实际上是两部文学杰作。

简单说来，王国维的美学和文学思想，重要的有如下几个方面：

一、一切的美，不论优美与壮美，都是形式的美。自然美属于第一形式，艺术美属于“他形式”。

二、美是超越利害关系之外的。文学亦然。纯粹美术上的文学，才是有价值的文学。哺啜的文学，文绣的文学，皆非真文学。

三、文学是游戏的事业，又是天才的制作。美术中有非天才制作的艺术品，与天才的制作无异，名之曰古雅。

四、无崇高伟大之人格，即无崇高伟大之文学。

五、文学须感自己之所感，言自己之所言。但不以发表一己之感情为满足，要进而发表人类全体之感情。

六、一代有一代之文学。

七、悲剧是文学中最有价值者。

显然，这些思想都带有浓厚的西方的色彩。在当时，影响是很大的。仅以主张文学独立、反对文以载道而论，就有振聋发聩的作用。正如鲁迅后来在《帮忙文学与帮闲文学》中所说的：“为艺术而艺术，这一派在五四运动时代，确是革命的。”何况是在辛亥革命之前的时代呢?

最值得称道的，是王国维以叔本华的理论为依据，论述文学和教育。这件事本身就有重大的开拓意义。后来为陈寅恪总结为他治学内容及方法的三大特点之一，即“取外来之观念与固有之材料互相参证”。他在这方面首先取得成功的，是撰写《红楼梦评论》。

众所周知：《红楼梦》是我国古典小说中十分优秀的作品之一。从问世之日起，便受到读者的高度赞扬。同时，当它还是用手钞本流传的过程中，便有人对它进行这样那样的评论。但所有的评论，都比不上晚出的王国维的《红楼梦评论》。因为其他评论，在内容上不属于索隐派，便属于自传说，不是纷纷猜测《红楼梦》写的是某某家事，就是认为乃作者自叙其生平，惟有王国维认定这是一部文学巨构。认为在茫茫无边的人生苦海里，唯一可以减轻人之痛苦者，就是超越利害之外的文学艺术。《红楼梦》一书正是这种可以减轻人的痛苦的文学艺术，它具有优美与壮美，壮美多于优美，它是彻头彻尾的悲剧，是可以与歌德的《浮士德》并驾齐驱的“宇宙大著作”。此外，在形式上《红楼梦评论》是一篇系统的、组织结构非常严密的、专门性学术论文，不同于任何随笔式或批点式的评论。因此，不管它的基本观点如何，甚至王国维对这部现实主义文学巨著产生的社会根源及其真正伟大之所在，毫无认识，《红楼梦评论》仍不失为近代文学批评的一块里程碑。

《红楼梦评论》作于1904年夏天，其时，王国维年方二十八岁，与此同时，王国维已开始填词。起初，他填词的目的，也和作诗一样，是为了驱遣愁闷，为了从诗词中得到“直接的慰藉”。后来，填词的兴趣愈来愈浓厚，作品也与日俱增，并且自己觉得对词学深具心得。于是有放弃哲学、转攻文学的打算。他说：

> 余疲于哲学有日矣。哲学之说，大都可爱者不可信，而可信者不可爱。余知真理，而余又爱其谬误。伟大之形而上学、高严之伦理学与纯粹之美学，此吾人所酷嗜也。然求其可信者，则宁在知识论上之实证论、伦理学上之快乐论，与美学上之经验论。知其可信而不能爱，觉其可爱而不能信，此近二三年中最大之烦闷，而近日之嗜好所以渐由哲学而移于文学，而欲于其中求直接之慰藉者也。要之，余之性质，欲为哲学家则感情苦多而知力苦寡，欲为诗人，则又苦感情寡而理性多。诗歌乎？哲学乎？他日以何者终吾身，所不敢知，抑在二者之间乎？①

词，又名曲子词，起源于唐代，来自民间的曲子。自五代以后，填词的人多了，及至北宋，乃盛极一时。文学史上往往唐诗、宋词、元曲并称。宋代文学家几乎无一人不填词，给后世留下了数以万计的名篇佳什。王国维认为词以五代、北宋为最好，自南宋以下，就渐不如前。因此，他的词专学五代、北宋。所作先后发表于《教育世界》，有《甲稿》《乙稿》之分，统名为《人间词》。据说，其所以名为《人间词》，盖因王氏主张文学应以描写自然及人生之事实为主，而同时在他的词中“人间”二字又层出不穷的缘故。现在，我们能搜集到的《人间词》共115首。王国维对

① 王国维：《自序二》。

自己的词作，是自视甚高的，甚至认为“度越前人”，自欧阳永叔以下，殆未之有。近代名人如胡适、郭沫若也对《人间词》有较高的评价。诚然，在晚清一味追求雕辞琢句的词风下，比较而言，《人间词》独标意境，自是难能可贵的。不过，我们的看法是：《人间词》虽好，还不如《人间词话》之尤为值得珍视。

《人间词话》是作者在学习西方哲学、美学，并运用其观点评论我国古代文学，在《红楼梦评论》取得成就之后，进一步企图建立自己的文学理论的产物。

王国维自谓所作如《红楼梦评论》其立脚地全源于叔本华，而其填词则以意境为主、深含哲理，亦浸透了叔本华的悲观主义。他并不以运用叔氏之说为满足，而且开始觉悟叔氏之说，多出于“主观的气质”，无关于“客观的知识”。于是，他在阅读整理大量的唐、五代及宋人词籍之后，结合自己创作中的亲切体会，用中国文学传统的批评形式——词话这一体裁，撰述了以意境为中心的闻名世界的《人间词话》。

《词话》的一部分，首先发表在1908年11月上海出版的《国粹学报》上。尔后，又连续发表其余部分，总共才60则。据目击其手稿的人说，未发表者尚多，近年来经后人整理刊行，渐见其全貌。

在托名樊志厚、实为王国维自撰的《人间词·乙稿》的序言中，不下十余次使用“意境”这一学术用语。较晚出的《词话》则易“意境”为“境界”，后于《词话》问世的《宋元戏曲史》，又但称“意境”，以后再未见“境界”一词出现。一向以治学严谨著称的王国维，为什么时而用“意境”，时而用“境界”呢？况且，他论词、论曲，乃至论一切文学作品，皆拈出“意境”二字立论，甚至直称“意境”为文学之本。足见这一术语在其文学理论中所占之地位，他绝不会掉以轻心的。这，充分说明王国维在试图建立自己的文学理论体系时，经过长期的反复考虑，惟恐“意境”这一观念不够鲜明确切，使读者易与传统的文学用语相混同，却又不欲过于标新立异，所以最后还是采用了历来用得较多的“意境”一词。

王国维虽以“意境说”为自己的文学理论体系的核心，但他并没有对

“意境”下过界说，仅仅是在《宋元戏曲史》中论述《元剧之文章》时这样写道：

何以谓之有意境？曰：写情则沁人心脾，写景则在人耳目，述事则如其口出是也。

那么，什么叫做意境，也就不言而喻了。

《词话》开宗明义第一条就说：

词以境界为上，有境界则自成高格，自有名句，五代、北宋之词所以独绝者在此。

接着，又说：

有造境，有写境，此理想与写实二派之所由分，然二者颇难分别。因大诗人所造之境必合乎自然，所写之境亦必邻于理想故也。

他不独把西方文论中关于现实主义与浪漫主义的创作方法，很自然地融合到意境说中来，而且进而写出了现实主义与浪漫主义二者之间的关系。下面还进一步写道：

有有我之境，有无我之境。……有我之境，以我观物，故物皆着我之色彩；无我之境，以物观物，故不知何者为我，何者为物。

更重要的是，他还指出：

无我之境，人惟于静中得之；有我之境，于由动之静时得之。故一优美，一宏壮也。

把创作者主观的思想感情与客观事物之间的关系结合审美中的优美与壮美之所由产生，主题更深化了。

作者惟恐人们误认“境”系专指景物而言，他又说：

境，非独谓景物也，喜怒哀乐亦人心中之一境界。故能写真景物、真感情者，谓之有境界，否则谓之无境界。

又说：

境界有大小，不以是而分优劣。

同时，也提出“隔与不隔”之说：

问隔与不隔之别？曰：陶谢之诗不隔，延年则稍隔矣；东坡之诗不隔，山谷则稍隔矣；“池塘生春草”“空梁落燕泥”等二句，妙处惟在不隔。

还说：

诗人对自然人生，须入乎其内，又须出乎其外。入乎其内，故能写之，出乎其外，故能观之；入乎其内，故有生气，出乎其外，故有高致。

此外，还说了“词人者，不失其赤子之心者也”。又引尼采之言：“一切文学，余爱以血书者。”所谓写真感情、真景物，以赤子之心，入乎其内，以血写书，一言以蔽之，就是要真。他说：

“昔为倡家女，今为荡子妇，荡子行不归，空床难独守。”“何不策高足，先踞要路津，无为守穷贱，轗轲长苦辛。”可谓淫鄙之尤，然无视为淫词、鄙词者，以其真也。

总的说来，《人间词话》主张文学要有意境、要真，它所举的例子，非常具有说服力。因此《词话》一出，传遍海内外。随着美学在我国的逐渐为人们所重视，人们对一切文学艺术必须从审美角度进行创作和欣赏的认识水平不断提高，《人间词话》的声价也有增无已。近年来意境说不仅成为学术界讨论的热课题，在国际上也极为人所瞩目。美国学者陶黛尔·奥斯汀·里基特博士不是用了二十八年的工夫终于把《人间词话》译成英文了吗？加拿大籍华裔学者叶嘉莹教授近年所著书不是一再以研究王国维的词学及文学批评为课题吗？

王国维在撰述《人间词话》的同时，因他供职北京新成立的学部图书馆，有机会接触有关古代戏剧的资料，于是，又兴趣盎然地从事戏曲研究。从1908年起，直到1911年离开北京，发表了《曲录》《戏曲考源》《唐宋大曲考》《古剧脚色考》等一系列富有价值的开拓性学术论文。

戏曲，在我国向来不被看作文学，也从来没有人去对戏曲进行研究。所以王国维自称："世之为此学者自余始。""凡诸材料，皆余所搜集；其所说明，亦大抵余之所创获也。"① 他认为一代有一代之文学。楚骚、汉赋、六朝骈文、唐诗、宋词，都是各个不同时代文学的代表，元代则以戏曲为代表。

王国维之研究戏曲，自然也是受到近代西方文论的启发，同时他也读了不少莎士比亚等大剧作家的作品。最后，他把研究所得，归结为《宋元戏曲史》一书。郭沫若尝说："王国维的《宋元戏曲史》和鲁迅的《中国小说史略》，毫无疑问，是中国文艺史研究上的双璧，不仅是拓荒的工作，前无古人，而且是权威的成就，一直领导着百万的后学。"② 《宋元戏曲史》是王国维旅居日本后所发表的，影响日本学术界至深。日本作家盐谷温说："读《宋元戏曲史》'得闻前人未说过的新说，真乃后生之余庆'"。又说："王先生流寓东京时，我学界大受刺激。从狩野君山博士起，久保天随学士、铃木豹轩学士、西村西囚居士、亡友金井先生等，对斯学造诣极深。或对于曲学的研究时吐卓识，或竞先鞭于名曲的介绍与翻译，呈万马联镳而驰骋的盛况。"③

王国维不但从事戏曲研究，而且还有志于戏曲创作。不过，这种"奢愿"未曾实现。若干年后，他还加入过吴梅、许之衡、王玉章、王季烈、刘富梁、姚华、任讷、卢前诸人所组织的"曲社"。④ 可见他对戏曲的爱好是至老未衰的。

---

① 王国维：《宋元戏曲史·自序》。

② 郭沫若：《历史人物·鲁迅与王国维》。

③ 〔日〕盐谷温：《中国文学概论讲话》。

④ 见卢前：《吴梅小传》。

王国维的《人间词话》及《宋元戏曲史》对我国文化学术事业的贡献巨大，是有目共睹的。但他的文学思想的影响之大，却并不为人人所认识。陈寅恪概括其学术成就谓不论哪一个方面，“皆足以转移一时之风气，而示来者以轨则”。这话是不错的。即以其文学思想而论，当代知识界代表人物，几乎无不受到不同程度的震动。所以李长之说他以独到的见地，做了文学革命的先驱。[①] 吴文祺径直以《文学革命的先驱者——王国维》来称颂他。[②] 同样，周予同也呼他为“文学革命家的先驱者”。[③]

我们想，人的短暂一生，对学术文化的贡献，有上述王国维之一桩，也就足以自慰了。但这些，对王国维来说，不过是前半辈子事业的发轫，好比晨光之熹微，更有日丽中天、绚烂无比的景色在等待着他。

但，在此，我们既为他欣企，又为他深深惋惜。惋惜他没有沿着进步的道路走下去，直达光辉的终极目标；相反地，三十五岁左右的王国维，竟然全盘否定了自己的过去，甚至把他三十岁以前闪耀光芒的《静安文集》也摧焚了。置身于新旧社会交替中的知识分子，就是这样不可捉摸地往往前后判若两人。

献身新发现研究的杰出史学家

1911 年辛亥革命，在我国历史上绵延数千年之久的封建君主专制被推翻了。正当普天同庆之际，三十五岁的王国维，追随罗振玉，东航日本，定居京都，以清室遗老自居。

同样是海宁王国维，同样是学者，不久前还高唱“今日之时代，已入研究自由之时代，而非教权专制之时代”，并且扬言“异日发明光大我国之学术者，必在兼通世界学术之人，而不在一孔之陋儒”，也曾号召“今日之所急需者，在授世界最进步之学问之大略，使知研究之方法”的王国维竟然变了！

由热烈赞扬战国时期百家争鸣，批评汉武帝尊孔，遂使两汉思想停滞

① 李长之：《王国维文艺批评著作批判》。
② 《小说月报》第 17 卷。
③ 1927 年《文学周报》第 5 卷。

不前的王国维，东渡日本后居然忏悔自己叛离了孔孟之道：

> 我亦半生苦泛滥，异同坚白随所攻。
> 多更忧患阅陵谷，始知斯道齐衡嵩。[①]

在思想上转了一百八十度大弯的王国维，治学方向当然也不同于以往。他把西方哲学以及用西方的美学观点来论述我国古代文学的事业，一概弃而不顾。他要继承清代戴、段、钱、王考据学的传统，从事考证之学。

据罗振玉说，王国维的转变，是出于他的劝导。缪钺先生则说："此种转变，虽环境使然，而静安亦非尽属被动。其内心或以为治考证亦一种解脱之法，故愿从事于此。盖治考证时，其对象为古文字、古器物、古代史事，远于现实之人生，亦可以暂忘生活之欲也。"[②] 我们认为：思想的转变，治学方向的转变，原因是多方面的。思想的转变，导致治学方向的转变，尤可理解。但是，还有一层，不可不充分估计进去。那就是在后来1925年6月，王国维在清华大学演讲《中国近二三十年来新发见之学问》时所提到的：

> 古来新学问起，大都由于新发见。有孔子壁中书出，而后有汉以来古文家之说；有赵宋古器出，而后有宋以后古器物、古文字之学。……自汉以来，中国学问上之最大发见有三：一为孔子壁中书；二为汲冢书；三则今之殷虚甲骨文字、敦煌塞上及西域各处之汉晋木简、敦煌千佛洞之六朝及唐人写本书、内阁大库之元明以来书籍档册。此四者之一，已足当孔壁、汲冢所出。……故今日之时代，可谓之发见时代。自来未有能比者也。

殷墟甲骨文字，发现于1899年。

敦煌莫高窟六朝及唐人写本，发现于1900年。

---

① 王国维：《送狩野博士游欧洲》。

② 缪钺：《诗词散论·王静安与叔本华》。

汉晋木简及内阁大库之明清档案、文籍，发现于1908年。

这些发现，无不震撼国内及全世界学术界，可以想见，对王国维的吸引力也是非常大的。何况1911年东渡伊始，他每天都襄助罗振玉整理这些新发现的资料，接触日久，治理心切，于是，他决定献身于“新发见”，立志做出一番新学问。最后，他是如愿以偿了。

王国维寄居日本京都吉田町田中村，开始新的研究工作。最初着手做的是木简整理。先写了《简牍检署考》，然后又和罗振玉合著了《流沙坠简》。《流沙坠简》这部书，鲁迅对它评价甚高，他说：

> 中国有一部《流沙坠简》，印了将有十年了。要谈国学，那才可以算一种研究国学的书。开首有一篇长序，是王国维先生做的。要谈国学，他才可以算一个研究国学的人物。[①]

1908年，匈牙利人斯坦因，受英国政府的雇佣，来我国西北进行考察，在甘肃境内，获得大量汉晋木简。因他不懂汉文，将木简交由法国友人沙畹进行考释。沙畹费了很大力量编成一书，将书稿邮寄京都罗振玉，罗与王国维见后，认为有重新编订考稽的必要，于是两人分工合作，由王国维担任难度较大的屯戍部分。经过数月的努力，撰成了《流沙坠简》。这是我国近代研究简牍文字的开始。

此后，王国维在简牍文字研究上继续努力，还写了不少论文。收入《观堂集林》的《敦煌所出汉简跋》14则以及《罗布淖尔东北古城所出晋简跋》《尼雅城北古城所出晋简跋》等，篇篇都是简牍研究中极有价值的论文。

通过简牍研究，可以查证汉代边防屯戍制度以及当时西北社会经济情况，都是史籍所未见的。同时，对古代西北地理和交通，也做出了极为重大的贡献。

王国维寄居京都，为了帮助罗振玉整理所收藏的青铜器及其拓片，接触了数千件古器物，他曾经分别写出《宋代金文著录表》《国朝金文著录

---

① 鲁迅：《热风·不懂的音译》。

表》。把宋、清两代所著录的古器物铭文加以清理，总结。金文家容庚说过：他自己就是从友人处借读“两表”而后才知道治金文的途径。他说：“按图索骥，不啻得一良师。”①

王国维的著作中，关于金文考证部分，占一定的比重，所撰论文，几乎没有一篇无发明。他往往从一两个字，就能考证古器物的年代以及器物的用途，还纠正了不少前人的臆说。《观堂集林》中短文如《说觥》《说彝》《说盉》《说斝》……长文如《生霸死霸考》《鬼方昆夷玁狁考》……无一不表露作者罕见的智慧和过人的学力以及敢于突破权威学者成说的勇气。他在上海时期所撰《毛公鼎考释序》，所总结出来的几条原则，一直是古文字学、古器物学研究工作者所遵循的信条：

> 顾自周初讫今垂三千年，其讫秦汉，亦且千年，此千年中文字之变化脉络，不尽可寻，故古器文字有不可尽识者，势也。古代文字假借至多，自周至汉，音亦屡变。假借之字，不能一一求其本字。故古器文义有不可强通者，亦势也。自来释古器者，欲求无一字之不识，无一义之不通，而穿凿附会之说以生。穿凿附会者，非也。
>
> 文无古今，未有不文从字顺者。今日通行文字，人人能读之能解之，诗书彝器亦古之通行文字，今日所以难读者，由今人之知古代，不如知现代之深也。
>
> 苟考之史事与制度文物以知其时代之情状，本之诗书以求其文之义例，考之古音以通其义之假借，参之彝器以验其文字之变化，由此而之彼，即甲以推乙，则于字之不可识，义之不可通者，必间有获焉。然后缺其不可知者，以俟后之君子，则庶乎其近之矣。

就在攻治青铜器铭文的同时，王国维又研究了敦煌莫高窟写本。莫高窟六朝及唐人写本，是“敦煌学”的重要组成部分。地处甘肃西陲的敦煌，是丝绸之路的重镇，两千年以前，为著名的国际都市。距敦煌约四十余里的鸣沙山下，有从南至北绵延约三里路长的莫高窟，又名千佛洞，是

---

① 容庚：《甲骨学概况》。

举世无双的艺术宝库。所谓“敦煌学”就是以研究莫高窟文物为主的一门学问。这门学问包括敦煌藏书与敦煌艺术两大部分，艺术部分又分彩塑、壁画、绢画以及石窟本身的木建筑等。藏书内容尤为繁复，仅从文字上看，除汉文外，尚有梵文、藏文、突厥文、于阗文、康居文、龟兹文等。王国维第一次得见敦煌出土文物，是在 1907 年。当时，伯希和从敦煌满载而归，准备回法国去，途经北京，把随身携带的几件稀世之宝出示给我国学者。王国维及其友人罗振玉、董康一行前往参观，后来到了日本，因狩野喜直博士旅游欧洲，抄录了不少伦敦博物馆所藏敦煌写本，王国维所见方多，并撰写了许多论文。

王国维对敦煌唐人写本的研究，特别留心于通俗文学，以及其他近于鄙俗的文字。例如：《职官书》《食疗本草》《兔园册府》《太公家教》和户籍册等，他都不放过。他还认为来自民间的东西，是研究当时社会经济和人民生活的直接材料，具有特殊的意义。

当然，敦煌唐人写本，也给王国维带来了莫大的好处，使他在学术上更为独到。例如：他见了隋陆法言的《切韵》残本、又见了唐长孙讷言笺注的《切韵》残本，在音韵训诂方面就有为清儒所不及处，他见了敦煌曲子词，对词的见解也就高出一般人。

此外，王国维还研究了与简牍有关的封泥。封泥又名泥封，古人书写在简牍上，将若干支简编组成策，用绳捆扎，在绳结处用泥封锢，以防私拆，泥封上加盖印章。研究封泥，即研究其印章。1822 年，四川最早发现封泥，后来陕西、山东陆续发现。罗振玉收藏较多，王国维为他整理，编印成《封泥考略》一书。封泥研究工作与考察古代官制、地理，关系甚大，往往可以补史书之不足，也与研究古文字分不开。甚至还是研究美术史的第一手资料。

王国维在京都四年，生活是清苦的。据他说，全家人每月生活费用，不超过七十元。但是，这一时期他精神上的收获，却是非常丰富的，撰写了许许多多著名的论文。

不过，客居异国，寄人篱下，还有比物质生活更苦的，那就是精神上的负担。因为他全家生活来源，全仗罗振玉。名义上他为罗振玉主编《国学丛刊》，取得应有的报酬，实际上他知道罗振玉收入也并不富裕。因此，总想减轻罗氏的支出，于是，经过一番筹划，遂于 1916 年元月西还祖国，定居上海。

友人邹安预先向犹太富翁哈同介绍王国维编辑学术刊物。后来，又兼任了哈同花园内仓圣明智大学教授。

科学的方法与锲而不舍

王国维归国头一年所取得的学术研究成果，是《魏石经考》。关于石经的历史是这样：东汉熹平四年（175），汉灵帝下诏同意议郎蔡邕正定五经文字的建议，命邕立碑于太学。魏正始（240—249）中，又建古文、篆、隶三体石经于汉碑之西。《隋书·经籍志》称：

> 齐神武执政，自洛阳徙于邺都。行至河阳，值岸崩，遂没于水。其得至邺者，不盈太半。至隋开皇六年，又自邺京载入长安，置于秘书省内，议欲补缉，立于国学。寻属隋乱，事遂寝废。营造之司，因用为柱础，贞观初，秘书监魏征始收聚之，十不存一。其相承传拓之本，犹在秘府。

宋洪适（kuò）在《隶续》中所收魏三体石经《左传》遗字古文三百七、篆文二百十七、隶书二百九十五，为皇祐癸巳洛阳苏望氏所刻。由于石经留下实物残缺不全，拓本真伪莫辨，而旧社会对儒家经典又十分重视，所以历来考证石经的学者，为数甚多。清初顾炎武及稍后的万斯同，均著有《石经考》，翁方纲著《汉石经残字考》，孙星衍著《魏三体石经残字考》，还有杭世骏的《石经考异》，着重考证源流；冯登府的《石经补考》，着重考订文字。诸家考证来，考证去，却没有把石经的本来面目考察清楚。王国维在日本见到不少石经拓墨，于是起草《魏石经考》，归国后始修改完成。

这篇论文，改订多次，最后收入《观堂集林》。1924 年底，因看了洛阳出土的魏石经残石拓片及其他新发现的资料，又写有《续考》。据了解，直到晚年，他还时时与友人讨论石经。他以极其严肃认真的态度对待石经研究，考证方法也是科学的，但由于石经本身非常复杂，资料也不尽可靠，他的研究工作虽取得一定成绩，却不如其他方面成就之大。

如前所说，旧时代对儒家经典著作，十分重视。王国维小时对十三经注疏，虽无兴趣，他的门人吴其昌也说：他“非经学家”，于经学“未有专著”。[①] 但是，据《学衡》所载张尔田致王静安书中却说：王国维曾经治过“公羊学”，并且还对张尔田说过：“有恻隐古诗之志，方可治此学。”又，与王国维在仓圣明智大学共事“凡五年”“靡日不见”的王闿运弟子费行简说：尝以古礼与公羊春秋请教于王先生，王谓“公羊推衍义例，盖一家之业，专则精。嘉道诸儒，务通其说于群经，诚后贤之蔽”。[②] 张、费两家所指王国维治《公羊传》的时期，都是定居上海这一段，也正是他撰述《魏石经考》的前后。故王氏有无经学专著，尚未敢断定，亦许今后将有所发现也。

王国维的一生，可划分为三段：最初十七年，是为科举而读书，虽然也从他父亲那里受到一些文学艺术的陶冶；第二个十七年，是他专心学习西方哲学及语言文字，并用外来观念研究我国古代文学的时期，这一时期内，成绩是大的；最后十七年，是他学问成熟，收获最大，使他成为我国近代史上最有影响的学者之一的时期。这一时期的研究，着重于他所说的“近二三十年来新发见的学问”。在这些新发见的学问中，使他极享盛名的，是殷墟甲骨文字的研究。

提到殷墟甲骨文字，自然要追溯到 1899 年王懿荣收购“龙骨”之事。河南安阳小屯村出土的龟甲兽骨，最早是作为药材龙骨出现的，后经古董商把它当成古董运往北京出售。王懿荣则视作文物高价购藏。1903 年刘鹗接收王懿荣所藏，在罗振玉的怂恿下，出版了甲骨文第一部著录专书《铁云藏龟》。孙诒让以《铁云藏龟》为依据，于 1904 年进行考释，撰写了《契文举例》。

王国维与甲骨文打交道，始自到日本后帮助罗振玉整理甲骨实物及拓

① 吴其昌：《王观堂先生学述》。

② 费行简：《观堂先生别传》。

片时。罗振玉从甲骨卜辞中，偶然发现“王亥”一辞，不知为谁何？王国维根据《山海经》《竹书纪年》，定王亥为殷之先公。继而又论王亥与《世本·作篇》之胲，《帝系篇》之核、《楚辞·天问》之该、《吕氏春秋》之王冰、《史记·殷本纪》及《三代系表》之振、《汉书·古今人表》之垓，实为一人。尔后，继续对卜辞进行探索，终于在归国后第二年，即1917年2月撰成《殷卜辞中所见先公先王考》。（以下照作者生前那样，简称其为《殷先公先王考》）《殷先公先王考》是殷墟甲骨文字出土十九年来第一篇具有极重大意义的科学论文。有了这篇论文，才使殷墟甲骨文字的史料价值为举世所公认，才使“甲骨学”成为一门独立的学科，郭沫若说：

> 卜辞的研究，要感谢王国维。是他，首先由卜辞中把殷代的先公先王剔发了出来，使《史记·殷本纪》和《帝王世系》等书所传的殷王世统得到了物证，并且改正了他们的讹传。……我们要说，殷虚的发现，是新史学的开端，王国维的业绩，是新史学的开山，那是丝毫也不算过分的。①

我们现在就来粗略地介绍一下这篇具有划时代意义的论文大概。先还得从殷王朝世系谈起，据《史记·殷本纪》所载：

> 殷契，母曰简狄，有娀氏之女，为帝喾次妃。三人行浴，见玄鸟堕其卵，简狄取吞之，因孕生契。契长而佐禹治水有功。……封于商，赐姓子氏。……契卒，子昭明立。昭明卒，子相土立。相土卒，子昌若立。昌若卒，子曹圉立。曹圉卒，子冥立。冥卒，子振立。振卒，子微立。微卒，子报丁立。报丁卒，子报乙立。报乙卒，子报丙立。报丙卒，子主壬立。主壬卒，子主癸立。主癸卒，子天乙立。是为成汤……

这个仅记下殷祖先名号的所谓王统，司马迁是根据什么写下来的呢？

① 郭沫若：《中国古代社会研究·序》。

可信的程度怎样呢？它给后世读者带来一个很大的疑问，而且古文献中又无旁证。生活在公元前一世纪的司马迁，如何能知道公元前二十世纪到前十五六世纪的殷代世系呢？早于司马迁的孔子，不是曾经说过：“夏礼吾能言之，杞不足征也；殷礼吾能言之，宋不足征也，文献不足故也。足则吾能征之矣。”本来，时代相去甚远，典籍零落已尽，要考证上古时期的事，是很困难的。然而，生在司马迁之后两千年的王国维，却从安阳小屯出土的甲骨卜辞中，找到了殷王朝世统。甲骨卜辞是殷王朝祭祀祖先的贞卜纪录，是可信的第一手资料。

《殷先公先王考》从“夋”考起。他说：卜辞有字，其文曰：贞、贲（古燎字）于……按：，即《说文》之夒。金文作羞与柔。夒、羞、柔，三字古音通假。卜辞称高祖夒，则夒必殷先祖之最显赫者，以声类求之，即帝喾是也。

继“夋”之后，依次从卜辞中考出了相土、季、王亥、王恒、上甲、报丁、报丙、报乙、主壬、主癸、大乙……据他说：“有商一代二十九帝，其未见卜辞者，仲壬、沃丁、雍已、河亶甲、沃甲、廪辛、帝乙、帝辛八帝也。而卜辞出于殷虚，乃自盘庚至帝乙所刻辞。自当无帝乙、帝辛之名，则名不见于卜辞者，于二十七帝中实六帝耳。”（按：后来经甲骨文专家不断努力，陆续有所发现，迄今殷先公先王未见于卜辞者，仅昭明一人。）

总之，《殷先公先王考》有力地证明了司马迁的《史记》是一部信史。《史记》中所记上古时期的事，虽至为简略，却是有所根据的。同时，它也证明《帝王世系》乃至《山海经》之类的古籍，也不可轻易否定。此外，它还纠正了《殷本纪》对殷祖先排列顺序上的错误，依卜辞：报丁应在报乙、报丙之后。更重要的是，这篇论文，郑重地告诉我们：研究历史，特别是研究距今甚远的古代史，除了书本，还要依靠出土文物。历史工作者应当把书本和出土文物互相参证。这种新的历史研究方法，叫作二重证据法。王国维的论文除了给甲骨学这门新兴科学奠定基础外，更给研究历史指出了一条新的道路。

王国维在研究甲骨文字方面所作出的贡献，还不止此，他也是甲骨断代与甲文缀合的第一人。

什么叫断代？一件出土或传世的古代器物，当我们接触它的时候，必须知道是什么年代的东西。确定古器物的年代，叫作断代。断代要有充分的科学根据。例如：青铜器断代先看有无铭文，然后是察看形制、纹饰，并与同类器物进行比较。安阳小屯出土的甲骨，是殷代后期的产物，这是毫无疑义的。但从盘庚迁殷至帝辛亡国，历时二百七十三年，中间经历了九个王朝。如何才能确切知道每一片甲骨是属于某一王朝的呢？只有确切知道每一片甲骨属于某一王朝，才能增进甲骨文的史料价值。王国维从卜辞的“称谓”来确定其年代。例如：《殷虚书契后编》上卷第20页第5片卜辞的内容为：

> 甲辰卜，贞。王宾求祖乙、祖丁、祖甲、康祖丁、武乙、衣，无尤？

王国维说：“武乙以前四世为小乙、武丁、祖甲、康丁、祖乙即小乙、祖丁即武丁，非河亶甲之子祖乙，亦非祖辛之子祖丁。”那么，这一片甲骨卜辞，就可定为文丁时物了。

用“称谓”进行断代，是正确的，也是科学的。但依据“称谓”来决定年代的甲骨，不会太多。所以后来的甲骨文学者发明了其他的断代方法。

与断代一样，对甲骨文研究起很大推动作用的，是甲文缀合。我们知道：甲骨埋藏地下，经过了三千余年，出土时极少完整无缺的。往往一片卜辞，上文留在国内，下文就可能流散到海外，给研究者带来极大不利。因此，使甲骨复原，非常必要。王国维有见及此，曾缀合一例，虽是仅有的一例，但对后学启发很大。

王国维对甲骨文研究，从认识一个一个的文字开始，等到能通读无窒碍、切实了解卜辞的内容之后，立刻就把它应用到古史研究上去，让甲骨文充分发挥史料的作用。这是他治学上最大的特点。他是把古文字研究和古代史研究结合为一的创始者。他于1917年2月写成《殷先公先王考》，同年闰2月又写了《续考》，不久，便写出《殷周制度论》及《殷礼征义》，创造性地提出了对殷周两代制度上截然不同的看法。《殷周制度论》说：

中国政治与文化之变革，莫剧于殷周之际。

又说：

自上古以来，帝王之都，皆在东方。……都邑之自东方移于西方，盖自周始。……欲观周之所以定天下，必自其制度始矣。周人制度之大异于商者，一曰立子立嫡之制，……二曰庙数之制，三曰同姓不婚之制。此数者，皆周之所以纲纪天下，其旨则在纳上下于道德，而合天子诸侯卿大夫士庶民以成一道德之团体。周公制作之本意，实在于此。

王国维自称此文“于考据之中，寓经世之意”，可与顾炎武媲美。[①] 友人中也称誉其“为近世经史二学第一篇大文字”。[②] 我们则认为论文中所提出的一些论断，尚值得商榷，有的显然是错误的。但从研究学问的方法而言，把研究古文字与研究古代史相结合，把纸上的材料与地下的材料相结合，在研究古代史时，首先着眼于制度，这些，都是可取的，应该给以充分的肯定。

王国维从 1907 年在北京供职以来，及其后旅居京都四年，停留上海七八年，甚至直到死去，他一生中，都在孜孜不倦地校订古书。有时如他所说，竟“以校书度日”。因此，经他之手所校辑的古籍，为数近二百种。他之从事校辑工作，显然是受了友人、版本目录学专家缪荃孙的影响。在上海，又因接受藏书家蒋汝藻的延聘，为其修撰《密韵楼藏书志》，从而得见许多珍本书，这也是他在校辑古籍上取得较大成就的重要因素。我们知道：校勘、辑佚，在考据学盛行的有清一代，著名学者几乎无不尽力于此，乃至成为专门之学。凡是经过专家学者认真校勘之书，皆属可贵的善

① 《观堂书札》，《中国历史文献研究集刊》第 1 集。

② 《王静安先生年谱》。

本。据日本《东洋文库书报》刊载：日本有二十五种经王国维手批手校之书，已被列为“特殊本”收入东洋文库。我们希望我国学术界今后亦尽可能地整理、印行王氏所批校的古籍。据戴家祥先生见告：王国维身故不久，罗振玉等齐集王家商议如何整理其遗著时，罗说：王毕生尽力校勘，成绩极为可观。《水经注》一书，亦属用力最深者。今《水经注校》已由上海刊行。但是，这仅仅是王国维在整理古籍方面作出重大贡献的百分之零点几而已。作为后学，我们的责任还很大呢。附带说一句。王国维于1919年参加编纂《浙江通志》，他与张尔田共同负责掌故、杂记、仙释类，其中也有值得研究的。

王国维停留上海时期，在蒋汝藻的全力支持下，从1921年初，着手编订自己的学术论文集，即1922年8月出版的《观堂集林》。《观堂集林》是王国维学术论文的代表作。王国维一生短短五十寒暑中，写下了六十多种学术论著。从鸦片战争到新中国成立，历时一百余年，在这一百余年内，我国产生了无数的资产阶级学者。若论著作之多而且精，没有一个超过王国维的。一般公认从三十六岁到四十五岁的十年内，是王国维的学术成熟期。《观堂集林》所收论文，正是这十年内所作。因此，我们有充足理由认为这是他研究成果之结晶。王国维自己也是这样看的。他在编订《集林》完成后写给罗振玉的信说：“要之，精华尽于此二十卷，其余皆鳞爪，可不必存矣。”

《观堂集林》分《艺林》《史林》《杂林》三个部分。《艺林》八卷，包括经学、小学。《史林》十卷，包括历史、地理、制度等。其余诗词杂文归入《杂林》二卷。关于甲骨文、金文、木简、封泥、唐人写本以及其他重要的考证论文，大抵囊括无遗。书名原来打算叫《王氏集林》或《永观堂集林》，最后始定为《观堂集林》。从此，“观堂”之名，举世皆知矣。

可悲的南书房行走

1922年，已经逊位的清朝末代皇帝爱新觉罗·溥仪，年满十六岁，举行了婚礼。照传统的说法算是成人了，应当开始建树自己的事业。因此，他的左右就建议他多和有学问的人亲近。第二年旧历三月一日，溥仪降旨:“杨钟羲、景方昶、温肃、王国维均着在南书房行走。”南书房,是皇帝读书的地方,在故宫乾清门西南。行走,就是入值办事的意思。清代惯例,凡是在南书房供职的,大都是进士、翰林出身,而且以学问渊博著称的人物。王国维以“布衣”骤然做了逊帝溥仪的“近臣”,在他看来这是十分难得的“殊遇”。据熟悉“本朝”掌故的遗老说,从康熙朝朱彝尊后,仅此而已。因此,他在上海的一些友人都为王国维高兴。

王国维于三月间奉“诏”,四月初就束装北上。看来心情是比较急迫的。回顾1919年北京大学拟聘他为文科教授,他毅然拒绝了。后来经马衡转圜,才答应做研究所国学门通讯导师。两事相比,是不是可以说王国维热衷于做官呢?不,王国维是不喜欢做官的,甚至于不愿意和有权有势的官老爷接触。费行简说:王国维在上海哈同花园,浙江省督军某“欲求一见,始终以巽语谢之”。他之所以高兴做“南书房行走”这个五品官,只因为他知道借此机会可以见到“内府藏器”,也可以读到一些外间少见的“秘中书”。后来的事实证明:他在清理景阳宫藏书及鉴定养心殿彝器上,确是比较惬心的。

在南书房行走的岗位上,他还以“内廷供奉”的身份写了不少十分得体的“颂圣”之作。

在此,我们不禁想起了恩格斯论歌德的话。诚然,王国维不能和歌德比,尤其是他的气质,他的精力,与歌德完全不一样,他的天性也不如歌德活跃,他倒是向康德靠近。他从三十六岁起,钻进了故纸堆中,日与甲骨、钟鼎彝器、木简,以及唐人写本残卷为伍,幻想建立一座学术的象牙之塔,好让自己藏身其中,与人间世隔绝。可是,在某些地方,他又实在太像歌德了。恩格斯说:

> 歌德有时非常伟大,有时极为渺小。有时是叛逆的,爱嘲笑的,鄙视世界的天才;有时则是谨小慎微、胸襟狭隘的庸人。连歌德也无力战胜德国的鄙俗气,相反,倒是鄙俗气战胜了他。……
>
> 我们并不像白尔尼和门采尔那样责备歌德不是自由主义者,我们是嫌他有时居然是个庸人,我们并不是责备他没有热心争取德国的自

由，而是嫌他由于对当代一切伟大的历史浪潮所产生的庸人的恐惧心理而牺牲了自己有时从心底出现的较正确的美；我们并不是责备他做过宫臣，而是嫌他在拿破仑清扫德国这个庞大的奥吉亚斯的牛圈的时候，竟能郑重其事地替德意志的一个微不足道的小宫廷做些毫无意义的事情和寻找 menus plaisns（原注：法文，小小的乐趣，转义为花在各种怪癖上的额外费用）。我们绝不是从道德的、党派的观点来责备歌德，而只是从美学和历史的观点来责备他，我们并不是用道德的、政治的或“人的”尺度来衡量他，我们在这里不可能结合着他的整个时代、他的文学前辈和同代人来描写他，也不能从他的发展上和结合他的社会地位来描写他，因此，我们仅限于纯粹叙述事实而已。①

歌德“在拿破仑清扫德国这个庞大的奥吉亚斯的牛圈的时候，竟能郑重其事地替德意志的一个微不足道的小宫廷做些毫无意义的事情”，王国维呢？1924 年 11 月，冯玉祥的国民军打进北京，解散了“猪仔国会”，成立了新内阁，并一举把溥仪赶出紫禁城，对这种“扫除奥吉亚斯牛圈”的举动，人人拍手称快，小朝廷里大大小小的臣民，包括溥仪的父亲载沣王爷在内，谁也不敢说个“不”字，可是这位论地位远不如魏玛枢密顾问官的南书房行走，却每天都要到北府恭问“圣安”，而且愤然辞去北京大学通讯导师的职务，还给沈兼士、马衡写信，抒发他对皇上的忠忱，对民国的愤慨。无怪乎有人说王国维的投湖自尽是殉清了。

志在攻尖的导师

1924 年冬，溥仪被赶出故宫，王国维的南书房行走，变而为永远走出了南书房。这时，崇拜王国维的胡适、顾颉刚等人，遂推荐他出来担任新成立的清华大学国学研究院院长。由于王国维坚持不当院长，就改任导师。

清华国学研究院是独立的研究机构，与大学部教学无关。研究院章程规定，以培养“以著述为毕生事业”的国学专门人才为目标。学科包括中

---

① 《马克思恩格斯全集》第 4 卷。

国历史、哲学及文学、语言文字。招生对象为大学毕业生和对“经史小学有根柢”者。研究期限为一年，必要时可延长至两年，学制模仿英国，为导师制。学习内容分“讲课”与“研究专题”，讲课强调讲治学方法及教师谈自己的研究心得。整个学习以自修为主，导师可由学生自己选择。

院内教学人员不多，导师除王国维外，尚有梁启超、陈寅恪、赵元任。而以梁、王、陈名声最大，有“三巨头”之称，王国维与梁启超、陈寅恪都相处得很好。

王国维所担任的课程有《古史新证》《尚书》《仪礼》《说文》。但一切都是围绕“近二三十年来新发见之学问”进行指导的。早几年王国维受聘为北京大学研究所国学门通讯导师，曾向学校提出如下几个研究项目：

一、《诗》《书》中成语之研究；

二、古字母之研究；

三、古文学中联绵字之研究；

四、共和以前年代之研究；

五、六朝迄唐蕃姓之研究。

由此看来，他对自己的治学，和要求学生考虑的研究方向，是一致的。也就是陈寅恪所说的：“开拓学术之区宇，补前修所未逮。”用今天的话来说，是向尖端科学进军，干别人所未干过的新课题。

正因为导航者向着新的科学海域前进，所以清华研究院研究期间虽短，学生为数也不多，第一二期总共不到七十人，而成就却很大，影响及于全国。当代著名学者如姜亮夫、徐仲舒、蒋天枢、谢国桢、刘盼遂、朱芳圃、周传儒、刘节、高亨、戴家祥、王力，莫不出于“三巨头”门下。

王国维这一时期所撰写的论文，如：

《西辽都城虎思斡耳朵考》；

《月氏未西徙大夏时故地考》；

《辽金时蒙古考》；

《南宋人所传蒙古史料考》，

《萌古考》；

《鞑靼考》，

《元秘史之主因亦儿坚考》；

……

无一不是攻坚战赢得的战果，填补了历史的许多空白。

人们不禁要问：王国维为什么在学术领域内能取得如此惊人的成就呢？问题不是轻易可以作出结论的。我们的初步看法，首先是王国维遇上了一个伟大变革的时代，也遇上了一个伟大发现的时代。由于清末政治腐败，国势衰弱，外侮凭陵，国将不国，激发了无数爱国青年谋求救国之道，大家纷纷向西方学习。毛泽东同志在《论人民民主专政》中有一段最好的说明：

> 自从1840年鸦片战争失败那时起，先进的中国人，经过千辛万苦，向西方国家寻找真理。洪秀全、康有为、严复和孙中山，代表了在中国共产党出世以前向西方寻找真理的一派人物。那时，求进步的中国人，只要是西方的新道理，什么书也看。向日本、英国、美国、法国、德国派遣留学生之多，达到了惊人的程度。国内废科举、兴学校，好像雨后春笋，努力学习西方。我自己在青年时期，学的也是这些东西。这些是西方资产阶级民主主义的文化，即所谓新学，包括那时的社会学说和自然科学，和中国封建主义的文化即所谓旧学是对立的。学了这些新学的人们，在很长的时期内产生了一种信心，认为这些很可以救中国。除了旧学派，新学派自己表示怀疑的很少。要救国，只有维新，要维新，只有学外国。那时的外国只有西方资本主义国家是进步的，它们成功地建设了资产阶级的现代国家。日本人向西方学习有成效，中国人也想向日本人学。在那时的中国人看来，俄国是落后的，很少人想学俄国，这就是19世纪40年代至20世纪初期中国人学习外国的情形。

王国维就是20世纪初向西方国家寻找真理的一个。最近有人说：“王国维前期向西方求真理，这话很难成立。”[①] 显然这才是“很难成立”的

① 《历史研究》1985年第4期，第99页。

不顾事实的胡说。所可惜的是，王国维所寻找到的是康德、叔本华、尼采的学说，他用这些学说来评论我国古代文学，开比较研究风气之先。这就是他早期成就的来由。

王国维说："古来新学问起，大都由于新发见。"他恰恰遇上了一个千载难逢的"发见的时代"，这个发见的时代所发见的新事物，包括新出土的"殷墟甲骨文字、敦煌塞上及西域各处之汉晋木简、敦煌千佛洞之六朝及唐人写本书卷、内阁大库之元明以来书籍档册"，这些极难得见的新资料，大半由于罗振玉的关系，王国维几乎无一不亲身接触过，并且有机会充分使用它。这就是王国维后期学术上获得极大成功的必要条件。

其次是王国维具备深厚的文史方面的知识，精通乾嘉学派的治学方法，同时又掌握了西方综合、分析的科学方法。乾嘉学派的治学，总的说来是实事求是，从搜集材料入手，从客观事实出发，言必有据，据必可信。这，与唯物主义认识论的精神是一致的。具体地说，乾嘉学派认为读书必先识字，扫清语言文字的障碍而后论述其内容。每一个汉字，都有形、音、义，形、音、义三者是紧密结合在一起不可分割的。大多数乾嘉学者主张识字应从音着手。音，在时间上有古今之分，在地域上又有各地方音之别，读古书必通古音，古音多通假，难就难在这里。王国维紧紧把握"就古音以求古义"这一中心环节，又不放过"同声通假"这一原则，所以最难认的字也被他突破了。《殷先公先王考》考证甲文之夒、即金文之羞与柔，就是运用"同声通假"的原则的典范。

再其次，如前所述，他把研究古文字与古器物结合起来，对古代史的研究，坚持二重证据法，把纸上的材料与地下的材料相互参证。这也是他成功的秘诀。他在二十岁写的《读史二十首》就流露了论史当重视考古发现的思想萌芽，及至从卜辞中找出了殷先公先王的名号后，二重证据法就宣告成立。他在《古史新证》中，更把二重证据法大力推广。

最后是锲而不舍的精神，也是他成功不可缺少的要素。王国维一生不求荣利，不治生人产业，惟"以读书为生命"，一心一意扑在学问上，数十年如一日勤奋不懈，凡是认识他的人，无不承认他刻苦治学，始终如一。

总之，一个人在事业上获至极大成功，绝非偶然，也不是依靠天才的结果。王国维之所以成为近代上有影响的文化名人，进一步说明：时代，是造就伟人的摇篮。我们只有在前人奋斗的基础之上发挥锲而不舍的精神，就有可能走上成功之路。

悲观导致自沉

1927 年，北伐军节节胜利，豫鲁战幕揭开后，风声所至，北洋军阀统治下的北京城引起极大恐慌。恐慌中，王国维于阴历五月初三日在颐和园昆明湖投水自尽。

关于他的死因，众说纷纭。直到半个世纪过去了，仍然人言言殊，争论不休。稍加归纳，有如下几种：

一、殉清说。最早持此说的，是清华大学校长曹云祥。他在当天晚上公布："顷闻同乡王静安先生自沉颐和园昆明池，盖先生与清室关系甚深也。"[①] 王国维追悼会上，挽联、挽诗甚多。可以柯劭忞一联为代表："臣义不再辱，天鉴此孤忠。"可见主张殉清说的较多。承罗继祖教授函告：王国维之女公子东明不久前在美国撰文纪念其父亲，仍申此说。我们并不否认王国维与清室的密切关系，但说他是殉清而死，总有点说不过去。郭沫若在《鲁迅与王国维》文中所说："……他临死前写好了的遗书，重要的几句是'五十之年，只欠一死，经此世变，义无再辱。'没有一字一句提到了前朝或者逊帝来。这样要说他是殉节，实在是有点说不过去。况且当时时局即使危迫，而逊帝溥仪还安然无恙。他假如真是一位愚忠，也应该等溥仪有了三长两短之后，再来死难不迟。他为什么要那样着急?"还是有一定的道理的。

二、殉中华传统文化说。此说最早倡自陈寅恪，他在《王观堂先生挽词序》中说："凡一种文化值衰落之时，为此文化所化之人，必感苦痛。其表现此文化之程量愈宏，则其所受之苦痛亦愈甚。迨既达极深之度，殆非出于自杀无以求一已之心安而义尽也。……盖今日之赤县神州值数千年

① 《记王静安先生自沉始末》，《国学论丛》第 1 卷第 3 号。

未有之巨劫奇变。劫尽变穷，则此文化精神所凝聚之人，安得不与之共命而同尽，此观堂先生所以不得不死，遂为天下后世所极哀而深惜者也。”今人加拿大籍华裔学者叶嘉莹教授也以为然。

三、逼债说。此说以郭沫若为代表，认为是罗振玉向王国维索讨欠款，大大伤了王国维的感情，以致寻了短见。溥仪在《我的前半生》中，也有类似的说法。我们认为这种说法也站不住脚。

四、恐惧革命而死说。顾颉刚在《悼念王静安先生》文内提到“他的死是怕国民革命军给他过不去”。容庚在《甲骨学概况》中也说：“自沉之前，曾过访余，谈及共产党枪杀叶德辉事，颇致忧郁。时先生方垂长辫，共军来，不畏枪杀而畏剪辫也。余以不至于是慰之。”

五、精神苦闷说。殷南在《我所知道的王静安先生》一文中称：“岂明君说他自杀的原因，是因为思想的冲突与精神的苦闷。我以为是真能知王先生的。”梁启超也说：“王先生的性格很复杂，而且可以说很矛盾，头脑：冷静；脾气：和平；情感：浓厚。有这三种矛盾的性格，所以结果可以至于自杀。”①

此外，尚有其他的说法，就不一一引述了。我在《王国维评传》（浙江文艺出版社 1983 年 7 月出版）中认为王国维之死，最根本的原因在于他的世界观、人生观。他深受叔本华悲观主义的影响，很早以前就产生厌世的思想。“我欲乘龙问羲叔：两般谁幻又谁真?”②“人间地狱真无间，死后泥洹枉自豪。”③“掩卷平生有百端，饱更忧患转冥顽，偶听鹎鴂怨春残!”④ 言为心声，壮岁的王国维，已唱出了这样的悲凉之音。所以我说，当他晚年时，所谓时局的动荡，爱子的夭亡，生计的煎迫，良友的龃龉，都不过像一星星的火花，只要碰上这个烈性的燃烧体，立刻就会发生一场熊熊大火。

我在《评传》中还说：“一个人活在世界上，必须有正确的世界观，

① 梁启超：《墓前悼词》。
② 《出门》。
③ 《平生》。
④ 《浣溪沙》。

一个学者更不能没有先进的理论作指导。否则，即使像王国维那样出类拔萃的人物，最后还是走向自沉的道路；在学术上也划然中止，不可能跟着时代进步，取得更大更新的成功。”王国维投湖自尽时才年过半百，他本来还可以再活十年、二十年。他达到学术完全成熟期后，仅仅工作了十年，如果再工作十年、二十年，成就当如何呢？在此，让我引用读了我的《评传》后的跃进同志所说的几句话来结束我这篇短文：“半个多世纪过去了，重温王国维那令人长叹的悲剧结局，至今犹有振聋发聩的现实意义。特别是对涉世未深的青年来说，更应从中吸取深刻的教训。”[1]

原载蒋祖怡等著：《浙江十大文化名人》，浙江人民出版社，1987年版

① 《留给后人的思考》，载1985年《书林》第1期。

王国维与元史研究

一

王国维于1919年初，在上海撰写了《沈乙庵先生七十寿序》，发表他对有清一代三百年中学术变化的看法。他认为“国初之学大，乾嘉之学精，道咸以降之学新”。所谓“道咸以降之学新”“新”在哪里？他说：

> 道咸以降，途辙稍变，言经者及今文；考史者兼辽、金、元；治地理者逮四裔。务为前人所不为。

本来，学术风气的变化，是依时势为转移的。继鸦片战争、太平天国起义之后，中国知识分子中杰出之士，逐渐有所觉醒，治学问必力求改易故辙，探索新的途径，“务为前人所不为”。例如：龚自珍、魏源诸人，于经学力倡今文，自珍且“往往引《公羊》讥切时政”[①]；魏则著《诗古微》《书古微》，发明微言大义，主张经世致用。在史学方面，魏源曾有《元史新编》之作，在对明修《元史》进行正误、补阙的同时，作者对元代“疆域之袤，海漕之富，兵力物力之雄廓”，表示了无穷的向往和感慨。继此以往，元史研究，“成为一时风尚”。而以何秋涛的《圣武亲征录校正》、李文田的《元秘史注》最为有名。稍后，沈曾植更专力于此，所著

---

① 梁启超：《清代学术概论》。

有《元秘史笺注》《蒙古源流笺证》《黑鞑事略注》诸种。屠寄的《蒙兀儿史记》、柯劭忞的《新元史》，更是后来居上。

以上可说是在王国维之前学术界研究元史的简略情况。

王国维晚年方治元史，具体地说，直到他去世前两三年内才写下众多的元史研究论著，但他对元史研究的兴趣，极有可能在三十一二岁从事宋元戏曲搜集整理的时候，就萌现了。辛亥革命前两年，他在北京结识了柯劭忞。嗣后五年，又在上海与沈曾植订交。沈“晚岁虽不甚谈元史事”，然于说郛本《圣武亲征录》犹郑重手校。这是王国维亲目所睹。及1923年，他再至北京，先后供职南书房及清华研究院，与柯劭忞时相过从，彼此之间也时时谈及元代史事。毫无疑问，王国维的元史研究，是受了沈曾植、柯劭忞这两位近代元史专家的影响而进行的。

当王国维进行元史研究之际，辽、金、元史以及西北地理的研究工作，已不像道光、咸丰时代作为“新”的科研课题出现，不过是踏着前人和同时代的人的足迹前进而已。用王国维在1925年以《最近二三十年中中国新发见之学问》为题那次演讲的话来说，古来新学问起，大都由于新发见。而1899年在安阳殷墟出土的甲骨文字，1900年发见的莫高窟六朝及唐人写本，1908年，敦煌塞上及罗布淖尔等地发见的汉晋木简及内阁大库之明清文书、档案，最后是中国境内之古代外族遗文，这些使全世界学术界为之震惊的重大发见，方可算作具有极大吸引力的科研新课题。因此，他于1911年东渡日本后，便改变了治学方向，立志献身于新发见的事物，努力做出一番新学问。后来，他终于实现了自己的愿望，对甲骨文字、汉晋木简、莫高窟写本及其他方面的研究，都取得了重大成绩，成为新学问开拓的主将。

他曾经说过：“此等发见物，合世界学者之全力研究之，其所阐发，尚未及其半。况后此之发见，亦正自无穷。此不能不有待少年之努力也。”[①] 他对新发见，仅仅自我要求做一个拓荒者，把未来的任务留给后来的人去做呢？抑或是新发见的事物中的第五项，即中国境内古代外族遗文

① 王国维：《最近二三十年中中国新发见之学问》。

方面，他感到用力不多，尚待精进，从而引起原来就有的研究元史及西北地理的兴趣呢？不得而知，但有一点很清楚：终王国维一生，在科学领域内所付出的劳动是以元史研究告结束的，假如他还愿意活下去的话，也许将在别的研究项目中开辟新门径，获得更大更多的成果。

二

明代宋濂等编撰的《元史》，在二十四史中可能是受人指摘的一种。由于成书仓促，不少资料来不及核实，更没有充分利用某些极重要的资料。当然其中也有些客观因素。因为元代统治者为蒙古族，有关蒙古族的来源及其发展，以及蒙古族的风俗习惯，《元史》修撰者都不甚了然。特别是不谙蒙古语言文字，以致一些人名、地名等，时常发生差错。此外，元代统治者活动范围，超出中国版图，涉及面之广，为历来所未有，要想把一代史事详述无误，谈何容易。即使不满意于明修《元史》而另起炉灶的著作，包括魏源、屠寄、柯劭忞三家之书在内，也不是完美无缺的。比如，柯劭忞在《新元史》序纪开头几句话“蒙古之先，出于突厥。本为忙豁仑译音之变为蒙兀儿，又为蒙古”，就站不住脚。蒙古出于突厥，殊成问题。

王国维的元史研究，着重于史料的考证，尤其着重于有关蒙古族在历史上存在及其发展情况进行考察。这一点，从他所撰写的论文标题，一眼就可以看出来。

王国维元史研究另一特点是：他不是单纯地对元史进行研究，而是把对辽史、金史的研究紧紧地结合在一起。蒙古族的崛起，与契丹、女真的兴衰，关系密切到不可分割的程度。所以向来历史工作者总是把辽、金、元相提并论，我们在论述王国维的元史研究时，也就不免要把他所写的关于辽、金史的论文包括进来。

从王国维著作年月来看，他整理有关元史的资料，是从校录古行记开始的。他选抄了唐宋以来古行记七种，每种都搜集两种以上版本进行校注，并把校勘不同之点笔记下来。现在保留在《王国维遗书》第十三集中的，尚有杜环《经行记》、王延德《使高昌记》、刘祁《北使记》、刘郁《西使记》四种，这些旅行纪录，都是作者亲身的经历。基本上是可靠的第一手资料。读了它，就会大体知道当时我国辽阔的西北地区的交通以及生活在这里的各民族的情况。

接着，王国维就动手整理李志常的《长春真人西游记》。长春真人邱处机，是全真教祖师之一，出生在山东栖霞。元太祖成吉思汗曾召见于西域。太祖十五年至十九年，即公元1220年至1224年间，他的弟子李志常随他西行，归后把途中见闻撰成《长春真人西游记》一书。

《长春真人西游记》这部书，记从山东出发，前往西域。一路上经过某处，与什么人打交道，当地的自然环境和生活习俗如何，都详细写到。中间还有邱处机在旅途上所赋的诗词。它，不仅是研究西北地理的重要参考书，也相当真实地反映了蒙古族统治下的大西北的经济和文化。

在王国维之前，著名学者钱大昕、阮元、徐星伯、程春庐、沈子敦都对《长春真人西游记》进行考订，洪钧、沈曾植还有笺注，可惜都未刊行。

王国维对《长春真人西游记》颇为推重。认为李志常“文采斐然，其为是记，文约事尽，求之外典，惟释家《慈恩传》可与抗衡，三洞之中，未尝有是作也”。同时，王氏对自己的校注，也认为在地理、人物方面“偶有创获”。哪些是他的“创获”呢？可举一二例说明之：

比如，《西游记》写到邱处机“会阿里鲜”。阿里鲜为何许人？校注说：

> 卷下作通事阿里鲜。又注云：河西人，即《金史·宣宗纪》之乙里只、《元朝秘史·续集》之阿剌浅也。近人屠敬山撰《蒙兀儿史记》以《元史》札八儿火者及《邱处机传》并有命札八儿聘处机事，遂以阿里鲜与札八儿为一人。又以《札八儿传》有饮班朱尼河水事，乃并《秘史》之回回人阿三为一人，胶州柯学士《新元史》亦从其说，其实非也。案《金史·宣宗纪》：“贞祐元年九月，大元遣乙里只来，十月辛丑，大元乙里只来，二年二月丙申朔，大元乙里只、札八来。壬戌，大元乙里只复来，三月甲申，大元乙里只、札八来，六月癸丑，大元乙里只来。”凡四称乙里只，两称乙里只、札八，明四次乙里只一人奉使，其两次则乙里只、札八两人奉使也。《元史·太祖纪》：“十年秋七月，遣乙职里往谕金主，以河北山东未下诸城来献。”

乙职里疑亦乙里职之倒误，要之乙里只、乙里职者，即《秘史》之阿剌浅也。此记之阿里鲜札八者，《元史》之札八儿火者，《黑鞑事略》之札八，此记之宣差札八相公也。此记阿里鲜，与宣差札八相公，截然二人。《黑鞑事略》作于太祖辛巳云，次曰：札八者，回鹘人，已老，亦在燕京同任事，与《札八儿传》言卒年一百一十八岁，可相参证。而阿里鲜则于癸未自西域送长春东归，七月十三日至云中，九月二十四日又于行在面奉圣旨。以百岁左右之人，两月之中，奔驰万里，殆非人情。此亦阿里鲜非札八之一证。

又如：《游记》有“三月朔出沙陀，至鱼儿泺”。“始有人烟、聚落，多以耕钓为业”，校注说：

《纪行》凡经六驿而出陀，复西北行一驿站过鱼儿泊，泊有二焉，周广百余里，中有陆道，达于南北。泊之东涯，有公主离宫。按：鱼儿泊即今达里泊，张氏谓泊有二，正与今达里泊及冈爱泊形势同。又中有陆道，达于南北。正与今驿路出二泊间者同。又谓泊之东涯，有公主离宫，考《元史·特薛禅传》：“甲戌，太祖在迭蔑可儿谕案陈曰：‘可木儿温都儿答儿脑儿迭蔑可儿之地，汝则居之。’”又，至元七年，斡罗陈万户及其妃囊加真公主请于朝曰：“本藩所受农土，在上都东北三百里，答儿海子是实，本藩驻夏之地，可建城邑以居。”帝从之。遂名其地为应昌云云。按：答儿脑儿答儿海子，即答里泊。太祖以之封弘吉剌氏。弘吉剌氏世尚公主，故泊之东涯有公主离宫。是鱼儿泺即今达里泊，更不容疑，近人乃或以《秘史》之捕鱼儿海子，今之贝尔湖当之。度以地望，殊不然也。

校注又说：

《蒙古游牧记》；达里诺尔产鱼最盛。诺尔之利，盖克什克腾、阿巴噶、阿巴哈纳尔三部蒙古共享之，所产滑子鱼，每三四月间自达里诺尔溯流而进，填塞河渠，殆无空隙，人马皆不能渡，然则鱼儿泊之名，盖本于此。

此外，如《西游记》谓："见一河流，西北流入陆局河。"王氏校注中注明：陆局河《辽史》作"胪朐河"，《金史》作"龙驹河"或"龙居河"，《元史》作"胪朐河"或"怯绿连河"，《湛然居士集》作"闾居河"，张耀卿《纪行》云："北语云翕陆连，汉言胪朐河也。"

诸如此类，不一而足，充分说明王氏的《长春真人西游记校注》是很有功力的。

在校注《长春真人西游记》后，他又撰述了《耶律文正公年谱》。耶律文正公即耶律楚材，楚材字晋卿，号湛然居士。出身于契丹贵族。为辽丹东王耶律突欲八世孙。这个家族，从突欲一代起，就开始汉化，有很高的汉文化修养。传至楚材，不但精通汉族士大夫熟读的儒家典籍，而且对诸子百家、医术、方技、卜筮之学，无所不能，二十九岁，蒙古破金，元太祖征诣行在。以后便随太祖征伐，三十二岁，在寻思干，值长春真人邱处机至，彼此相见，有过唱和。三十八岁，元太祖去世，他继续辅佐元太宗皇帝。亦如太祖时，言听计从。蒙古为游牧民族，文化比较落后，统治无方，征服中国后，有人建议："汉人无补于国，可悉空其人，以为牧地。"由于耶律楚材的劝导，始改变主意，实行保护农、工、商政策。而且起用汉族知识分子中的忠厚长者为地方官。因此，中原大定。又，蒙古兵在征伐中颇肆杀戮，耶律楚材随时进谏，保全甚多。总之，他在元代贡献很大，是历史上的重要人物。下面不妨选录《年谱》中几段话，证明其人关系当时的国计民生颇巨。

> 丙申春，万安宫成，上会诸王贵臣，亲执觞以赐公曰："朕之所以推诚任卿者，先帝之命也，非卿则天下亦无今日。朕之所以得高枕而卧者，卿之力也。"盖太祖晚年屡属于上曰："此人天赐我家，汝他日国政当悉委之。"有于元者奏行交钞，公曰："金章宗时，初行交钞，与钱通行，有司以出钞为利，收钞为讳，谓之老钞，至以万贯唯易一饼，民力困竭，国用匮乏，当为鉴戒！今印造交钞，宜不过万锭。"从之，秋七月，忽睹虎以户口来，上议割裂诸州郡分赐诸王贵族，以为汤沐邑，公曰："尾大不掉，易以生隙，不如多与金帛，足

以为恩。”上曰：“业已许之。”复曰：“若树置官吏，必自朝命，除恒赋外，不令擅自征敛，差可久也。”从之，是岁始定天下赋税：每二户出丝一斤，以供官用，五户出丝一斤，以与所赐之家。上田每亩税三升半，中田三升，下田二升，水田五升，商税三十分之一。盐，每银一两四十斤，以上皆为永额。朝臣皆谓太轻，公曰：“将来必有以利进者，则已为重矣。”侍臣脱欢奏选室女，敕中书省发诏行之，公持之不下，上怒，召问其故？公曰：“向所刷室女二十八人，尚在燕京，足备后宫使令。而脱欢传旨，又欲编行选刷，臣恐重扰百姓，欲复奏陛下耳。”上良久曰：“可。”遂罢之，又欲于汉地拘刷牝马，公言：“汉地所有茧丝五谷耳，非产马之地。若今日行之，后必为例。是徒扰天下也。”乃从其请。

戊戌秋，天下大旱，蝗，上问公以御之之术，公曰：“今年租赋，乞权行倚阁。”上曰：“恐国用不足。”公曰：“仓库现在可支十年。”许之。初，籍天下户，得一百四万。至是逃亡者十四五，而赋仍旧，天下病之。公奏除逃户三十五万，民赖以安。燕京刘忽笃马者，阴结权贵，以银五十万两扑买天下差发，涉猎发丁者，以银二十五万两扑买天下系官廊房地基水利猪鸡，刘庭玉者以银五万两扑买燕京酒课，又有回鹘以银一百万两扑买天下盐课。至有扑买天下河泊桥梁渡口者。公曰：“此皆奸人，欺下罔上，为害甚大，咸奏罢之。”尝曰：“兴一利不若除一害，生一事不若减一事。必以班超之言，盖平平耳，千古之下，自有定论。”

可惜耶律楚材仅活到五十五岁，当权不过二十余年。王国维的《耶律文正公年谱》定稿后，又写了《馀记》。考证耶律楚材老家医无间，其人为通契丹文字最后之一人。又说：楚材为万松老人弟子，于禅学所得最深，且不满于长春真人邱处机。同时，还发现耶律楚材之所以得到蒙古皇帝的信任，与郑景贤从中斡旋分不开。这些，虽然也有人曾经提到，但是仍然可以视作王国维读书的心得。

耶律楚材曾写过《西游录》，基本上也是纪实之作。王国维抄读过，但不知为什么他没有将它与《长春真人西游记》进行对勘。

如果说认真校读邱处机、耶律楚材这两位重要人物的有关材料，只不过是从侧面去认识和初步研究元代历史的话，那么认真校读《元史》和《元秘史》，应该算是从正面进攻元史了。

王国维于1925年上半年，大致完成了上述两书的撰写工作，下半年就深入一步校读金、元史。先是王国维在唐开元二十年（732）建立的突厥文阙特勒碑中，发现有“三十姓鞑靼”“九姓鞑靼”的名词，认为这是鞑靼见于文字的最早记载。李德裕《会昌一品集》也多次提到达怛。《五代史》并为达怛立传。但是，尔后在《辽史》与《金史》中鞑靼或达怛均绝迹了。直到《明史》方才又见到《鞑靼传》（《明史》的《鞑靼传》实际上是蒙古传）。那么，辽、金三百年中鞑靼到哪里去了呢？及至他读《辽史·圣宗纪》，谓开泰元年（1012）正月，达旦国兵围镇州，寻引去；而同书《萧图玉传》云，开泰中阻卜复叛围图玉于可敦城，图玉使诸军齐射，却之，可敦城即镇州。时间、地点既同，那么所记当属一事。但一称达旦，一称阻卜，这就是“阻卜即达旦”的证据之一。又，《续资治通鉴长编》卷五十五，谓真宗咸平六年（1003）七月，契丹供奉官李信来归，言戎主母后萧氏长姊领兵三万西捍塔坦；与《辽史·圣宗纪》统和十五年（997）讨阻卜事亦相合。这便是“阻卜即塔坦”论证据之二。特别是《金史·内族襄传》之“阻轐”，即《蒙古秘史》之塔塔儿，尤可证明辽之“阻卜”，金之“阻轐”，与《元秘史》之“塔塔儿”为一。从阻卜、阻轐、塔塔儿之分布情况和活动范围来考察，也可以得出同样的结论：阻卜即鞑靼。从而王国维又说明：为什么蒙古人讳言鞑靼？他说：

> 蒙人本非鞑靼，而汉人与南人辄以此名呼之，固为蒙古人所不喜。

他还考证鞑靼二字“本作达怛，后作达靼，至宋南渡后所撰所刊之书，乃作鞑靼”。“鞑”字不见于《集韵》《类篇》，足见北宋中叶尚无此字（艾按：《集韵》一书成于宋仁宗宝元二年（1039），至是丁度等乞别为《类篇》云）。

王国维把这些发现，曾经向北京社会学会作过演说，嗣又草成《鞑靼考》一文。文后所附《鞑靼年表》，自唐咸通九年（869）以来，凡五代、宋、辽、金各正史以及《续资治通鉴长编》《蒙古秘史》《松漠纪闻》诸书所见之鞑靼活动情况作了系统的排列，无异为进一步研究这个问题提供了非常有用的提纲。

他在《鞑靼考》的基础上，又根据书传所记蒙古上世之事实，撰写了《萌古考》。《萌古考》初稿于1925年草就，几经修改补正，1927年自沉前不久始写定。这是一篇扎扎实实、不可多得的科学论著。

其间，王国维所撰写的关于元史研究比较重要的著作尚有如下几种：

《蒙鞑备录笺证》

《黑鞑事略笺证》

《圣武亲征录校注》

《元秘史之主因亦儿坚考》

《蒙古札记》

《南宋人所传蒙古史料考》

《金界壕考》

《西辽都城虎思斡耳朵考》

《黑车子室韦考》

每种著作，都可以看出他对元史研究下的工夫很深。以《圣武亲征录校注》为例，此书于清代乾隆年间修四库全书时，因为文字和音译上的问题，不合要求，未被采用。仅在杂史内保存书目。从钱大昕起，开始重视其书的价值。后来研究辽、金、元史及西北地理的学者，无不引为极重要的参考书，纷纷从事校勘，柯劭忞对王国维说：元太祖初起时之“十三翼”，惟有说郛本《圣武亲征录》记载完全。因此，王国维到处搜集诸种刊本、钞本，并千方百计把明抄说郛本搞到手，然后进行校注。他自己认为：此书经他手校后，“虽不敢视为定本”，但与具有一定权威性的何秋涛校本相比，似胜一筹。再看《南宋人所传蒙古史料考》，仅是一篇六七千字的论文，却指出南宋时期许多著名的历史著作如《建炎以来系年要录》《续资治通鉴》《三朝北盟会编》《桯史》等，以及西人所著《蒙古史》，无不曾经引用王大观的《行程录》及李大谅的《征蒙记》。据说，王、李均属金人，所论皆亲身经历。殊不知这两种书也与《孤臣泣血录》《南烬纪闻》一样，都是宋人伪托之作。“其书既为南人所伪记，则其中所载蒙古事，自无史学上之价值。”“由是蒙古史中不能不删去最古之一大事项（指蒙古伐金，金与议和一事）。而断定蒙古之信史，当自成吉思汗始也。”蒙古信史当自成吉思汗始，这个断案就元史研究而言，是非常重要的。也是符合历史科学原则的。

再如《蒙古札记》，是他校读元史资料时随笔所证，仅载“塔纳”“烧饭”“扫花”“安答”“兀孙额不干”“赵宫”“常仁卿”七事。但对于了解蒙古史事，非常有用，举一反三，启发尤大。

总之，王国维研究元史，为时虽不算太长，但收获却不小，我们在这里不过聊举一斑，借窥全豹而已。承清末元史诸大家之后，加之他还有机会得见西欧和日本汉学家的有关著作，他的研究条件可说是比较好的，也正因为这样，他所取得的成绩中有不少创获，弥足珍贵。

三

王国维在元史研究中取得的成绩，和他在其他学术领域中取得的成绩一样，与他的治学方法是分不开的。

陈寅恪《王静安先生遗书·序》说：

> 先生之学博矣精矣，几若无涯岸之可望，辙迹之可寻。然详绎遗书，其学术内容及治学方法，殆可举三目以概括之者：一曰取地下之实物与纸上之遗文互相释证，凡属于考古学及上古史之作如《殷卜辞中所见先公先王考》及《鬼方昆夷玁狁考》等是也；二曰取异族之故书与吾国之旧籍互相补正，凡属辽、金、元史事及边疆地理之作，如《萌古考》及《元朝秘史之主因亦儿坚考》等是也；三曰取外来之观念与固有之材料互相参证，凡属于文艺批评及小说戏曲之作，如《红楼梦评论》及《宋元戏曲考》等是也。

显然，他的元史研究，是采取“取异族之故书与吾国之旧籍互相补正”这一方法收到的效果。他在《南宋人所传蒙古史料考》中也说过：

> 凡研究史学者，于某民族史不得不依据他民族之记载。如中国塞外民族若匈奴、若鲜卑、若西域诸国，除中国正史中之列传载记外，殆无所谓信史也。其次，若契丹、若女真，其文化较进，记述亦较多，然因其文字已废，除汉人所编之辽、金二史外，亦几无所谓信史也。至于蒙古一族，虽在今日尚有广大土地与行用之文字，然以其人民沉溺宗教，不事学问，故当时纽察脱卜赤颜与阿儿坛脱卜赤颜之原本，已若存若亡，反借汉文及波斯文本以传于世。且其国文字，创于立国之后，于其国故事，除世系外，殆无所记载，故此族最古之史料，仍不能不于汉籍中求之。

具体地说，他在研究元史时，主要是认真攻读《唐书》《五代史》《宋史》《辽史》《金史》以及《续资治通鉴》《三朝北盟会编》《松漠纪闻》等历史文献，然后互相参证，进行综合研究，最后作出结论。

首先，他认为研究辽、金、元史与研究契丹、女真、蒙古以及其他民族的盛衰起伏乃是一回事。认为从9世纪后叶至13世纪初这三百多年中是中国与围绕中国边境各民族之间矛盾最多最复杂的时期。从寻找各民族的渊源并分析各民族之间矛盾的产生、转移入手，研究工作就能不断开展，不断深入。由于各民族的语言文字之不同，史籍所记载的人名、地名和一些用语往往各异其辞，逢到这种情况，王氏就运用他所擅长的音韵学上“对转”这一条规律，从而得到意想不到的创获。当我们读到《萌古考》中所说：“然则韈劫子殆即蒙兀室韦之譌转，后世所以称蒙古者，曰梅古悉、曰谟葛失、曰毛割石、曰毛揭室、曰毛揭室韦、曰萌古子、曰盲骨子、曰蒙国斯、曰蒙古斯、曰萌子、曰蒙子，皆与此韈劫子相关系，”很自然地就联想到《殷卜辞中所见先公先王考》关于王亥的一段叙述：《山海经》《竹书纪年》之王亥，与《世本·作篇》之胲、《帝系篇》之核、《楚辞·天问》之该、《吕氏春秋》之王冰、《史记·殷本纪》及《三代世表》之振、《汉书·古今人表》之垓，实系一人。这说明作者在治史方法上习惯于运用综合群书，牢牢掌握语音对转的原则。

我在《王国维评传》里写过这样一段话：

> 做学问没有坚实过硬的基础，不可能取得巨大成绩。一分耕耘，一分收获，这话一点也不错。王国维不论从事哪一门学问，都下工夫很深，先求得一个个问题搞清楚，再立说，这和建筑工程上打下稳固的地基，然后起亭台楼阁的道理完全一致。
>
> 他在写《宋元戏曲考》之前，先写了《曲录》《戏曲考源》《录鬼簿校注》《优语录》《唐宋大曲考》《古剧脚色考》。对金文研究也是如此。首先，他撰写了《宋代金文著录表》《国朝金文著录表》，把宋清人所著录的钟鼎彝器铭文进行整理；然后又撰写了《两周金石文韵读》《两汉金石文韵读》。两《表》、两《韵读》本身固然是研究，但同时又是为更多更大的研究作准备。可以说前者是后者的基本阶段。从整个金文研究来说，这是整体中的部分工作。

他在元史研究上也是这样做的，先把有元一代关系重要的史料广为搜集，详加审读。然后分别笺证、校注各书，再写《鞑靼考》《萌古考》。可以想见，他最终还准备撰写一部相当于《宋元戏曲考》的综合性著作，也许是《蒙古全史》吧。为什么说是《蒙古史》而不是《元史》呢？因为《元史》仅仅是蒙古族在一个历史的特定阶段成为政治舞台上的主角的活动过程，不可能包括蒙古族的整个发展史。从王国维已经写出的论著来推测，是倾向于写蒙古史的。甚至可以说王国维对民族史的兴趣向来比较浓厚。有名的《鬼方昆夷玁狁考》《西胡考》，不正好说明这一点吗？可惜一部酝酿行将达到成熟的蒙古民族史竟随着作者的自沉而流产了。

时代在进步，研究元史工作的条件也变好了。更重要的是：元史研究的世界意义越来越为学术界所承认。今后元史研究的成绩一定会日新月异。不过，王国维在辞世前两三年内在这方面的贡献，仍然是值得珍视的，他的研究方法，也是比较可取的。不知元史专家以为何如？

原载吴泽主编、袁英光选编《王国维学术研究集（三）》，华东师大出版社，1990 年版

序　跋

《王国维美论文选》序

1987年6月，上海华东师范大学召开“国际王国维学术研讨会”，我在大会上发言，讲了“一点感想”。大意谓在近数年内，我出席过各种学术会议，与各方面的学者相聚一堂，互相切磋，觉得没有比这次“国际王国维学术研讨会”所包罗的专家、学者、教授之多的。在座的有文学家、哲学家、美学家、历史学家、地理学家、考古学家、戏曲学家、古文字学家、古器物学家，还有诗人、词人……充分说明王国维生前的学术研究范围是非常广阔的，他在学术领域的影响是深远的。

我从事王国维学术研究工作，从时间上说，达40年之久。记得是1947年学习甲骨文时与王国维“相遇”，发现他值得人终身去研究。虽然如此，我的研究工作却成绩无多，创获尤少。不过，积数十年之经验，使我深刻认识到：王国维之取得如许成就，成为我国近代史上杰出的学者，最主要的原因在于他集古今中外于一身而融会贯通之。

陈寅恪在《王静安先生遗书·序》中说：王国维“开拓学术之区宇，补前修所未逮”。乍看“几若无涯岸之可望，辙迹之可寻”，然就“其学术内容及治学方法”而离，不外乎三个方面：“一曰取地下之实物与纸上之遗文互相释证”；“二曰取异族之故书与吾国之旧籍互相补正”；“三曰取外来之观念与固有之材料互相参证”。我所讲的王国维集古今中外于一身而融会贯通之，正是在陈寅恪所分析、概括的基础上进一步思考、归纳而成的。

但是，我所说的，与陈寅恪的论述，并非完全一样。陈说毕竟是30年代早期（1934）的提法，而我是在20世纪80年代的后期，国内外对王国维的学术研究有了新进展的情况下讲的。或者说，陈说的多少带点机械论的色彩，而我是力求从辩证法的观点去认识的。比如：把文艺批评及小说、戏曲，如《〈红楼梦〉评论》《宋元戏曲考》等，归之于“取外来之观念与固有之材料互相参证”，这当然是对的。王国维的《〈红楼梦〉评论》以及《宋元戏曲考》，乃至《人间词话》，都可以说是作者运用西方近代哲学、美学及文学的观点进行写作的。尤其是《〈红楼梦〉评论》，其立论完全是以叔本华哲学为指导思想的。但是，王氏自己说：“去夏所作《〈红楼梦〉评论》，其立论虽全在叔氏之立脚地，然于第四章内已提出绝大之疑问。”[①] 我们看《〈红楼梦〉评论》一开始就引老聃、庄周的话，并在第四章内用自己所作七律一首表示对释迦牟尼、耶稣基督自身之解脱与否，深置怀疑。这就说明它不仅仅是“取外来之观念与固有之材料互相参证”而已。其他，如“取地下之实物与纸上之遗文互相释证”，以及“取异族之故书与吾国之旧籍互相补正”，莫不皆然。因此，与其机械划分三个方面进行阐述王国维的学术内容及治学方法，不如说王国维集古今中外于一身而融会贯通之，尤为合适。

我们在探寻王国维在学术上所走的路子的时候，必须联系他的一切著作作全盘考察。甚至将其著作划分为“早期的”和“晚期的”，以为两者之间绝无联系，也是不恰当的。明显的例子，如他在《奏定经学科大学文学科大学章程书后》中说：“今日之时代，已入研究自由之时代，而非教权专制之时代，苟儒家之说而有价值也，则因研究诸子之学而益明其无价值也，虽罢斥百家，适足滋世人之疑惑耳。”又说：“异日发明光大我国之学术者，必在兼通世界学术之人，而不在一孔之陋儒。”这些极有分量的话，是他三十出头时说的，但他自壮至老，终其一生，拳拳服膺，未尝偏离。又王氏于1919年2月所作《沈乙庵先生七十寿序》一文，总结了有清一代学术的流变。他说：本朝三百年间学术凡三变，国初之学大，乾嘉

① 《静庵文集·自序》。

之学精，道咸以降之学新。由博大而精深而创新，是他回顾清代三个不同时期的独特点。而这三个独特点恰恰就集中在他身上。谁都承认王国维的学术是博大的、精深的，又是有独创性的。同时，这种博大、精深与创新是集古今中外于一身而融会贯通之的具体表现。“其所以维承前哲者以此，其所以开创来学者亦以此。”

王充《论衡》说：知古不知今谓之陆沉，知今不知古谓之盲瞽。要想既非陆沉，又不盲瞽，就必须通今博古，上下五千年，无不囊括，入我彀中。然而，上极洪荒，下迄核电时代，谈何容易！何况时至今日，仅仅通古今之变，成一家之言，亦不能号为通儒。好比办企业，除了在生产、交换、消费过程中搞“一条龙”外，还要有“横向联系”。所以我想继王仲任之后增加两句：但知有中国，而不知有世界，谓之划地为牢，抱残守缺；徒惊四海之外风云变幻，日新月异，而恍恍惚惚，不知己身托足何处，谓之数典忘祖，或随波逐流，无所归依。

自从蒸汽机发明以来，地球似乎越来越小。现在的超音速飞机，更加缩短了东西南北的距离。大家想想，鉴真和尚到日本，多困难啊！王国维于1916年从日本回到上海，也用去了五个昼夜。可是今天从上海飞往日本，只要两个多小时。随着空间的日益缩小，人与人之间的接触，必然日益频繁。“邻国相望，鸡犬之声相闻，民至老死，不相往来”的时代固然一去不复返，就是哥伦布发现新大陆的时期也距离我们太遥远了！地球上任何地方有点动静，不过几分钟，全球皆知。这就是当今世界最突出的特点。所以闭户读书，尚友古人，绝不能适应环境。“上下五千年”非加上“纵横十万里”乃至百万里不可，不然必将如庄周所嘲笑的：“朝菌不知晦朔，蟪蛄不知春秋。”

恩格斯在《自然辩证法·导言》里，提到文艺复兴时期，是一个产生巨人的时代。当时的著名人物，没一个不曾长途旅行，不会说几种语言，同时还在好几个专业上放射光芒。像达·芬奇不仅是大画家，而且是大数学家、力学家和工程师。那些躲在书斋里的学者，不过是第二流或第三流的角色罢了。我们看，我国清末一段时期，也是一个处在大变革的时期。当时在思想、学术方面有影响的人物，如严复、康有为、梁启超、章太炎以及稍晚一点的鲁迅、胡适，无不走出国门，旅居海外，通晓几种语言，深谙国际形势。王国维也不例外。不过，他最初默默无闻，到后来才产生影响，但一旦崭露头角，几乎超过了同时代的大多数的学者。这些人物的毕生经历，说明时代迫使人们进步，非开拓视野，吸收新事物不可。

如果说，在将近一百年前，历史已经向中国知识分子提出了紧迫而严峻的要求，那么20世纪80年代的中国知识分子又当如何呢？我认为有一句老话顶管用，那就是“放眼世界，立足中国”。即使研究中国的学问，也要拿它和国外最先进的水平进行比较。反过来，接受国外的新事物，目的是建设一个强大的中国。博览群书、沟通中外，宗旨只有一条：让人民的中国尽早跻身于世界文明先进的行列。

清末一段时期思想、学术界的代表人物，用今天的眼光去看，自然是落后了。有的在当时就比较保守。但我总觉得他们之中绝大多数人有一个共同的优点，永远值得我们学习，那就是他们历尽千辛万苦，所追求的目标非常鲜明，他们的立足点始终坚定不移。用他们中领先的人自己的话来说，这叫作“我以我血荐轩辕”！

王国维是把近代西方美学系统地介绍到我国来的第一人，同时也是用近代新眼光从事我国文化研究的开拓者。这几年研究王国维学术思想的人，不断增多，尤其是对王国维的文学、美学进行探讨，大有蒸蒸日上之势。这是非常可喜的事。作为曾经对王国维研究付出过一点劳动的我来说，面临当前的欣欣向荣，遥想未来的异彩缤纷，鼓舞之余，更多的是感到有股压力。老骥伏枥，志在千里。让我们携起手来，共同前进吧！

海上归来，为消除疲劳，偶然北窗下卧，颇有陶渊明羲皇以上人想。就在此时，刚强老弟将其《王国维美论文选》送来嘱为作序，因追忆国际王国维学术研讨会上发言，就王氏治学之道，聊书于此，愿与海内外治“王学”者共商讨焉。

1987年8月挥汗书于湘潭大学

原载刘刚强编《王国维美论文选》，湖南人民出版社，1987年版

《六言诗三百首》卷前絮语

近半个世纪以来，先后出版的中国文学史，达数十种之多，却没有哪本书上曾经专门讲到过六言诗的。在许许多多诗歌选本里，选及六言诗的，也极为罕见。这不能不令人感到惊讶。

1963 年，我编了一本《六言诗钞》，并撰写了“前言”近万字。在“前言”中叙及六言诗之起源，以为或当如任昉《文章缘起》所述：最初作者为谷永。但谷永的作品失传已久，因此，《诗钞》遂以孔融所作居首。

尔后，读《文选》，发现左思《蜀都赋》中“合樽促席，引满相罚”句，李善注引东方朔六言曰：“合樽促席相娱。”又，左思《咏史八首》有“计策弃不收”句，李善注亦引东方朔六言：“计策弃捐不收。”于是，始知历来谓六言起自谷永，皆以讹传讹。东方朔早于谷永且百年，而其六言诗，西晋作家引用过，直至唐代犹未散失，何以以往论者都不加考证竟笔之于书呢？如《沧浪诗话》作者严羽在《诗体》篇中认为“六言起于汉司农谷永”，羽，文人，犹有可说；惟清代赵翼，治史负一代盛名，而其《陔余丛考》，何以也照抄任昉的话？以致清后各种文献，包括旧《辞源》在内，无不人云亦云。新出《辞海》“六言诗”条目下，有“一说东方朔已有六言”云云，是以我的发现为依据的。

为什么六言诗兴起在五言、七言之前呢？我有过这样的看法：很早以前，作为北方文学代表的诗三百篇，形式上系以四言为主的。流行了数百年之久，中间经过战国时期散文繁荣阶段，影响所及，导致了绚烂多姿的、具有南方文学特点的楚辞勃焉兴起。我们知道：楚辞的代表作《离骚》，句式系以六言为主。如果把《离骚》句尾的语气词“兮”字去掉，稍加调整，便是长篇巨制的六言诗。西汉恰恰是继承骚体不断向前发展的辞赋时代。贾谊、司马相如、虞丘寿王、淮南王刘安、东方朔、枚乘、王褒诸大家，正如班固在《汉书·艺文志》中所说的：“此屈原赋之属，盖主抒情者也。”于是，篇幅远较屈赋为短的六言诗自然而然地出现了。甚至在六言诗这种新诗体已经确立之后，许久许久，还遗留骚体的痕迹。那就是在六言诗中还偶尔见到带“兮”字的句子。

这种不成熟的看法，是否正确，特提出与学者们商榷。不过，有一点自信不无参考价值，就是说我们应当从文学本身发展的规律去寻找问题的答案。

六言诗在诗歌领域中存在已久，并且广大诗人，包括第一流作家在内，都使用过这种体裁从事创作，从而涌现不少佳作，流传至今。可是，为什么长期以来六言诗在诗歌史上不能占据应有的席位呢？这个问题是值得深思的。今后，我们必须冲破积重难返的习惯势力，努力发掘被埋没、被弃置不顾的文学作品，再不能一笔抹煞了。文学史不仅要提到这些文学作品，还要研究它们。例如：前面说的，从楚辞到五言、七言诗，中间经历了六言阶段，其中的内在联系怎样？还有，跟随六言诗而来的是，“连珠”这一文学样式的产生、兴旺。紧接着“连珠”出现的是“四六文”，终于形成了六朝骈体文高潮。这些，难道不应该提到研究课题上来吗？

有人问：六言在历史上出现，早于五言、七言，这是事实；但是，为什么后世繁荣不起来？我以为因素是多方面的。首先，唐代进士科以五七言取士，最值得人们注意。闻一多在《唐诗杂论·贾岛》篇里道破了这个问题。他说：“由中晚唐到五代，学贾岛的诗人，不是数字可以计算的。”那是因为贾岛专做五律，五律与试帖诗接近，“做五律即等于做功课”。其实，与其说专做五律，不如说做五言、七言诗是走入仕途的捷径，更为适当。(唐人著作表明：举进士时，试以七言，入京会试始作五言试帖诗。)此外，乐工歌伎，多以五七言被之管弦，也与此有关，而其最主要的因素，可能还是音节上的问题。六言音调迫促，不如七言的抑扬婉转。不少文献都涉及这个问题。这个问题很值得文学工作者作进一步的探讨。

前人所留存下来的六言诗，最初阶段，如孔融、曹丕诸家的作品，都句句押韵，而且大多数是五句一首。以后逐步有了变化，到了齐梁时代，强调声律，讲究对偶，整整齐齐，间句一韵，到萧纲、庾信手里，诗的格律化、骈偶化，基本上已经完成。自唐代起，律绝之分尤严。这与五言、七言诗由古体走向近体的发展趋势几乎是一致的。个中规律，通过对作品的检阅，依稀可寻。

我们还可以看到：六言诗产生于骚体盛行之际，而骚体分明是来自民间谣曲。魏晋六朝的六言诗，许多就是乐府。从唐、五代开始流行的长短句曲子词，更不用说是里巷之曲进一步的提高，而其中就有不少曲子词与六言诗合二为一。至于六言句在曲子词中普遍存在，尽人皆知。这些充分说明六言诗与可以歌唱的楚骚、乐府、曲子词，有着血肉相连的关系，同样都是以民间为摇篮成长起来的。也说明六言诗在走向独立发展的过程中，之所以逐渐衰微，是与歌曲和歌词脱节的倾向分不开的。

唐代是五言、七言诗的黄金时代，其五言、七言诗的成就，确非后世所能及；然而，若以六言论，则唐不如宋远甚。宋代诗人喜爱六言者极多。显而易见，其中不少大家，用力于六言甚深，因此取得的成绩也较大。真可以说：宋代六言，佳作如林。前人如钱木庵所谓“六言绝少佳什”，非确论也。

左思《咏史八首》，在文学史上，独放异彩，从此咏史诗遂开借古讽今之风。六言咏史的作品，尤有足多者。如刘克庄、王夫之、吴伟业，可算是继武前哲，弥臻妙境。但是，由于过分掉书袋，给六言诗带来了不可估量的损害。使得这一与民间乐府歌辞有着密切关联的诗体，走进了一条狭窄的死胡同中去。

近世六言诗作者亦复不少。乃至胡适辈的六言诗，也不无可观。但我们姑以民国前为断限，五四以后虽有名篇佳什，也不得不割爱。话又说回来，我在二十一年前编辑的《六言诗钞》来不及付印就毁于十年浩劫中了。近年来友人来信，时时问及此事，于是又着手重新编订。重编时较《六言诗钞》原稿大为减少。除个别例外，凡带有“兮”字的篇章，如曹丕的《寡妇诗》，傅玄的《董逃行历九秋篇》，一律裁汰不用。并改题为《六言诗三百首》。

钱谦益《绛云楼书目》卷三总集内列有《升庵集古六言诗》，最近，中州古籍出版社的同志又提到李攀龙也有《六言诗选》。可惜孤陋寡闻的我，讫未见到这些六言诗选本，未免感到遗憾。

这本六言诗再次编辑工作，到此告一结束。广大读者读了它，如果能够认识到：想不到我国古典诗歌领域，除却五七言琳琅满目、美不胜收之外，尚有如许值得传诵的瑰宝，从而得出这样的结论：即此一端，足见我中华民族的确是伟大的，生为中国人，的确应该引以自豪。那么，此书最初的编辑目的，算是如愿以偿。倘能进一步引起文学遗产研究者的注意，那更是超出意外，感激莫名了。

六言诗以绝句居多，大抵明白易晓，但其中亦有用典较多者，故略为注释，借供参考。

十年浩劫，手稿及藏书，荡然一空。匆匆辑注，疏误在所难免。尚祈海内外方家有以教之！

1984 年萧艾于湘潭大学风雨楼

原载萧艾撰《六言诗三百首》，中州古籍出版社，1987 年版

《王国维诗词笺校》前记

予继《王国维评传》之后，又复撰述《王国维研究》。因之，此数年中曾反复阅读王氏著作及其他有关资料。于《静庵诗稿》及《人间词》尤为留心。且随读随记，久之，遂成《王国维诗词笺校》稿。

王国维诗共192首。见于《静庵文集》者50首，即刊于《教育世界》杂志之《静庵诗稿》。尔后，王氏手定《观堂集林》，曾录入部分作品。至于赵万里《王静安先生年谱》所称之《颐和园词》《壬癸诗》等，原本皆不得见。王氏身后先后出版其《遗集》两种，均收入诗与词，但为数不足。此其大略也。

《人间词》共115首，王氏早年次第印行《甲稿》及《乙稿》。然原书极难到手。吾人所得见者，仅刊布《教育世界》杂志之初稿，可资互勘者，惟《观堂集林》乌程本、与《遗集》中之《观堂外集》及《苕华词》而已。

1933年陈乃文辑有《静安词》，共111首。同年，《疆村遗书》之《静安长短句》及沈启无编订之《人间词及人间词话》先后问世。以沈本所收为最多，且有所校订。

兹编即依前人所辑校者，或笺或校，稍事增补。大率以《教育世界》所刊及乌程本为底本，参校其他本。在笺校过程中，出现困难不少。幸得前辈学者及有关专家指导，始勉蒇厥事。惟限于学力，差错仍所不免。尚祈海内外方家有以教之！

最后，谨向罗继祖、刘蕙孙、刘煊诸先生致以谢意！

1982 年底于湘潭大学

注：《王国维诗词笺注》，湖南人民出版社，1984 年 6 月出版

原载毛大风、王斯琴选辑：《近百年诗词集序跋选》，钱塘诗社，1991 年 6 月

《现代文心》序

鲁迅在《魏晋风度及文章与药及酒之关系》一文中写道：“季札说：‘中国之君子，明于礼义而陋于知人心。’这是确的。大凡明于礼义，就一定要陋于知人心的。”

这一段话，应当怎样理解呢？浅陋如我，是这样认识和领会的：所谓“中国之君子”，即周王朝统治下，服服帖帖、规规矩矩，按照周公所制定的礼乐生活下来，一代又一代的贤士大夫们。也就是后来孔夫子所说的“非礼勿视，非礼勿听，非礼勿言，非礼勿动”的彬彬有礼的上层知识分子。这些人衡量一切事物，评定任何人物，都有一个至高无上的标准。这标准便是：必须合乎礼义。至于其他，不必过问。可是，天下之大，未必人人明于礼义。芸芸众生，处境各有不同，看法哪能一致？俗语说：人多口杂。公说公有理，婆说理也长，原本是很自然的。

用今天的话来说，“明于礼义”也许是指熟谙各种条条框框；“知人心”则可能是承认独立思考的价值。那么熟谙各种条条框框、并侍奉唯谨的大人先生，是绝不允许别人独立思考而又大放厥辞的。用这来诠释“大凡明于礼义，就一定要陋于知人心”不知道是否合适？

季札生长在边远的吴国，虽属贵公子，然沐浴礼义之日少，仍当呼为“野人”。是以他对“中国之君子”提出批评。但在这一点上，我倒同意孔夫子另一种说法：“先进于礼乐，野人也；后进于礼乐，君子也。如用之，则吾从先进。”也就是说，我完全赞同不受王化的“野人”之见。本来长期生长在“礼义”之邦，而又以“君子”自居的大人先生，要能

"知人心"，谈何容易！

不能"知人心"，而又要论"文心"，吾不知其可也。

萧齐时代，刘勰著《文心雕龙》，虽在书前标榜"原道""徵圣""宗经"，但他却似乎还知道不依照条条框框著书撰文的作家，往往有独到、锋颖的见解。例如：他先在《论说》篇中说："辅嗣之两例，平叔之二论，并师心独见，锋颖精密，盖人伦之英也。"既而，在《才略》篇中又说："嵇康师心以遣论，阮籍使气以命诗，殊声而合响，异翮而同飞。"我们知道：自汉儒以来，对《周易》皆言象数，从王弼起，始摈落象数，专言义理。把一向视作"卜筮之书"的《周易》，变而为哲学经典著述来进行研究，换言之，即把《周易》这座"神秘的殿堂"，从虚无缥缈的天堂搬到人间。何晏对《老子》的"贵无"思想，极力阐扬，也作出了很大贡献。王、何著书不人云亦云，所以能树新义，辟新径，有所成就。至于嵇、阮"师心""使气"方面，鲁迅加以阐述说："'师心'和'使气'，便是魏末晋初的文章的特质。正始名士和竹林名士的精神灭后，敢于师心、使气的作家也没有了。"

由此可见，突破各种条条框框、独抒己见为文的作家，作品才有价值。评论别人的作品，也一定要善于"知人心"。

刘业超老师来湘潭大学任教，稍后于我。由于我不善与人交，认识他更晚。但偶尔相逢，闻其议论，知其为人，一以说真话、做实事、勤学苦思为依归。可谓读书真种子矣。最近，他撰写了《现代文心》一书，洋洋五十万言，用他平日为人的宗旨，评论现代作品，大声疾呼"作品即人品"，力主突破条条框框，走自己的路，说自己的话。我得知后，一则以喜，一则以惧。喜者，喜其空谷足音，在辽阔的沙漠中，发现了一块绿洲；惧者，惧其书恐不为"明于礼义""陋于知人心"的"君子"所喜悦。承他不弃，要我在《现代文心》出版之前写几句话，我也就老实不客气，把不为"中国之君子"所喜悦的"野人"之见，笔之于书。佛头著粪，罪过！罪过！

萧艾写于 1993 年初雪之夜

原载刘业超著《现代文心》，湖南师范大学出版社，1994 年版

《吕氏春秋通论》序

一部洋洋洒洒四十余万言，全面地、系统地、多层次地研究《吕氏春秋》的专著终于面世了。

作者带着万里长征到达目的地以及产妇分娩之后、大病新愈之初、既兴奋又不无慨然的心情，索序于我。我钦佩之余，也就不揣固陋，欣然命笔了。

吕不韦这位两千多年前的国际贸易商人，真了不起。“他的经济活动的范围是跨有现今的山东、河北、河南、山西、陕西各省的。”“在交通梗塞的当时，在商业上能有这样大范围的活动，可知他绝不是一位寻常的材料。果然，他在政治上投了一次机，于是便由商界一跃而进入了政界。”（以上引号内的话，均见郭沫若《十批判书》）而且做了相国，封为文信侯，食河南洛阳十万户，拥有家僮万人，成为了秦国第二号奴隶主。但是，足以证明吕不韦“绝不是一位寻常材料”者，远不止郭氏所称述的而已，即以《战国策》及《史记》两书所记而言，吕氏对秦国宫廷的内部情形，知道得那样一清二楚，已经令人咋舌。况且他最活跃的时期，是公元前 270 年至公元前 240 年之间，正是国际风云瞬息万变，国与国的关系错综复杂，时而合纵，时而连横，诸侯互相攻伐，战火横飞之秋。秦与楚是两个大国，实力都很强盛，斗争也最为激烈。但就在两军对垒，杀人盈野的背后，却掩蔽着鲜为人知的另一番景象。例如：《战国策》有一段极重要而又引人入胜的纪事，往往被人忽略。其文曰：

异人（秦庄襄王原名异人）至，不韦使楚服而见（吕不韦要异人穿着楚国人的服装去见华阳夫人），王后悦其状（华阳夫人看见异人的状貌就喜欢了），高其知（认为他很聪明，善体人意）。曰："吾楚人也。"而自子之，乃变其名曰"楚"（显然是让他永远别忘记楚国的意思）。

原来，吕不韦用移山倒海之术，使秦国的政权落在秦庄襄王、始皇父子手中的关键人物华阳夫人，还是楚国人，对楚怀着十分深厚的感情。异人的变名叫做"子楚"，即出自她的主意。据《始皇本纪》，这位关系嬴氏三代命运的楚国女子，直到吕不韦死后五年才离开人世。她与庄襄王的曾祖母宣太后一样，以楚人而能左右秦王达数十年之久。而且宣太后与华阳夫人在时间上恰相衔接。然则，秦、楚二大国之间关系微妙的层层牵连，可以想见。而这都逃不出吕不韦的视线，并以之为运筹帷幄的重要考虑因素。

关于吕不韦的生平事迹，《战国策》与《史记》均有记载。只是《史记·吕不韦列传》带有传奇色彩。惟其带有传奇色彩，某些地方的可信程度不及《战国策》。不过，吕不韦招致天下士，食客三千，"使其客人人著所闻，集论以为八览、六论、十二纪，二十余万言，以为备天地万物古今之事，号曰《吕氏春秋》。"这却是太史公书所独有。吕书居然逃过了秦火，至今犹存。

《吕氏春秋》的成书年代及其著书目的，书中《十二纪》之末，有残缺不全的《序意》一篇，是这样写的：

维秦八年，岁在涒滩，秋，甲子朔，朔之日，良人请问《十二纪》？文信侯曰："尝得学黄帝之所以诲颛顼矣，爰有大圜在上，大矩在下，汝能法之，为民父母。盖闻古之清世，是法天地。凡《十二纪》者，所以纪治乱存亡也，所以知寿夭吉凶也。上揆之天，下验之地，中审之人，若此则是非可不可无所遁矣。……"

《尔雅·释天·岁阳》："太岁在申曰涒滩。"始皇八年，乃壬戌，当曰“岁在阉茂”；而曰“岁在涒滩”，当系维秦六年。在这个问题，以《释岁》《释干支》命题著有专文的郭沫若，在《吕不韦与秦王政的批判》中，仍定《吕氏春秋》书成于“维秦八年”。他的理由是：“古人太岁纪年乃依实际天象而得。”至于著书目的，吕氏殆欲以黄帝之所以诲颛顼者诲其君，大旨在于法天地。故以《十二纪》为首篇。

《吕氏春秋》的内容，包含十分广泛。与《史记》所言“以为备天地万物古今之事”，大致不相悬殊。近代鄞县（今浙江鄞州区）学人徐定宇说：“考其征引神农之教，黄帝之诲、尧之戒、舜之诗、后稷之书、伊尹之说、夏之鼎、商周之箴、三代以来礼乐刑政，以至春秋、战国之法令，《易》《书》《诗》《礼》《孝经》，周公、孔子、曾子、子贡、子思之言，以及夫关、列、老、庄、文子、子华子、季子、李子、魏公子牟、惠施、慎到、宁越，陈骈，孙膑、墨翟，公孙龙之书，上志故记，歌诵谣谚，其捃摭也博，故其言也杂。”

正因为“其言也杂”，故自班固《汉书·艺文志》以来的目录学家，均把《吕氏春秋》列入“杂家”。然而，其言虽杂，立言宗旨显而易见。郭沫若认为这书“主要是对儒家、道家采取尽量摄取的态度，而对墨家、法家则出以批判。”“大体上它是折衷于道家与儒家的宇宙观与人生观。”郭氏这些话，我皆信而不疑。独恨其治此书停止在书面文字的表层，未能深入到“里”。

两千多年的日子，并非短暂。这书的研究者，虽不能说与日俱增，却也代不乏人。从东汉高诱作注起，一直到郭沫若。其间有成就、有著述的，无虑数十家。学术研究，后来居上，这是一般的规律。因此，我在众多的《吕氏春秋》研究者中，首先提到的是郭沫若。郭氏的《十批判书》，出版于 1945 年。算来也已历时半个世纪了。继郭氏之后，能突破郭氏之说的，我想：不仅有人，且为数不会太少。可是，孤陋寡闻的我，又曾经一段时期与世隔绝，闻知实在有限得很。故此初闻李家骧同志有《吕氏春秋通论》之作，不禁为之雀跃；又闻其撰写达十年，参考古今人著作逾二百种，当时病卧一榻，未能窥其全豹，要亦足见一斑矣。今读其部分校样，更为佩服。据我所知，国内以先秦著作创为通论者，为数甚少。况综述是书旨要于前，依书的内容，划分几个方面，论列于后，从体例上言，已自成一派。尤其是在吸收前人研究成果的基础之上，加以发明，富有时代精神，极属难得。真所谓十年辛苦不寻常矣。

回顾四五年前，我在研究长沙出土战国楚缯书时，曾经反复检读《吕氏春秋·十二纪》，不下十次。认为吕不韦门下济济多士，其中必多楚人如李斯之流。其所著书以为备天地万物古今之事者，或如《序意》所云："上揆之天，下验之地。"如黄帝之所以诲颛顼者，首先是授时颁政之《十二纪》，即后世所称《月令》。

一提到《月令》，就使我想起东汉时期两位时代相衔接的大学者，曾发表迥然不同的看法。一是遍注群经，不愧为"三礼"权威的郑玄，他说：《月令》本《吕氏春秋·十二纪》之首章也。以礼家好事抄合之，后人因题之名曰《礼记》。（见《三礼目录》）又说：吕氏说《月令》而谓之《春秋》，事类相近也。（见《礼运注》）另一位是大名鼎鼎的蔡邕，他说："《周书》七十一篇，而《月令》第五十三。秦相吕不韦著书，取《月令》为纪号，淮南王安亦取以为第四篇，改名曰《时则》。故偏见之徒，或云《月令》吕不韦作，或云淮南，皆非也。"（见《蔡中郎集》）其实，蔡伯喈错了。郑康成岂"偏见之徒"乎？唐代陆德明以为《礼记》中的《月令》，无疑是从《吕氏春秋·十二纪》删合而成。后世更无异辞。可是，吕氏书中所引前人之言，皆有根有柢，其列在书端之《十二纪》是根据什么写成的呢？在《吕氏春秋》之前的先秦古籍何以概未之见呢？长沙出土之战国楚缯书恰好回答了这个问题。

长沙战国楚缯书有文字、有图画，缯书的四周边，分布一年四季十二个月，以斗柄建寅之月为一岁之前，标明"秉（柄）司春""觑（且）司夏""（玄）司秋""荼+土（荼）司冬"。按：《尔雅》：正月为陬，二月为如，三月为寎，四月为余，五月为皋，六月为且，七月为相，八月为壮，九月为玄，十月为阳，十一月为辜，十二月为涂。所谓"秉司春"之说，皆有着落。即如四方之木，分青、赤、白、黑诸色，代表诸方，说明四方或五方之概念，已融入楚人制作中。至于鲸呿鳌掷，牛鬼蛇神之图象，亦与《山海经》等书相呼应。中间诏示缯书渊源，与《帝系篇》之详叙楚之祖先及《史记·楚世家》，殆无不合。缯书十二个月中逐月注明是月可以做什么，不可以做什么，虽文字漫灭颇多，然大体仍能辨识之。总之，长沙战国楚缯书为《吕氏春秋·十二纪》的来源信而有征。三代夏正以正月，殷正以十二月，周正以十一月。楚国用夏正，《离骚》“摄提贞于孟陬兮”是其明证。秦并天下治，以十月为岁首，这是以后的事了。所可惊异者，吕不韦相秦，居然用楚之《月令》，作授时颁政之依据。且颛顼为楚之祖先，吕氏竟欲以黄帝诲颛顼之言诲其君。司马迁说：“王者易姓受命，必慎始初，改正朔，易服色，推本天元，顺承厥意。”试想想：“改正朔”是何等重大之事，而吕不韦在秦统一天下之前，认定实行夏正（亦即楚国的正朔）是合适的，把它推荐给未来之天子。当然，夏正有利于农业生产，是历史上所公认的。孔子与颜渊谈治国之时，早说过“行夏之时”这句话。不过在现实政治上秦与楚毕竟是敌对之国呀！

《史记》三十世家中，以楚的历史最悠久，地域最辽阔，春秋时楚庄王称霸，其疆域西北至武关（今陕西境内），东南至昭关（今安徽境内），北至南阳以北（今河南），南至洞庭以南。无怪乎《左传》纪有屈完对齐桓公说：楚“汉水以为池，方城以为城”。意思是齐国虽兵多，岂奈我何哉！到了战国时期，楚疆域更加扩大，东北及于今山东南部，西南及于今广西西北部，楚于公元前355年灭越后，势力达于今之江苏、浙江。《史记》称李斯为“楚上蔡人也。”至于吕不韦，则称其为“阳翟大贾”，《战国策》且以“濮阳人吕不韦贾于邯郸”为题，未明显说出吕不韦的国籍。不过，阳翟、濮阳，均在今河南境内，阳翟去南阳不甚远，楚之发祥地在南阳西北丹水与淅川之间，楚文化必然波及阳翟，是无可否认的。上文说郭沫若对《吕氏春秋》的研究工作未深入到“里”者，以其未涉及吕书受到楚文化之严重影响耳。

楚文化是直接从夏、商文化来的。楚文化最大的特点，是以天文学为中心，发展而为天人相应的种种学说。我们知道：天文学在文化发展过程中，总是居领先地位。翻翻古籍，楚之祖先，从重黎居火正起，世世代代都以观察天象为专职。战国时期最有名的一部天文学著作《天文星占》八卷，就是出于楚人甘德之手。见了长沙战国楚缯书后，更加清楚了楚国天文学发展至战国初期的情况，也更加明白了像《月令》之类的书，渊源所自，非楚莫属。我对《吕氏春秋》这部先秦巨著在中国文化史上的地位，所能提供的一点管见，不过如此罢了。

多年来学术著作，出版不易。今岳麓书社不惜血本，出此四十余万字的学术研究专著，诚属难能可贵。但愿家骧同志的书面世后，给学术界带来重视《吕氏春秋》研究的热潮，作为对作者，对出版社的回馈。幸甚！

萧 艾

序于乙亥春分之夜

原载李家骧著《吕氏春秋通论》，岳麓书社 1995 年版

附 录 一

腓尼基人是我们字母的草创者

（美）亨德里克·威廉·范隆　著；萧　艾　译

腓尼基人是犹太人的近邻。他们也是一支闪米特人的部族，很早就已定居在地中海沿岸，并自建了两座设防完善的城镇提尔和西顿[①]。在很短时间内，他们便垄断了西方的海上贸易。他们的船只去往希腊、意大利和西班牙，甚至冒风浪之险，穿过直布罗陀海峡到锡利群岛去买锡。他们在所到之处都设立小贸易站，名之曰殖民地。这些小贸易站有许多是近代一些城市如加的斯和马赛的起源。

他们买卖有厚利可图的一切物品，从不受良心的谴责。如果我们相信他们的邻人所言都属实的话，那么，他们无疑是不知什么叫诚实或正直的人了。他们把满登登的金银柜看作是一切善良人的最高理想。他们确实是很令人讨厌的人，连个朋友都没有。然而，他们却为后世做出一个价值最为重大的贡献，那就是给我们创造出我们所使用的字母。

腓尼基人是谙熟苏美尔人的书法的，但他们认为这些符号写起来很笨拙，浪费了时间。他们是忙于业务的商人，不能把大量时间花费在刻写两三个字母上。于是，他们开始工作，从而发明了一个大大优越于旧文字的新文字系统。他们借用古埃及人的几个象形文字，并简化苏美尔人的若干楔形文字，为便于书写迅速舍弃掉旧文字系统的好看字样，终于把数千个不同图象变为简单而书写便利的二十二个字母。

---

① 提尔（Tyre）和西顿（Si-don）现为黎巴嫩的沿海城市——译者。

在适当的时候，这二十二个字母渡过爱琴海传入希腊。希腊人又增添了自己的几个字母，并把这种经过改进的文字系统传入意大利。古罗马人稍微改动字形，又把它们教给了西欧未开化的野蛮人。那些野蛮人是我们的祖先，这就有理由说明写作本书所用的文字源自腓尼基人的文字，而非古埃及人的象形文字或苏美尔人的楔形文字。

原载《文化译丛》1983 年第 8 期

平江不肖生——向恺然

平江不肖生，真名向恺然，祖籍湖南平江县向家岭。恺然于公元1890年（清光绪十六年）出生在湖南湘潭县油榨巷一个名为“向隆泰”的伞厂内。恺然的祖父死后，伞厂歇业，父亲碧泉带领全家迁回老家平江县。这时，恺然刚满斗十一岁，已读了六年私塾，四书、五经全部读完。十四岁那年，清政府废科举，改办学堂，恺然进了设在长沙稻谷仓的高等实业学堂，仅仅读了一年半，便因参与闹公葬陈天华的学潮，被开除学籍；旋即自费留学日本。

1913年，向恺然从日本弘文学院毕业回国，充当岳州制革厂书记。制革厂总经理是湖南军事厅厅长程潜。当时，袁世凯正密谋称帝，程潜、程子楷等响应黄兴、李烈钧的倒袁号召，出兵北伐，向恺然离开制革厂，做了北伐第一军军法官。同年7月，讨袁军失利，向恺然随第一军军长程子楷再次东渡日本。

向恺然自幼读书时，就既学文，又习武，专门拜过著名拳师，练过武艺，有几手过硬功夫；这次到日木，虽然考进东京中央大学学习政治经济，却对上课没有半点兴趣，几乎每天都和日本柔术家、剑术家等生活在一起，汲取了柔道的长处，武术造诣更深。加之以他精通书史，很快就摸清了中国武术各派的渊源、发展及其相互之间的关索。这为他后来写作武术方面的专著，乃至各种侠义小说创作，打下了深厚的基础。

前后在日本留学数年中，向恺然仔细观察日本社会，对日本风土人情，十分了然。尤其是对侨居日本的中国人生活最为熟悉。最使他看不惯的是一些中国公费留学生，终日茶楼酒店，寻欢作乐。有的道德堕落，有的甚至做出丢失国格的勾当。对此，他愤而执笔，从1914年起撰写《留东外史》。书中明白揭示：

> 倘看此书的人，不以人废言，则不肖生就有三种请愿：一愿后来的人莫学书中人，为书中人分过；二愿书中人莫再做书中事，为后来人做榜样；三者后来的人竟学了书中人，书中人复做了书中事。就只愿有不肖生者，宁牺牲个人道德著《留东外史》，以与“恶德党”宣战，请君勉之！

由于被他唾骂的留日学生太多，他不敢用真实姓名，才用了“平江不肖生”这个笔名。书成二十余万字，由上海世界书局印行，销路甚广。四十年后，沈从文先生仍评价为“记叙这个时代留学生的种种活动，写得有声有色，人物性格突出的背景，为‘五四’前最有号召力一个小说作家一种作品。”①

1919年，平江不肖生又写了《留东新史》，作者所挞伐的已不是留学生，而是一些亡命客。这些人在国内起伏无常的政治风云中不能立足，只好亡命日本。他们大都腰缠万贯，在异国情调的诱惑下，尽情挥霍，过着纸醉金迷的生活。作者怀着强烈的憎恶心情，对此作了充分揭露。全书上有二十余万字，仍归上海世界书局发行，同样受到广大读者欢迎。

“二次革命”失败之后，孙中山把国民党改组为中华革命党。向恺然于1915年由日本回国后便参加了中华革命党江西支部，曾经被派往广东韶关，说服韶州镇守使朱福全转向革命一边，反对袁世凯。他去不逢时，正遇到“海珠”事变，险遭效忠袁世凯的军阀龙济光的毒手。

1916年6月以后，向恺然客居上海，以卖文为业，先后出版了《江湖奇侠传》《近代侠义英雄传》《玉玦金环传》《江湖小侠传》《江湖异人传》《江湖怪异传》等书。其中以《江湖奇侠传》影响最大。全书共十四

① 沈从文：《湘人对于新文学运动的贡献》。

集，一百三十四回，长约九十万字。陆续由上海普益书局出版。每出一集，销售立尽，一版再版，印至数百万册，为自有小说以来所罕见。上海明星电影公司根据小说部分情节内容，制成电影《火烧红莲寺》，放映后观众达数百万人，出现中国电影界空前盛况。据作者说，当时他志在提倡尚武精神，打击豪强兼并。小说出版以后的情况，是他预想不到的。

1927 年，向恺然受到大革命的洗礼，回到故乡湖南后，接着南下百粤，出任国民革命军第三十六军军部秘书。1929 年才解除军职，居于北平，充奉天《辽宁新报》小说专栏特约撰述。第二年仍赴上海，重操旧业。这一时期的著作，以武术方面的居多。比较流行的有《拳术见闻录》《拳术传薪录》《拳师言行录》《猎人偶记》等几种。这些书，大都以短文形式出现。内容具体、生动，笔调犀利而富有风趣，不仅为武术爱好者所珍视，且为一般读者所喜爱。

平江不肖生前期的小说，采用章回体，描写江湖侠客一流人物，着重刻画他们如何专心学武艺，等到武艺高强之后，又如何伸张正义，在社会上打抱不平。中间往往穿插一些历史故事、民间传说，因而步步引人入胜。书中主人公的性格、行为，都有一定的真实人物做模特儿。例如，《近代侠义英雄传》这本书，就是以著名武术家霍元甲、大刀王五的生平为依据写成的。据知：作者在上海，用蒲留仙写《聊斋志异》的办法，邀请侠客武士来做客，设宴款待，请他们讲述武坛掌故或父老传说。酒阑席散，主人奋笔疾书，所以搜罗的素材特多。清末江湖上杰出人物，如人称南侠杜心武、北侠刘伯圈，都是不肖生的至交，书中处处有他们的影子。至于他的《江湖异人传》，皆其亲身接触或据可靠介绍得来的真人真事。这些“异人”大都身怀绝技，特立独行，深为广大民众所敬仰，但是长期不为上层社会所承认，卒致湮没无闻。平江不肖生读太史公书，深有所感，立志要效法司马迁为刺客、为滑稽之雄、为扁鹊仓公立传之意，把江湖异人的成就公诸社会，表彰他们爱祖国、爱正义的精神。

“一·二八”后，向恺然重返故乡。当时湖南军阀何键高张复古旗帜，以提倡国医、国乐、国术相号召。向恺然在何键的大力支持下，次第兴办了国术训练所、民众国术俱乐部，罗致了不少武术健将，并举办过全省规模巨大的国术比赛。三十年代初期，国人谈论武术，无不首推湖南。向恺然也未尝不以此自豪。

1937 年，抗日战争爆发，向恺然弃文就武，出任驻安徽的第二十一集团司令部办公厅主任。戎马倥偬中写下了不少刚健清新的诗篇。以后，他还做过安徽大学文学系教授，直到日本投降后第三年才回到长沙，任省政府参议。

1949 年，向恺然随程潜起义，解放后任过湖南省文管会委员、湖南省文史馆馆员，并写过《革命野史》一书。1958 年 6 月因脑溢血抢救无效逝世，终年六十八岁。

原载《求索》1985 年第 3 期

怀旧诗话

一

在蒋介石身边做简任秘书持续十年之久的张龄，字剑锋，后改为剑芬，湖南湘潭人。十九岁考取县长。当他离开鲁涤平，追随老蒋工作时，还不到三十岁。剑芬诗文学六朝，“掩颜谢之孤高，杂徐庾之流丽。”也许是受了乡先辈王湘绮老人的影响吧。书法似刘石庵，微近台阁体，我与他认识，在四十年代初。手边保存他的函件及诗稿约五六十页。十年动乱，统统作为罪证被抄走了。最近，意外地发现他于1951年冬从香港寄来的一封信，附诗、文各一篇。文为《花延年宝诗跋》，诗是七律，题为《为友写经既竟得诗报谢次答》。文长不录。兹将诗转录于此：

海会同参说法场，天花知雨著衣香。
飘空一叶沉沉堕，碾梦双轮冉冉忙。
墨渖琳漓铭壮悔，心光潋滟漾微芒。
月华照彻伶俜影，历劫三生傥未忘。

读之，可想见其人之才华及旅居港岛时之凄凉心情矣。

二

《花延年宝诗》作者李渔叔，号墨堂，亦祖籍湘潭，为剑芬同乡好友。

早岁留学日本。抗日战争期间，在李默庵军中，曾一度出长永嘉。我以张剑芬之介，与他结为诗友，但直到 1947 年夏方见面。不一年他就到台湾去了。据其亲戚见告：渔叔赴台，任教师范大学，颇受学生欢迎。著有《墨子新诂》一书。诗集则在香港出版。可惜我都未见到，仅传其居台所赋七律一首：

送暝渌波赴远汀，兰花飘尽剩微馨。
群儿但解糊赪攘，贱客仍闻唱后庭。
夜永几销齐茗翠，门闲徐补破苔青。
愁边连雨增江势，枕底新潮待细听。

—向夜

以风流倜傥著称的渔叔，离开故土后，心境多么寂寥！

原载《群言》1987 年第 4 期

答同学问

承询拙作《王国维评传》（湖南文艺出版社，第181页，新版同）称《颐和园词》为七言排律，是否有误？谨答于此：

按：陈寅恪在《论再生缘》这篇著名论文中写道："《再生缘》之文，质言之，乃一叙事言情七言排律之长篇巨制也。"又说"弹词之文体，即七言排律。……白香山之乐府及后来摹拟香山，如吴梅村诸人之七言长篇，亦可适用微之、惜抱之说也。"最后称："如《再生缘》之文，则在吾国自是长篇七言排律之佳诗。"王国维的《颐和园词》，作于壬子（1912）旅居日本京都之时。论者以为王氏盖以颐和园为题，借写有清一代之兴亡，大都将它与元稹《连昌宫词》相比。陈寅恪也持此种看法。所以他在《王观堂先生挽词》中，有"曾赋连昌旧苑诗，兴亡哀感动人思。岂知长庆才人语，竟作灵均息壤词"之句。我们应当看到：《挽词》正是仿《颐和园词》体裁写的。直到1953年，陈氏双目失明，听人读《再生缘》，有感于怀而作的七律中还说"论诗我亦弹词体"。并且自注云："寅恪昔年撰《王观堂先生挽词》，述清代光、宣以来事，论者比之于七字唱也。"因此，说王国维《颐和园词》为七言排律是有来由的。甚至说它是"弹词体"，亦未尝不可。一般读者拘泥于传统的诗歌体裁分类，认为《颐和园词》属歌行体，这也是可以理解的，不足为奇。因为陈寅恪在《论再生缘》中这番议论，很少有人留意。况且这毕竟是陈氏一家之言。不过用七言排律来称王、陈两家之作，自无不当。还有一层道理，就是陈寅恪确认元稹所谓“铺叙终始，排比声律，大或千言，次犹数百”的排律，由五言趋向七言，是受了佛教文学的影响而然。他的这一观点，也是我所接受的。

《世说新语》究竟是一部什么性质的书？《世说新语》为南朝宋临川王刘义庆所撰，梁刘孝标为之作注。前人著录此书，皆列入“小说类”。从《隋书·经籍志》到清末《书目答问》，无一例外。按班固《汉书·艺文志》云：“小说家者流，盖出于稗官。街谈巷语、道听途说者之所造也。”既然是街谈巷议、道听途说，那么与事实不合，或有出入，或大半出于虚构，也无关紧要，不必斤斤计较。然而，《世说新语》却不是这样的。书的作者、注者，都用极其严肃的态度，对待书的内容。书中《轻诋》门载有这样一回事：

> 庾道季诧谢公曰：“裴郎云：‘谢安谓裴郎乃可不恶，何得为复饮酒？’裴郎又云：‘谢安目支道林如九方皋之相马，略其玄黄，取其俊逸。’”谢公云：“都无此二语，裴自为此辞耳。”庾意甚不以为好，因陈东亭《经酒垆下赋》。读毕，都不下赏裁，直云：“君乃复作裴氏学！”于此《语林》遂废——今时有者，皆是先写，无复谢语。

裴启《语林》本是最受欢迎的书。问世之后，“大为远近所传，时流年少，无不传写，各有一通”，只因所记与谢安相关二事，为谢所否认，其书遂废。《世说新语》作者特载此事，那么他在书中所记名士遗闻琐事，自当严加审择。事实证明：刘义庆书所记1130条中，为刘孝标所纠者不过1%。刘孝标注此书，态度尤为谨严。他把此书当作历史资料，力求真实可靠。所以效裴松之之注《三国志》，郑重其事地有缺则补，有谬必纠，疑不能判，则两存之。我呢？则认为《世说新语》虽以描绘名士清谈为中心，但如实反映了魏晋时期突出的历史特点。我们从这部书中所得到的东西，比任何叙述这个时期的历史著作所提供的材料还要多。简直是一部当时的百科全书。也许有人会提出这么一个问题：刘义庆自己是怎样看待此书的呢？我可以代他回答一句：他认为所撰写的是一部文学方面的书。而且“文学”一词是照狭义解释，与今天人们所说的文学这一概念无多差异。何以见得呢？我是从分析《世说新语·文学门》所记条文得出的结论。《文学门》原是把学术与文学归在一起的。学术居前，文学在后，泾渭分明。（中间只有一条例外，即第52条谢公问子弟《毛诗》何句最佳一节文字，掺在学术中去了。很可能是传抄致误。这种传抄致误的例子，书中存在不少。例如：《德行》第29“王长豫为人谨顺”条，似应归于《伤逝》；第30“桓常侍闻道深公”条，似应属之《规箴》。）刘义庆是把袁宏《名士传》、裴启《语林》放在文学部分的。而这两部书与《世说新语》性质极为相似。甚至可以说，后者的写作，是以前两者为蓝本的。故尔得知刘义庆视《世说新语》为文学之书。

历史上往往有这样的情况：一部著作，有人说它属某家某派，但也有人持相反或不同的说法。固然书的性质取决于书的内容，却也与读者的见仁见智有关，更重要的是时代在向前发展，人们对客体的认识因之而异。比方说，《易》之为书，《论语·述而》篇孔子说：“加我数年，五十以学《易》（别本作“假我数年，卒以学《易》”），可以无大过矣。”可见春秋时学者把《易》看作论道之书；及秦始皇焚诗书百家言，以《易》为卜筮之书得不焚；曹魏时王弼引老庄言注《易》，《易》遂列为三玄之一，成为纯理论哲学；近世学人，如胡朴安师著《周易古史观》，则又以《易》为古代史籍矣；晚近十余年，中外学者认为现代尖端科学几乎多导源于《易》（可参看1986年出版之《周易纵横谈》）。诸如此类，可能论者只强调书中某一部分内容，因而又对，又不全对。

戊辰白露

原载《湘潭大学学报》（社会科学版）1989第2期

回顾解放前一段斗争历程

新中国成立40周年了，回顾解放前几年的斗争经过，记忆犹新。回首前尘，深深感到有责任把这段经历写出，以告慰死者，激励未来。可是，提起笔杆，千头万绪，简直是一部廿四史不知从何说起。那就让我把话扯远点吧。

我生长在湖南宁远。宁远这块土地上，出过不少著名人物，其中有一位带有传奇性的人物，姓成名铁侠，字百炼，家住离县城大约20华里[①]的白土村。成铁侠幼年读私塾，粗通文理，爱好书法，并学画花卉鸟羽之类。20岁前在农村教初级小学。不久，投笔从戎。最初考进唐生智部下当"学兵"。由于性机警，待人侠义，且有一定文化，因之提升较快。等到当了排长、连长之后，又进过短期军官训练班，更有了"资本"。轮到何键当湖南省主席时，他已经是少将，长沙警备旅旅长。这时，他在今民主西街拐角处兴建了一座"天台别壁"（门额上这四个字至今犹依稀可识），与周南女校高材生刘某结婚。笔者也就是在这时，外出求学，路过长沙，被同乡拉去，蒙受过他一次款待。抗日战争爆发第二年，张治中替代何键主湘。成铁侠旅长当不成了，悄然回到故乡宁远，与旧部张明达等用计把欧冠深沟高垒、用精兵固守、埋藏在碉堡中的上千条步枪、弹药等弄到手，立即建立一支拥有三千余人的队伍，打出"湖南抗日突击队总司令

① 20华里=10千米。

部”的招牌，并发表宣言，声称经过短期整训，即将假道湘赣，开赴前线。这一来，使得张治中措手不及，只得求援于唐生智。最后由唐生智之弟唐生明出面调停，改编突击队为省会警备第二旅，唐生明任旅长，成铁侠任副旅长，发给全旅给养。张治中还叫人写了一篇骈四俪六的文告传遍三湘。从此，成铁侠成了新闻人物，同时也成了欧冠的死对头。

成铁侠再次垮台后，曾经一度出钱在桂林办报纸，从而结识了一些文化人。直到把本钱亏蚀净尽，政治上什么也没有捞到的时候，走投无路，只好与住在沦陷区的唐生明联系，取道香港，到达上海。先后出任汪精卫汉奸政府苏北及浙江省保安司令。

1945 年 8 月，日本宣布无条件投降。中国共产党领导下的第十八集团军朱德总司令根据波茨坦公告，发布命令：限令敌伪军队就近向我抗日武装缴械。当时多数敌伪军队别有用心，纷纷向国民党军队投降。成铁侠经过再三考虑，毅然决然把所辖部队集中，向新四军投降。此举曾经受到毛泽东、朱德的嘉奖。接着，还自动请求到湖南老家从事地下革命斗争。由新四军联络部长杨某安排先到中原局江汉军区报到，1946 年成铁侠秘密到了湖南。

1947 年秋末冬初，在成铁侠、张冰、李蔺田等共产党员策划下，以衡阳盐务局税警队为主力的武装起义爆发了。起义军名为“中国民主联军”，总司令为李万衡，政委成铁侠。在由衡阳开赴新化出发前，因叛徒出卖遭到失败。李万衡被捕，成铁侠及其他中共领导者，或向常宁、桂阳撤退，或逃回江汉军区。这次武装起义是解放战争时期湖南第一次武装起义。虽以失败告终，但影响之大，及于全国。湖南省内大小报纸连篇累牍地刊载起义军的情形（当然有相当大的部分属于夸张、渲染）达半月之久。反动派提心吊胆，寝食为之不安。

李万衡毕业于黄埔军校第十八期步科，家住宁远仁合圩附近，是我的同乡、好友。1942 至 1943 年，我在衡阳与张冀合办《国际论坛报》，得到他大力支持。从那时起，他就倾向革命。他被捕入狱后不久，江汉军区派来联络员欧阳魁了解起义失败后的事态发展，并相机进行营救，还带来了成铁侠给有关各人的信件。特别叮嘱我要用各种社会关系把李万衡从军事法庭改为由一般法院审讯。我先是派人冒充家属探监，用宁远方言与李万衡直接交谈，了解案情后再谋疏通、缓解。当时正值金圆券改制，手头拮据万分，只好把买进不久的培元桥复初里私宅变卖，作为活动经费。最终李万衡出狱到了江汉军区。

以上是我与江汉军区三分区开始联络的情形。再说刘润世，他是岳阳人，在长沙一中、武昌第四中山大学念过书，大革命时期加入共产党，充当岳阳县农民协会秘书。“四·一二”事变，逃亡在外，改名换姓，后来混在国民党军队中当团附。抗战伊始，国共第二次合作，特往武汉八路军办事处归队，被接纳为特别党员。部队进入福建，其时福建省主席为刘建绪，刘润世利用湘人关系，居然当了长乐县长。日寇逼近，率领县警察大队上山打游击，逐渐扩充队伍，开辟根据地，终于建立了“闽浙边区游击纵队”，经华东局党委批准为纵队司令员兼政委。游击纵队在与日寇作战中，击毙了日军大佐一人，并缴获其登陆艇，因此，士气大振，并深得民心。

1947 年，福建中共地下省委委派刘润世回湖南工作。具体任务是在湘鄂边区，即岳阳、监利、蒲圻一带建立山头，迎接大军过江。嗣以形势巨变，江汉军区党委城工部长何定华催刘润世赶快回湘搞策反，多与上层打交道，广为宣传党的政策，特别是城市政策。并指定他今后与江汉军区三分区城工部长郭伯诚直接联系。1947 年底，刘润世到了长沙。先与医务界有老关系的人接触，站住了脚，然后试探寻找由江汉军区三分区派来湖南活动的成铁侠有过联系的人，进一步了解新的形势，以便开展工作。于是，在 1948 年春就在留芳岭 15 号和我接上了头，以后又陆续结识了胡建文、黄定戎等人。

刘润世最初交我的任务是：设法打进国民党湖南省党部党报——《湖南日报》做主笔，与报社负责人汤继成达成默契，充分利用岳南铸字印刷厂的条件，印制宣传品。综计我在《湖南日报》任主笔期内，翻印了《新民主主义论》《论联合政府》《目前形势和我们的任务》《中国人民解放军宣言》《关于工商业政策》等文件八九种。绝大部分是交湖南大学学生散发的。我与湖大地下党员、经济系教授朱剑农由宣巽东陪同见过一面。据说，这些文件影响很大。与此同时，我还介绍刘润世和欧阳魁相识，并约定凡是发往江汉军区三分区的电报，都交欧阳魁转给湖南省银行吴某（名字忘记了）拍发。

我也向刘润世汇报了欧阳魁衔成铁侠之命，通过种种曲折，在长沙县霞凝港建立了一支人数不多的武装力量（由曾任国民党53师师长周起铎出面组织的县自卫队）。1949年春夏之交，白崇禧进入长沙后，白色恐怖笼罩整个长沙。一些上了黑名单的进步人士准备到霞凝港暂住，与成铁侠有联系的《晚晚报》康德和《国民日报》欧阳敏讷先后到过那里。还建议地下民盟的萧敏颂必要时也去避风险。

1949年初，长沙各界人士都在谋求湖南“自救”，也就是说和平解放已有了端倪。针对这些情况，我们的工作开始转变为促进湖南和平解放而奋斗。这时，刘润世一面报告江汉军区城工部，一面与湖南地下党省工委欧阳方同志协商，征得欧阳方同意，成立对内不对外的组织——湘东革命工作委员会。具体由以下人员负责，更为广泛地联系各界人士加紧工作：

宣传——萧艾，通过吴思敬进一步掌握报纸。

学运——黄定戎、宣巽东，以湖大为重点。

策反——胡建文、吴健人。

工商——曾诚意、萧骧、沈明扬。

联络——卜琦、寻先治。

这仅是内部分工，实际上做起事情来，一切从需要出发。例如：为了策动一支国民党军队起义，这是朱刚伟牵线的，因为这支军队指挥官是朱刚伟原先的部下。但这支部队的上级指挥官和萧艾、胡建文有某种关系，结果就由朱、萧、胡三人远离长沙，到部队中去接洽，做了大量工作，成效很好。又如：关于湖南工矿重点调查，本是工商组的事。但胡建文是省建设厅主任秘书，他又介绍萧艾做建设厅荐任视察，用了不到两个月时间，就写好一册数十万字的《工矿调查报告》（解放后送交中共湖南省委）。

如前所述，我们的工作，既然随着形势的变化，以促进湖南和平解放为重点，经过研究，认为促使湖南和平解放，主要目标应放在程潜、陈明仁身上，迫使他俩作出果断的决策。具体措施是加强与程潜、陈明仁最接近的人密切接触，把他们争取过来。决定萧艾去做刘岳厚、蒋崐的工作，胡建文、卜琦去做何汉文的工作，胡建文、宣巽东去做汪士楷的工作。还由萧艾向欧阳魁交代，要欧阳敏讷等人去做程博能和程潜家族中其他人的工作。

在这里，我要简单地谈谈刘岳厚的情况。刘与程潜为醴陵同乡，醴陵一县前后出过三位省主席，全国只有广西容县可与比肩（容县有黄绍竑、黄旭初、何柱国）。最奇的是，醴陵的程潜、何键、刘建绪均把刘岳厚认作“智囊”。凡遇重大问题，都请他借箸代谋。何键主湘时，国民党甲派中人如张炯、王祺，都对刘岳厚恨之入骨，使他受到“停止任用十年”的处分。他在那十年中，办报、办企业、与在野名流过往，反而成就更大。眼下他充当长沙绥靖公署中将秘书长，可说是程潜贴近的人。刘岳厚年过六旬，头脑犹十分敏锐，思想也相当开放。30 年代末期在衡阳手创《开明日报》，曾接受不少进步人士在报社工作。1946 年，住长沙的国民党国大代表以联谊会的名义开会座谈，一致决定急电蒋介石在湖南停止征粮征兵，以纾民困。这件骇人听闻的事，就是刘岳厚和蒋崐倡议搞起来的。由蒋崐推荐我在座谈结束时当场起草电文，刘岳厚审阅后谬加赞许，并当众声言与我作忘年之交，而且约定第二天去小吴门外藕芽冲三号他的私寓叙谈。蒋崐交卸省田粮处长后继任长沙市市长。程潜回湘，财政上一筹莫展，甚至连日常用度也依靠蒋崐代为筹措，更不用说在竞选副总统时曾经得到蒋崐的大力资助。因此，他视蒋崐为左右手，三日不见，就接二连三地在电话中喊：“静逸，你怎么不来见我？”我当时教课、写稿之余，承兼蒋崐的私人秘书，对他颇为了解。他早年留学法国巴黎，就有不少左派朋友，和他谈起法国大革命及巴黎公社的历史，他都讲得头头是道。因此，我乐于去游说。记得我第一次和刘岳厚谈到“正经事”的时候，是一个春末夏初的傍晚，他把客人都打发走了，空荡荡可容上百人的斋室里只剩下一老一少。他坐在可滑行的太师椅上，向我靠近，问我最近有何佳作，我背诵了和毛泽东《沁园春·咏雪》一首拙词。他要我写在纸上，对末尾两句：“君知否？是谁家天下，便看今朝。”反复吟咏。忽然站起身来，拉我去附近藕塘边散步。他那半月形镜片下露出炯炯发光的眸子，口里却叨念着拙词中另外几句。“怅蜚鸿遍野，韩生孤愤；蛾眉谣诼，屈子离骚。民主潮流，自由世界，巧舌如簧枉费雕。”此刻，使我惊异的，不是老人过目不忘的特殊记忆力，而是使我看见了一颗忧国忧民的赤子之心。因此我单刀直入地请他为和平解放湖南做出别人难以做到的事。他坦诚相告：他已经做了不少，今后实当全力以赴。我辞别时塞进他手中一本《目前形势和我们的任务》。

据我所知，刘岳厚对湖南和平解放，贡献甚大。比如说，当程潜彷徨未坚之际，他的儿子程博洪从上海来到长沙。父子相聚，密谈竟夕。第二天程潜终于作出了决定。但就在程博洪去见乃父之前，先与刘岳厚作了长谈。刘说：“尊公辛亥革命之役、倒袁之役、北伐之役以及在结束不久的抗日战争中，始终都是站在时代的前列。因此，他在国内居有崇高地位，赢得了人们的敬仰。尤其是在三湘子弟中，被奉为‘家长’。前年竞选副总统，五百湘籍国大代表，自始至终，无一人动摇，被人誉为‘五百壮士’。由此可见，他的地位远非谭组庵、赵炎午所能及。希望这次经受得起考验，不要落在唐孟潇之后，辜负了三千万湘人的期望。”他这席具有分量的话，成了程博洪对乃父进言的主要内容，深深打中了程潜的心。事隔多年，我从程潜身边工作的人员口里得到证实，认为是可靠的。

汪士楷这位马克思主义学者，早岁留学俄、法，加入过共产党，并出席过第三国际召开的会议，深受程潜尊敬，同时也为陈明仁奉为老师，当程潜回湘创立克强学院时，坚邀汪先生屈就院长。而汪与胡建文订交于莫斯科，彼此私谊甚厚。何汉文留俄时写过《俄国大历史》，在国内，他与蒋岷政治上的靠山都是于右任。胡建文于 1948 年由楠木厅迁居肇嘉坪，就与这位老同学再度同住一个屋子。何汉文这屋子贴隔壁为卜琦的家，因而成了我们的“交通站”。何汉文夫人邵一萍是著名画家，又是虔诚的基督教徒，和我们接触多了，思想上也不免带点赤色。

刘岳厚、汪士楷、蒋岷、何汉文这四位对程潜有影响的人，在和平解放事业中，立过功劳，这是完全可以肯定的。然而，我看过 30 篇写湖南和平解放的回忆文章，却无一字提到他们，这难道是公允的吗？

1949年8月5日，长沙解放了。8月6日，我们聚集在熙台岭41号曾诚意家，庆祝解放。到有刘润世、成铁侠、胡建文、张蕴良、寻先治（他刚从牢里放出来）、萧骧、沈明扬、黄定戎等十余人。第二天，张立武代表中共省委、省政府到坪肇嘉看望湘东革命工作委员会全体成员，说我们为湖南解放做了很多有益的事，人民不会忘记。又过了几天，刘润世到中共湖南省委统战部充当调查研究室主任，兼省政府交际处副处长。因为他离湘时间太长，对情况不够了解，拉我去协助做调查研究工作，一直到10月底，我们这些人一向是在家里吃饭，不拿公家一文钱，也不要任何名义，所以我在统战部工作了几个月，花名册上没有我的名字。

我这篇文章，草草写成，对曾诚意、萧骧、吴健人等在地下活动时期所做的大量工作写得很少。老实说我们是在临近解放时才碰头的，以往没有横向联系。

原载《湖南文史资料》第35辑《湖南和平解放专辑》，湖南文史杂志社，1989年8月版

寻石头记

1993年7月13日，湖南省佛教文化研究会在南岳山下祝圣寺召开成立大会。笔者为此会发起人之一，特从广东韶关南华寺赶来开会。会议结束当天上南岳山，栖南台寺。

南台寺系六朝古刹，海印和尚创建于梁天监年中，海印常在寺侧石台上坐禅念经，故寺名“南台”。

唐天宝初年（742），曹溪门下石头希迁禅师来南岳，见“寺之东有石，状如台，乃结庵其上”，故号为“石头和尚”。（《五灯会元》和《宋高僧传》均如是说。）

当时，居南岳者，尚有曹溪门下之马祖道一禅师。马祖习禅于今之磨镜台，与石头结庵之地相去不远。凡来南岳访道之士，无不认为不见石头与马祖，无以为知。

石头、马祖门下甚多，至唐末五代遂衍为沩仰、临济、曹洞、云门、法眼五大宗派。沩仰宗开创者为沩山灵祐及其弟子仰山慧寂，临济宗开创者为临济义玄，以其所居河北镇州临济院而得名；曹洞宗开创者为洞山良价及其弟子曹山本寂；云门宗开创者为文偃，以所居在广东韶州云门山光泰禅院，故名；法眼宗开创者为文益，南唐中主李璟赐谥为大法眼禅师，故以法眼名之。试观下表，则知禅门传法世系矣。

惠能
- 南岳怀让—马祖道一—百丈怀海
  - 沩山灵祐—仰山慧寂
  - 黄檗希运—临济义玄
- 青原行思—石头希迁
  - 天皇道悟—龙潭崇信—德山宣鉴—雪峰义存
    - 云门文偃
    - 玄沙师备—罗汉桂琛—法眼文益
  - 药山惟俨—云岩昙晟—洞山良价—曹山本寂

由此可见，五大宗派中之曹洞、云门、法眼三宗，均属于青原一系。石头和尚实是其中关键人物。

曹洞宗尔后传至日本国，这一派日本僧人遂认南台寺为其“祖庭”。1991 年《日本僧藏经记》称：日僧方休乃石头和尚四十二代孙。今南台寺山门题额为“曹洞祖庭”，并有联云：

既入山门，莫畏石头路滑；
已来祖地，当参曹洞机玄。

可是，历来来南岳者，莫不以不见“其状如台”、石头和尚“结庵其上”之石头为憾事。笔者因与今南台寺方丈宝昙皈依弟子浏阳谢育光，早晚多次翻山越岭，寻觅其地。终于在七月十七日早晨找到了宝地石头。并与宝昙和尚、素仪法师反复研究、踏勘，最后确认之。实际上这是南台寺东侧一座石崖，由北而南绵延约四五百米，从地面至石崖顶端近四十米，若从地面迳攀石崖，即使非雨天苔深，也无论如何攀登不上；只有绕山行一里半之外，从树林中披荆斩棘而进，方可达到石崖顶端。顶端平坦如台，分二三层次，完全可以结庵而居，与《五灯会元》《宋高僧传》所载无不合。最有意思的是，趺坐石头上，群山环抱，适当其中，前面一望无际，万里云霞，尽收入眼帘。南岳半山间，无有比此处更占形势之胜者。

与此同时，我们还发现了有山泉流经此地，泉水清冽，味甘如饴。

因此，笔者建议宝昙方丈在石头上搭盖草庵，恢复一千几百年前之旧貌，俾今后来南台寺之中外参禅者以及游客，不独可瞻仰石头和尚习禅之地，且得一尝石头和尚当年饮过之山泉，岂非猗欤盛哉！

此行以寻石头最为惬心，因撰一联云：莫道石头路滑，站稳脚跟，终登圣域；好将天际云飞，齐收眼底，供养佛心。

石和尚有偈云："长空不碍白云。"至此可有了着落也。

原载《佛教文化》1993 年第 4 期

诗九首（节选）

甲子仲秋道静学长赐寄先师胡朴安先生遗著《中国文学史》重印本盥读之余赋此答谢

朵云飞降耀长空，回首卅年一梦中。文学源流深剖析，只今依旧坐春风。

二斋分教乐群英，海上从容拥百城。我已白头仍碌碌，人前愧自说门生。

某也升堂难入室，此生长忆胡湖州。同门赖有阿咸在，朴学家风第一流。

甲子冬缪彦老（钺）惠示和熊德基先生七十自寿诗谨步原韵即乞郢政

尝闻掞藻每清新，风度翩然竟绝尘。晚遇明时承史局，早将余事作诗人。乾坤历受千年劫，肝胆相撑百战身。我本梁园多病客，于今自署葛天民。

甲子暮秋奉邀赴安阳参加首届全国商史学术讨论会途中有作

何物最堪称国宝？安阳洹水有灵龟。文明重现三千载，举此辛勤读卜辞。

凿通浑沌说王亥，般契论功数海宁。从此迎来新史学，开花结果树长青。
典章文物铸青铜，更有甲文契刻工。六百年间光灿灿，中华儿女是英雄。
八方英彦聚殷都，盛事扬芬旷代无。剩有书生颓笔在，好将心血绘鸿图。

原载《湖湘诗萃》第 1、2 期合刊，岳麓书社，1985 年版

盥读《天隐庐诗集》

不佞戒诗已久，顷承刘孚永贤伉俪远道来访，并惠贶其先人遗著《天隐庐诗集》，盥读之余，爰拈集中句，借表景仰之微忱云耳。

吾生忧患知多少，想象咸平景德秋。早噉诗名追邺下，慵将世变置眉头。

原载《刘腴深教授纪念集》，湖南大学出版社，1992 年版

附录二

萧艾传

萧艾，原名萧家林，曾用过林园、碧芜、一芜等笔名。湖南省宁远县人，1919 年农历 12 月 30 日出生在一个贫苦农民家庭。五岁起，先后受业于本县宿儒樊世榘、石兆葵。后以优异成绩考入宁远师范。毕业后，负笈上海，肄业于持志大学国学系。在校学习期间，深受胡朴安教授器重，推荐为由陈望道、曹聚仁、徐懋庸合编之《太白》杂志特约撰稿，写过《蔷薇花开的时候》等小说。

“八·一三”战事爆发，偕窗友刘浩生加入战地服务团。不久，因病返湘。值中共所领导、进步作家所发起组织的“工农兵文艺通讯网”在长沙成立。萧投函参加，被任为宁远通讯站负责人，并多次为总站机关刊物《戍地》撰稿。在乡居养病期间，结识留苏经济学者胡建文，助其首创《宁远时报》，任副刊总编。还利用夜间发稿后，向胡学俄文及马克思《资本论》。1938 年至 1939 年间，借读于贵阳大夏大学（原名复旦大夏第二联合大学），完成论文，获文学学士学位。嗣后在广西玉林两广盐运处任编译。盐运处迁桂林之后，兼充无锡国学专修学校讲师、西江学院副教授。又主编《国际论坛》，与文化界名流聂绀弩、艾芜、宋云彬等联系较多，积极投入民主运动。

抗日战争胜利后，在长沙师范教国文，支持进步学生彭保运等办《萌芽》旬刊，宣扬革命。同时，先后在中共党员成铁侠、刘润世直接领导下，以《湖南日报》主笔、《平民杂志》发行人身份作掩护，进行革命活动，印发革命文献，奔走联系进步人士。与此同时，又与何汉文、蒋崑、刘岳厚、汪士楷、段梦晖等军政文化各界要人联络，参与了湖南和平运动。

萧从 1947 年起，刻苦钻研甲骨文字，与陈书农教授合写了长达八千余字的《说夔》专文。又独力撰写了《殷契偶拾》一书，颇为杨树达、朱芳圃所赏，力荐于民国大学，由民国大学石印出版。

1949 年 8 月长沙解放，萧受中共党组织委托，一度到湘南策反。回长后，就任湘雅医学院院长秘书兼马列主义教研室主任。在 1955 年反胡风运动中受到冲击，下放益阳。十年动乱，被抄家七次，入狱四年。1979 年方彻底平反，任湘潭大学中文系教授。1979 年至 1987 年十年内，除指导硕士研究生八人外，还撰写了《甲骨文史话》《王国维评传》《王国维诗词笺校》《王国维研究论丛》《世说新语研究》《六言诗三百首》等专著共九种，其中三种已再版。《王国维评传》在国内外颇有反响，上海《书林》、北京《读书》及美国《明报月刊》均有介绍。萧另有论文三十余篇，连同建国前后所发表者，约百万字。萧是我国第一位“六言诗”研究者，又在甲骨文中发现了我国最早的韵文。他所创立的“中国文学史应从卜辞文学始”的理论，自 1987 年 7 月上海《文学报》披露后，国内新闻媒介有二十余家竞相转载。其“丝绸之路应名玉石之路”的见解，也引起了学术界瞩目，《东方时报》公布了论文要点后，新华社记者随即对萧进行了采访。

日本汉学家伊藤道治、小南一郎、须川照一诸教授均与萧有学术上的交往。近三十年来，萧还默默地从事“中国古老氏族”的研究工作，收集资料达两千余万字。其研究规划已引起国外学人的关注。

萧先后当选为第五届湖南省政协委员、第六届湖南省政协常委、民盟湖南省委委员、民盟湘潭大学支部主委。

原载中共湖南省委统战部编《湖南民主人士》，中国文史出版社，1991 年版

萧艾著作简目

萧艾编译，国际人物志［M］. 光明书局，1935。

萧艾著，落叶集［M］. 友文印书局，1941。

萧艾著，萍絮集［M］. 新民印书馆，1943。

萧艾著，甲骨文史话［M］. 北京：文物出版社，1980。

萧艾著，王国维评传［M］. 杭州：浙江文艺出版社，1983。

王国维著，萧艾笺校，王国维诗词笺校［M］. 长沙：湖南人民出版社，1984。

［宋］乐雷发撰，萧艾注，雪矶丛稿［M］. 长沙：岳麓书社，1986。

萧艾撰，六言诗三百首［M］. 郑州：中州古籍出版社，1987。

萧艾著，一代大师——王国维研究论丛［M］. 长沙：湖南人民出版社，1988。

萧艾、羊春秋、刘建国、陈蒲清译，白话聊斋全本［M］. 长沙：岳麓书社，1990。

［南朝·宋］刘义庆著，萧艾译，白话世说新语［M］. 长沙：岳麓书社，1991。

尚秉和著，萧艾、谭松林点校，历代社会风俗事物考［M］. 长沙：岳麓书社，1991。

萧艾著，《世说》探幽［M］. 长沙：湖南出版社，1992。

萧艾编，天下奇文［M］. 海口：海南国际新闻出版中心，1995。

萧艾著，中国古代相术研究与批判［M］. 长沙：岳麓书社，1996。
萧艾著，王湘绮评传［M］. 长沙：岳麓书社，1997。

编后记

本册《萧艾文集》实为萧艾先生论文选集。初选者为已故谭松林先生，谭为萧先生首届硕士研究生，毕业后留校任教。谭先生初选的萧艾先生论文选集系若干篇论文的复印件，后交博士生录入、校对。谭先生去世，其《萧艾文集》之编撰即告中止，而由编者接手，继续其未竟工作。

如果要把握萧艾先生学术研究的理念和特征，《关于〈世说探幽〉的一席对话》就是一篇非常重要的文献，可谓夫子自道。萧艾先生学术研究表层特征是专题研究，重要的专题有甲骨文研究、《世说新语》研究、辛弃疾研究、王闿运研究、王国维研究等，几乎纵跨有文字记载的中国古代文学史始终。萧先生自认是“杂家”：“自殷墟甲文，下迄晚清小说，旁及佛经、道藏，乃至历代风俗，甚至星相之类，无不涉猎。”（《关于〈世说探幽〉的一席对话》，《古典文学知识》1994 年第 2 期）从这个角度而言，萧先生可称为中国古代文化史家，我们认为这一判断，如果萧艾先生在世的话，应该会得到他的首肯。因为他在求学时代，“就立志写一部《中国文化变迁史》”，“岂非上下五千年，纵横十万里，无所不包?”（同上）而萧先生此一宏愿至老不衰。如何写《中国文化变迁史》? 就是先做专题研究，然后贯穿成通史。因此，萧艾先生的学术研究方法是博而有专，而专题研究自有其重心，即他所说的“中国数千年历史的转捩点”：“我把目光紧紧盯住中国数千年历史的转捩点上。历史大转折时期所表现出来的文化现象最突出的特点是什么？正是我要加以研究的对象。找出它相互关联、相互排斥之所以然，作为试写《中国文化变迁史》的重心。”（同上）中国数千年历史有哪些转捩点呢？按萧先生的理解有八：“大致上殷周之际、战国纷争时期、魏晋南北朝、隋唐大一统、宋元理学、明清换代、从鸦片战争到五四时期、马列主义取代三民主义，都属于历史的大转折。”（同上）正是在这样的思想指导下，形成萧先生学术论著所呈现的专题研究格局，也形成了本书的“甲骨文与上古文史研究”“《世说新语》与六朝文学研究”“唐宋文学研究”“王闿运与湖湘文化研究”“王国维研究”等专题论文选集形态。

还需要说明的是，第八个历史转捩点“马列主义取代三民主义”也反映出萧先生运用马克思主义理论和方法研究中国古代文学的学术宗旨，可由其《马克思主义与甲骨文研究》一文（《湘潭大学学报》（社会科学版）1983 年第 2 期）管窥，请读者诸君详参。此点实属难能可贵。

最后，感谢谭松林先生。感谢陈南博士，他在增选、录入、校对等方面做了大量的工作。感谢湘潭大学出版社的编辑们。

2024 年 7 月 16 日于衡虑斋